比叡山仏教の研究

武 覚超 著

法藏館

序

天台学会会長
大正大学教授・博士（文学）　多田孝正

現在では、メディアの進展に伴って、目にすることのできなかった諸知識が、画面をとおして瞬時の内に手にすることができるようになった。

学生の時に叡山西塔で四度加行を遂行した五十年前、山で数十日生活をしたにもかかわらず、叡山で行われている諸仏事について、少しの知識をも持たずに下山した。当時では、それが極く当たり前のことであった。

東京オリンピックを経過して、世の中に映像が氾濫し始めた。その頃、千日回峯行の大廻りの折、講社の信者方の供養や念珠のお加持を受ける様子が放映され、その人波の多さと信仰の深さに圧倒されたことがあった。

多分、市中の出来事の時に記録放映されたと思われる。比叡山の諸仏事がこのように表に出ることは現在でも滅多にされていることではないと思う。

武覚超博士は、比叡山延暦寺支院、求法寺の住職でもあられ、一山の各種の仏事を奉修・勤仕する日常が博士の血となり肉となっているお方なのである。

この『比叡山仏教の研究』は、特に比叡山仏教の理念とその歴史を明らかにしているのであって、叡山の僧ならではの視点とアプローチによって論じられている点が注目に値する。

数々の法会を勤修する中で、特に、延暦寺御修法の奉行を勤仕し、法華大会広学竪義の会行事を勤めるなど、責任ある立場を全うし、その経験を踏まえた上での文献調査は、在野の研究者が活字を通して知り得た知識を駆使して積み上げた論文とは一味も二味も違い、他の追随を許さない優れたものであることは論をまたない。

比叡山の修行生活を「論・湿・寒・貧」と呼ぶことがある。並大抵の覚悟では山の生活は全うできないのである。叡山の仏教の特徴を山修山学というが、その言葉の中には、それを支える深く厳しい人間洞察に基づいた理念が横たわっている。

それが大乗戒であったり、末法の自覚であったりと、種々の方面からの考察が現在も進行中である。武博士のこの書は、それらの研究の先端を示すものであって、各方面の専門家からも高く評価され注目を浴びている。

思えば、仏教を学ぶということは、日々弛みなく自分自身を学ぶということなのである。叡山の仏教を学ぶということも同じなのであって、叡山を学んでいる自分自身を見つめて、一歩ずつ、その自分自身を乗り超えて次なる自分を見つめることである。

叡山の仏教は無限であり、はてしない広がりを持っている。我々も博士のこの書を繙きつつ、日々に仏教を学び、自身の無限の可能性を信じ、どこまでも努力を続け、常に新鮮な仏教の息吹を感じつつ前進して行かねばならない。

平成二十年一月二十六日

はしがき

伝教大師によって開創された比叡山仏教は『山家学生式』の理念により山修山学を基調とする十二年籠山行や千日回峯行など、厳しい修行の山として発展した。また一方、円密にわたる講経や論義など八宗兼学の学山として経蔵が発展し、学徳兼備の祖師方を数多く輩出した。さらに延暦寺御修法や法華大会広学竪義、伝法灌頂など比叡山独自の伝統行事が確立され伝承されて現在に受け継がれている。そこでこれら比叡山仏教の教学、修行、法要儀式等についての歴史と構想、さらにその特色を解明せんとしたのが本書の趣旨である。

まず「一　伝教大師の山修山学と末法思想」では、最澄が天台の年分度者育成のため十二年籠山による山修山学を制度化したが、それは最澄の末法観から導き出された帰結であったことを論証した。次に「二　伝教大師の比叡山結界の理念」においては、最澄の定めた法界地（結界）は「九院」「十六院」の寺院構想の拠りどころとなるべき聖域という概念であり、小乗律儀に基づく南都仏教のあり方と峻別し、大乗戒独立のために設定されたものであることを論じた。次に「三　比叡山十二年籠山行の変遷と意義」においては、まず十二年籠山制がいかなる歴史的変遷を経て現在に至っているかを論及した。特に現在行われている浄土院十二年籠山行は安楽律の霊空光謙によって制度化されたものであるが、その修行内容の特色と山林修行の意義について述べた。次に「四　比叡山千日回峯行の歴史」については、相応が回峯行の始祖といわれるゆえんを考察した。また千日回峯行の成立過程を明らかにし、現行の回峯行の形態についても論及した。「五　比叡山経蔵の歴史」においては、最澄、円仁、円珍により初期叡山の三大経蔵が完備したが、特に円仁将来典籍の保存の状況を明らかにした。「六　延暦寺御修法普賢延命大法」「七　法華大会広学竪義」「八　灌頂三摩耶戒儀」は、現在、比叡山で行われている最も重要な伝統行事の代表的なものを取り上げたものである。御修法は根本中堂、法華大会は大講堂、灌頂は法華総持院で現在も厳修されているが、それぞれの行事の起源とその歴史を明らかにした。

付録の「一　『天台大師和讃』」においては、恵心僧都撰と伝える『天台大師和讃』の諸本を対校して、より良い定本を模索した。また『天台大師和讃』の典拠と『天台大師画讃』との関連についても考察した。「二　『天台大師画讃註』」では、撰者が智証大師円珍であることを論証し、『天台大師画讃』本文の典拠についても明らかにした。「三　安居院澄憲・聖覚法印の浄土教」においては、了慧の『無量寿経鈔』に引用された澄憲撰『四十八願釈』の逸文により澄憲の天台浄土思想の一端を明らかにした。また偽撰とされていた聖覚撰『四十八願釈』は、その思想内容から聖覚の真撰であることを論証した。「四　日蓮聖人の本門思想」では、日本天台における尓前・迹門・本門・観心という四重興廃判の成立展開を考察し、殊に日蓮の本門思想を解明せんとした。「五　東大寺凝然のみた天台教判」においては、華厳宗の凝然が天台教判をどのようにみていたかを論及した。

なお、付録で取りあげた五章は、今回の博士学位請求論文に提出したものではないが、比叡山仏教に関係する学術論文として重要な分野であるので掲載させていただいた。

比叡山仏教の研究＊目次

付録

比叡山仏教の研究

一　伝教大師の山修山学と末法思想

1

伝教大師最澄（七六六～八二二）は、弘仁九年（八一八）暮春、仏教戒律史上かつてなかった小乗二百五十戒の棄捨を宣言し、大乗円戒（一乗戒）による天台法華宗独自の菩薩僧養成の理念とその教育方針を『山家学生式』に示して奏上し、この実現のために生涯をかけられたことは周知のことである。そしてこの菩薩僧育成の基本が、十二年籠山による山修山学にあることも、よく知られているところである。

ところで大師が山修山学を主張された縁由や背景については、大師自身の入山の動機などから種々指摘されているが、本章では大師の山修山学の理念そのものが、末法観と密接に関わっていると考えられるので、この点について『顕戒論』を中心に検討を加えてみたい。

2

大師の山修山学主張については、大師の入山の動機が重要な方向づけをなしたことは当然のことであり、『叡山

大師伝』には延暦四年（七八五）七月中旬の初入山の縁由について、

以《テ》二延暦四年《ヲ》一観《ジ》二世間《ノ》無常《ニメ》栄衰《ノ》有《ルヿヲ》レ限、慨《キ》二正法《ノ》陵遅《シ》蒼生《ノ》沈淪《セルヲ》一、遊《バシメ》二心《ヲ》弘誓《ニ》一遁《レントメ》二身《ヲ》山林《ニ》一、其年《ノ》七月中旬、出二離《シ》憒市之処《ヲ》一、尋二求《メ》寂静之地《ヲ》一、直《ニ》登《ル》二叡岳《ニ》一。[1]

とあり、これについて長岡宮造営における藤原種継の暗殺をはじめとする当時の政情不安や奈良仏教界の頽廃や僧尼の堕落（のちの『顕戒論』には六虫や九猴の譬えを挙げて南都の名聞利養を暗に批判している）を感じたからであると解釈されているが、「正法陵遅、蒼生沈淪」という末法意識を入山の動機と捉えている『叡山大師伝』の作者一乗忠の表現は、とくに注意しなければならないであろう。

また、このほかに入山の要因として、奈良仏教における山林修行の伝統ということも注目されている。つまり達磨禅の相承として最澄につながる道璿と師の行表について、大師は『内証仏法相承血脈譜』の中で、

大唐道璿和上、天平八歳至《ル》レ自《リ》二大唐一。戒行絶倫《ニメ》、教誘不レ怠《ラ》。至《テ》二天平勝宝三歳《ニ》一聖朝請《メ》為《スモ》二律師《ト》一、俄《ニ》而以《テ》レ疾《ヲ》退二居《ス》比蘇山寺《ニ》一……律蔵細密《ニメ》禅法玄深《タリ》。[2]

大安寺行表……後《ニ》任《ゼラル》二近江《ノ》大国師《ニ》一。離欲清浄《ニメ》、潔《クメ》不レ染《ラ》二物色《ニ》一。住持清浄《ニメ》畢《ル》二其《ノ》任《ヲ》一也。㝡澄生年十三《ニメ》投《ズ》二大和上《ニ》一。[3]

とあることなどから、若き最澄をして山林修行に赴かせたものは道璿や行表の影響によるところが大きく、奈良時代以来の比蘇山寺につちかわれた山林主義の立場を継承したものであるという学説[4]もまた、入山に至らしめた要因の一つとみられる。

さらにまた天台大師の思想そのものから山修山学の主張が導き出されてくることは、『天台小止観』などにみら

れる二十五方便の中の具五縁に示された閑居静処の所説からも窺われるところであるが、入山前に最澄は賢首大師法蔵の『起信論義記』や『華厳五教章』によって、『天台小止観』の存在を知り、天台止観の教えに対して涙を流して感激したことが『叡山大師伝』[5]に記されているので、大師入山の動機として、思想的には『天台小止観』の存在があったことも考え合わさなければならない。

また一方、『顕戒論』には、しばしば中国の『唐制』、いわゆる不空三蔵が上表した諸文を集めた『不空表制集』にならって山林修道を主張したことが指摘されている。具体的には賓頭盧に代わる文殊上座設置のこと、止観遮那両業併設のこと、僧尼の出家のあり方（籍名を除かず出家せしめる）のことなど、『不空表制集』に示されている制度を採用したことが挙げられるし、さらに五台山の得度制度を範としていることなど、大師の山修山学は『表制集』に基づく構想[6]によるところが大きかったことも知られる。

ひるがえって叡山の実状をみると『天台法華宗年分得度学生名帳』[7]によれば、弘仁九年（八一八）までの得度者二四名のうち叡山に残った者は、沙弥五名を含めてもわずか一〇名という状況であり、具足戒受戒のために南都の東大寺へ赴かせば南都に相奪されるという危機感から小乗戒を棄捨し、大乗戒独立のために『学生式』を著して籠山十二年山修山学の制度を立てるに至ったのだという所論[8]も、また理由の一つとして考えられる点である。

以上のように大師が山修山学を主張するに至ったことについては、種々な要素が内在しているのであるが、これら多くの縁由や事由に一貫する思想理念があったのではないか、というのが本論の要旨であり、それは末法思想ではなかったかということを、のちに『顕戒論』によって論証を加えることにしよう。

3

大師における山修山学と末法思想との関係を検討するに先立って確認しておかなければならないことは、『顕戒論』の「像末の四衆[9]」とか『守護国界章』の「末法太だ近きにあり[10]」などの表現から、大師の時代観は末法時に近いが、あくまで像法観ではないかという疑点である。

しかし大師はこの点について、

正法稍過已、末法太有近。法華一乗機、今正是其時。何以得知、安楽行品末世法滅時也。[11]

と説き、『法華経』安楽行品によって、「末法太だ近きはまさに末世法滅の時なり」と明確におさえている。また『法華秀句』には、

語代則像終末初。尋地唐東羯西。原人則五濁之生、闘諍之時。[12]

とあって、像法の終はすでに末法の初だという意識がみられる。しかもここに「闘諍の時」とあるのは、大師が『法華秀句[13]』や『払惑袖中策[14]』に述べているごとく、『大集経』月蔵分に示されている第五の五〇〇年、すなわち末法の闘諍堅固の時代を指示していることは間違いないから、「像法の末」と表現されていたとしても、大師の時代観は、まさしく末法そのものに対する見方であったといわなければならない。

4

そこで大師の末法思想が山修山学の主張にどのように関わっているかを『顕戒論』を中心に検討してみると、「開二示知レ時住レ山明拠一四十七」には、

謹案、法滅尽経云、仏告二賢者阿難一。吾般泥洹後、五逆濁世。魔道興盛、魔作二沙門一壊二乱吾道一。著二俗衣裳一、楽二好袈裟五色之服一、飲レ酒噉レ肉、殺レ生貪レ味、無レ有二慈心一、更相嫉妬。……（中略）……時有二菩薩、辟支、羅漢、精進比丘一、衆魔駆逐発遣、不レ預二衆会一。三乗入レ山、福徳之地、淡泊自守、以為二欣快一。已上経文今已知レ時、誰不レ登レ山也。(15)

とあって、まず四、五世紀頃に訳出された短篇の末法経典である『法滅尽経』(16)をほぼ三分の二ほどの長文にわたって引用して、五濁悪世の末法時に競い起こる衆魔を離れしめるためには、福徳の地である山に入って修行することが最上の道であるとする経文を指南としつつ、大師みずからも「今すでに時を知る、誰か山に登らざらんや」と述べて、今はすでに法滅の末世であるから経の所説のごとく山を選んだのだという主張がみられる。ここには大師が末法観によって山修山学を目指した論旨が、極めて明瞭に示されているといわなければならない。

また「開二示仮名菩薩除レ災護レ国明拠一三十三」には、

夫住劫初際、依正倶安、濁世已来、災難競起。……（中略）……夫自レ非二忘レ飢楽レ山、忍レ寒住レ谷、一十二年精進之力一、数年九旬観行之功一、何排二七難於悪世一、亦除二三災於国家一。已定之禍雖レ難二免脱一、未定之災有レ縁必脱。何可レ不二奨勧一也。(17)

と説かれ、濁世には災難が競い起こるのであるが、この悪世の七難を排し、国家の三災を除くためには、十二年籠山による精進の力や観行の功による以外に方法はないことを力説している。つまりここでも、末法濁悪世の災難は山修山学でなければ除滅できないという信念を持っていたことが、明確に知られるのである。

さらに「開下示宮中出家非二清浄一明拠上五十三」によれば、

論曰、宮中功徳雖二是清浄一、而出家度者未二尽清浄一。乃有下山家度者不レ愛二山林一、競発中追求上。已背二本宗一、跉二跰貧里一、又不レ顧二真如一、不レ畏二後報一、為レ身覓レ財、為レ名求レ交。如来遺教因レ茲沈隠、正法神力亦復難レ顕。若不レ改二其風一、正道将レ絶。若不レ求二清浄一、排レ災無レ由。是故、五台山五寺、永置二山出家一、興善寺両院、常立二為レ国転レ経。未度之前、住レ山諳練、已度之後、住十二年、是豈非二清浄一也。[18]

とあって、まず『学生名帳』にも記されている叡山を離れて南都に相奪された山家の度者について取りあげ、南都の僧尼と同様に、身のために財を求め、名のために交りを求めるという名聞利養の愚になり下がってしまったことを述べている。そして、このことは正法の神力が顕れ難い末法であるからだという時代観に根拠を求め、続いて、この風潮を改めるには、五台山の出家の制度などを模範として、一二年間叡山に入って修学修行し、清浄を求めなければ災いを排することはできないと強調しているのである。ここに指摘している五台山における出家の制度は『不空表制集』[19]の引用文であるが、『顕戒論』の場合は、単なる山林における出家制度という捉え方にとどまらず、正法の顕れ難い末法の時という時代観に基づく引用態度であるところに注目しなければならないと思う。

以上のように『顕戒論』の記述によれば、伝教大師は、この五濁悪世の法滅の時代に法を守り清浄を守るには、山修山学による以外に方法はないという信念をもっていたことが知られるのであり、十二年籠山の山修山学に基づく菩薩僧養成の理念には、末法思想が極めて重要な位置を占めていたといわなければならないのである。

『顕戒論』は、学生式に対する南都僧綱の反論に答えて逐一根拠を示して論破を加えたもので、弘仁十一年（八二〇）大師五十五歳の晩年に近い時の撰述であるが、一方、大師二十歳前後に入山の決意を表明した『発願文』においても、次のごとく末法観が示されている。

牟尼之日久隠、慈尊月未レ照。近二於三災之危一、没二於五濁之深一。[20]

つまりこれによって大師は若き青年の時代から末法意識を懐いていたことが知られるのであり、すでに述べたごとく、一乗忠の『叡山大師伝』に、

……慨二正法陵遅蒼生沈淪一、遊二心弘誓一遁二身山林一[21]……

と入山の動機を記していることと考え合わせると、入山の動機から山修山学の主張に至るまで、末法思想は大師に一貫した理念であったとみなければならないのではなかろうか。換言すれば、大師の末法思想が大師をして入山なさしめ、さらに晩年における山修山学の制度的確立に至らしめた大きな原動力であり、大師の末法観から導き出された帰結が山修山学の主張であったと考えられるのである。

註

（1）伝教大師全集五・附録三頁。
（2）伝教大師全集一・二一一～二一二頁。
（3）伝教大師全集一・二一四頁。
（4）家永三郎監修『日本仏教史』I古代篇（法藏館、昭和四十二年一月）二〇三頁以下。
（5）伝教大師全集一・附録六頁。
（6）伝教大師全集一・一三〇頁、一五三頁、一七九頁、一八一頁など。なお伝教大師と『不空表制集』の関係に注目

した論文としては、木内尭央師の『伝教大師と不空表制集』（『印度学仏教学研究』一五―一、昭和四十一年）、竹田暢典師の「平安仏教と不空表制集」（『大正大学研究紀要』五七、昭和四十七年）、村中祐生師の「伝教大師と山林修道」（『伝教大師研究』別巻、昭和五十五年）などがある。

（7）伝教大師全集一・二五〇～二五三頁。

（8）仲尾俊博著『山家学生式序説』（永田文昌堂、昭和五十五年）一七五頁。

（9）伝教大師全集一・一〇一頁。

（10）伝教大師全集二・三四八～三四九頁。

（11）同右。

（12）伝教大師全集三・二五〇～二五一頁。

（13）伝教大師全集三・二七五～六頁、二七三～四頁、二七七頁。

（14）伝教大師全集三・三二五～六頁。ここには「若依㆓大集月蔵分云㆒、有㆓五五百㆒前四同㆑論、唯第五五百、闘諍堅固。言㆓後五百㆒者、最後五百也。単論㆓五百㆒猶在㆓正法㆒其理稍壅。然後五百、当㆓末法初㆒」とある。

（15）伝教大師全集一・一五四～一五六頁。

（16）大正蔵一二・一一一八下～一一一九上。

（17）伝教大師全集一・一二九～一三〇頁。

（18）伝教大師全集一・一八〇～一八一頁。

（19）大正蔵五二・八三五中。

（20）伝教大師全集一・一頁。

（21）伝教大師全集五・附録三頁。なお『伝述一心戒文』に、弘仁九年の最澄の上表文を引用して、「沙門㝡澄言、……竊以、五濁之世、聖人難苦居、三災之時、人天倶痛。」とあるのも大師の末法観を示すものである。

二　伝教大師の比叡山結界の理念

1

比叡山の結界は、当初伝教大師最澄によって定められたもので、三井寺所蔵の『比叡山寺僧院記』には、

比叡山寺ノ　法界地　東限ハリ二比叡社幷天之埴一、南限ハリ二登美渓一、西限ハリ二大比叡北峯小比叡南峯一、北限ハル二三津渓横川谷一。

……（中略）……弘仁九年四月廿一日一乗澄記願[1]

とあり、最澄は、東西南北の四至結界内を「法界地」と称している。これは東塔と西塔を中心とする開創当初の比叡山寺の区域を示したものであるが、法界地とは俗域に対する聖域を意味する言葉であり、結界とは聖域と俗域とを分ける境界を指すものとみることができる。

一般的に仏教で結界という場合には、律典に基づく結界と真言密教の経典や儀軌にみられる結界の考え方とに大別することができる。例えば律においては、南山道宣（五九六～六六七）が『四分律刪繁補闕行事鈔』の「結界方法篇第六」[2]において、布薩や受戒などを行うために設けられた一定の区域を「摂僧界」と呼び、作法界として大戒、戒場小界などの結界をたてている。一方、真言密教の結界は印や真言などによって作法結界し、悪鬼神や魔障等の侵入を防がんとするもので、弘法大師空海（七七四～八三五）が高野山創建にあたって軍荼利結界法を七日七夜修

して、高野山に七里四方の結界を行ったことは[3]、密教的結界の代表的なものであろう。

しかしながら、最澄の場合は、これら律典や密教儀軌等に基づく結界の概念はみられないのである。しからば最澄によって定められた比叡山の結界の考え方は、いかなる理念に基づいて唱えられ、また聖や俗とどのように関わっているのであろうか。

2

最澄の「法界地」の設定にみられる大きな特色の一つは、左記のごとく大乗戒独立に関わる一連の経過の中でなされているという点であろう。

弘仁九年（八一八）暮春　自ら誓願して小乗二百五十戒を棄捨す。
同年四月二十一日　比叡山の法界地を定め、『六所宝塔願文』を製す。
同年五月十三日　『天台法華宗年分学生式』（六条式）を撰上す。
同年五月十五日　『比叡山天台法華院得業学生式』を撰上す。
同年七月　叡山に「九院」「十六院」の堂塔伽藍構想を発表す。
同年八月二十七日　『勧奨天台宗年分学生式』（八条式）を撰上す。
弘仁十年（八一九）
三月十五日　『天台法華宗年分度者回小向大式』（四条式）を撰上し、また『請立大乗戒表』を上表す。

すなわち最澄は、大乗菩薩戒独立のために、まず南都で行われていた『四分律』に基づく小乗二百五十戒（具足戒）の棄捨を宣言し[4]、続いて『六条式』『八条式』『四条式』のいわゆる『山家学生式』を矢つぎばやに撰上して朝廷にたてまつり、大乗円頓の戒定慧三学による年分学生の育成を主張するのである。この時、『学生式』撰上と並行して、菩薩僧養成のための道場（施設）として、「九院」「十六院」の堂塔伽藍の構想をも発表している[5]。このような純大乗戒による制式や寺院構想を発表するに先立って定めたのが、それらの拠りどころともいうべき「法界地」であったと考えられるであろう。

3

ここで最澄にみられる「法界地」の概念の用語例をみることにしよう。

凡大乗類者、即得度年授仏子戒為菩薩僧、其戒牒請官印。受大戒已令住叡山、一十二年不出山門、修学両業。（『六条式』[6]）

凡此宗得業者、得度年即令受大戒。受大戒竟、一十二年不出山門令勤修学。初六年聞慧為正、思修為傍。一日之中二分内学一分外学。長講為行、法施為業。後六年思修為正、聞慧為傍。止観業具令修習四種三昧、遮那業具令修習三部念誦。（『八条式』[7]）

いうまでもなく、これらは十二年籠山による菩薩僧養成の具体的内容が示されている部分であるが、ここに「十二年山門を出でず」とある「山門」の語が比叡山の「法界地」を意味する言葉であるとみられる。この「山門」の語を結界地として明確に指摘したのが慈恵大師良源（九一二～九八五）であり、『廿六箇条起請』の第十三条には次のように説かれている。

一、不可籠山僧出内界地際事　東限悲田　南限般若寺　西限水飲　北限楞厳院　此外不可出也

右同前式云凡得業生受大戒竟、一十二年不出山門令勧修学。初六年聞慧為正思修為傍。一日之中二分内学一分外学。長講為行法施為業。後六年思修為正聞慧為傍。止観業具令修習四種三昧、遮那業具令修習三部念誦。所言山門是結界内際。而近代或越大原或向小野東西南北出入往来無忌憚之類往々而有聞。是即各々師主不守大師制式不呵弟子非法之所致也。自今以後殊立禁制。若有慣常出内界者将以擯出。……

天禄元年（九七〇）七月十六日　座主権少僧都法眼和尚位良源(8)

良源は「籠山僧、内界地際を出づべからざること」として、良源の時代に適合した四至結界を定めているが、最澄の『八条式』の一節を引用したのち、「言う所の山門とは是れ結界の内際なり」と明言しているのである。

また最澄の法界地を示す「山門」の語が、「山室」「山院」「山家」「院内」「深山四種三昧院」などとも同義語であることは次の用例によって知られる。

凡住山学生、固経一十二年、依式修学、慰賜大法師位。若雖其業不具、固不出山室経一十二年慰賜法師位。若此宗者、不順宗式不住山院。或雖住山、屢煩衆法年数不足、永貫除官司天台宗名本寺退却。（『八条式』(9)）

今天台法華宗年分学生、並回心向大初修業者、一十二年令住深山四種三昧院得業以後、利他之故仮受小律儀許仮住兼行寺。（『四条式』(10)）

亦山中同法依仏制戒不得飲酒。若違此不我同法亦不仏弟子早速擯出不得令践山家界地。若為合薬莫入山院。又女人輩不得近寺側。何況院内清浄之地哉。

（『弘仁十三年四月臨終遺言』[11]）

最澄は十二年籠山による山修山学のための結界地を比叡山に定め、「山門」「山家」「山院」「山室」「院内」などと称したが、かかる法界地は酒や女人をも近づけてはならない清浄の地と考えていたのである。

4

叙上のごとき清浄なる最澄の法界地は、大乗戒独立の問題と密接に関わっていたから、比叡山の法界地をめぐる聖俗の扱い方には独特のものがみられるようである。この点について、『顕戒論』および『上顕戒論表』には次のように説かれている。

論曰、古来度者毎年十人　先帝新加年々両口也。其新加旨者、其専為伝持円頓戒定慧也。不但悕求出家功徳而頃年之間、此宗学生小儀被拘　馳散城邑、山室空蕪、将絶円道。誠願両箇度者、勘山修於多年、試文義於中使。然則円宗三学不絶本朝　先帝御願、永伝後際。夫台山五寺山中度人、中使簡択、更無偸濫。況我　千年之君、移出家於叡山授仏戒於叡嶺。竊以、退山住邑者、深破先帝之綸旨。山学山度者、何亦侮如来之制戒也。（『顕戒論』下巻「開示山中大乗出家為国常転大乗明拠四十四」[12]）

今円宗度者、受小乗律儀忘梵網三聚、争求名利競散城邑。自去大同二年至于弘仁九年両業度者二十四口、住山之衆一十不満。見前車傾将改後轍。謹以弘仁十載歳次己亥為伝円戒造顕戒論三巻仏法血脈一巻㆒謹進㆓陛下㆒。重願天台円宗両業学生、順レ宗授レ戒依レ本住レ山、一十二年令レ不レ退レ山、四種三昧各令㆓修練㆒。然則一乗戒定永伝㆓本朝㆒、山林精進遠勧㆓塵劫㆒。奉㆓此功力㆒以滅㆓群兇㆒。（『上顕戒論表』[13]）

これは比叡山で毎年二名ずつ得度する年分度者は、もっぱら大乗円頓の戒定慧三学を伝持すべきであるにもかかわらず、叡山の大乗戒が公認されていないことにより、南都の東大寺で具足戒を受けたまま山に戻らず、名利のため奈良の城邑に留まる者が絶えないことを述べている。具体的には『天台法華宗年分得度学生名帳』[14]にもあるごとく、大同二年（八〇七）より弘仁九年（八一八）に至る二四名の天台の年分度者のうち、住山のものはわずか一〇名にすぎず、そのうち六名が南都法相宗に相奪されているのである。そしてこれらの解消のためには、大乗戒独立の聴許によってこそ、真の十二年籠山制による国宝、国師、国用の菩薩僧養成がなしうることを主張しているのであるが、ここに「山」に対して「邑」、あるいは「山室」に対して「城邑」という対応がなされていることが注目される。

つまり「山」は、大乗戒によって山修山学せしむる比叡山の法界地であるのに対して、「邑」または「城邑」は、小乗律儀に基づく南都仏教の花開く奈良の都を指すものと考えられる。すなわち奈良の「城邑」とは、天台の年分度者が比叡山を下り、小乗戒を受けて梵網の大乗三聚浄戒を忘れて名聞利養を求める俗的世界であるという最澄の捉え方がなされている。

以上のように、最澄によって結界せられた比叡山の法界地は、単に清浄なる聖域という意味だけではなく、小乗の律儀に基づく南都仏教のあり方と峻別し、大乗菩薩戒を独立するために設定されたものであると考えなければならない。

註

（1）三井寺蔵・国宝。『国宝延暦寺根本中堂及重要文化財根本中堂廻廊修理工事報告書』（滋賀県教育委員会編、昭和三十年十月）には、『日本国大徳僧院記』としてその全文が写真で紹介されている。最近では、野本覚成師「最澄・義真撰『比叡山寺僧院記』の検討」（『天台学報』三一、平成元年十月所収）がある。
（2）大正蔵四〇・一四上以下。
（3）『遍照発揮性霊集』巻第九「高野山建立壇場結界啓白文」（弘法大師全集一〇・一四七頁）。なお結界に関する論文としては、森蘊氏「結界の立地的考察」（『南都仏教』二〇、昭和四十二年六月）がある。
（4）『叡山大師伝』（伝教大師全集五・附録三二頁）。
（5）『九院事』（伝教大師全集五・三七五頁）および『比叡山寺僧院記』（註（1）参照）。
（6）伝教大師全集一・一二頁。
（7）伝教大師全集一・一四頁。
（8）原本、廬山寺蔵、平安遺文古文書編第二所収。
（9）伝教大師全集一・一五頁。
（10）伝教大師全集一・一七頁。
（11）伝教大師全集五・附録三九頁、『叡山大師伝』所収。
（12）伝教大師全集一・一五〇頁。
（13）伝教大師全集一・二六〇～二六一頁。
（14）伝教大師全集一・二五〇～二五三頁。

三　比叡山十二年籠山行の変遷と意義

1

伝教大師最澄が『山家学生式』によって山修山学十二年籠山の制度を比叡山に定めて以来、今日に至るまで約一二〇〇年の歴史を有しているが、現在においても伝教大師の祖廟浄土院での侍真制度による十二年籠山行として連綿と受け継がれている。このほかにも相応（八三一～九一八）を始祖と仰ぐ千日回峯行にも近年になって十二年籠山制が導入されたり、一山住職となるための三年籠山行が制度化されたりしているが、いずれも最澄の山修山学の理念を基調とするものである。そこで最澄の十二年籠山制による山修山学がどのような変遷展開を経て現在に至っているのかについて論及し、さらに比叡山における山修山学のあり方がどのような意義をもっているかという点についても取りあげてみたいと思う。

2

伝教大師の山修山学十二年籠山制がどのように実施されていたかについて、ことに織田信長による元亀の焼き討ち（一五七一年）以前については、史料が少なく不明な点が多いが、平安中期の実施状況を知るうえで注目されるのは、慈恵大師良源（九一二〜九八五）の『廿六箇条起請』であろう。『廿六箇条起請』は良源が座主就任四年目の天禄元年（九七〇）に制定布告したものであるが、その第十二条に「応年分学生殊択法器事」(1)という項目があり、次のように説かれている。

右去弘仁九年八月廿七日、大師所制八箇条式云、得業学生、六年成業、預試業例。又云、凡得業学生、心性違法不順衆制申官取替云云。今検案内六年成業久不奉行難可復旧。至心性調順・才学相備者、若択之可得、不択之不得。仍一両年間、非器学生已以返却。又籠山一十二年、修習四種三昧、雖在同式当今所修只常行三昧也。件三昧殆欲陵遅唯依試業日不択学生也。守道賢哲明察此由、得分学生殊撰法器。生年十四五以上廿歳以下、容貌無疵瑕心操堪禅行者、是所庶幾也。

ここでは十二年籠山の年分学生となるべき人材を選ぶについて、籠山以前の基礎的課程である六年間の得業学生の制度が有名無実となっているため、まともな年分学生が育っていない状態であると述べている。したがって修習すべき四種三昧も、わずかに常行三昧のみが修されているにすぎず、ほとんど陵遅せんとする状況であるとして、十四歳以上二十五歳以下の心身ともに禅行に堪えうる人材を年分学生に選定すべきことを主張している。

また第十三条(2)においては、

一、不可籠山僧出内界地際事（東限悲田、南限般若寺、西限水飲、北限楞厳院。此外不可出也。）

右同前式云、凡得業生受大戒竟、一十二年不出山門、令勧修学。初六年聞慧為正、思修為傍、一日之中、二分内学、一分外学、長講為行、法施為業。後六年思修為正、聞慧為傍。止観業具令修習四種三昧、遮那業具令修習三部念誦。所言山門、是結界内際、而近代或越大原、或向小野、東西南北出入往来無忌憚之類、往々而有レ聞。是即各々師主不レ守二大師制式一不レ呵二弟子非法之所致一也。自レ今以後、殊立二禁制一。若有下慣常出二内界一者上、将レ以二擯出一。又前後六年間、所レ応二修学一聞思修慧、全守二式文一不レ可二闕怠一。

とあり、籠山僧は一二年間、山門すなわち結界の内際を出ずに修学修行することが定められているにもかかわらず、近代には大原を越え、あるいは小野へ向かうなど、東西南北の出入往来に忌憚なき者が目立つ状況であるといい、新たな結界を定めて『山家学生式』を厳守すべきことを述べている。これらはいずれも、良源が『学生式』の式文通りの厳格な実施を一山に強く求めたものであるとみられる。

3

次に鎌倉時代の中古天台期に至ると、比叡山の黒谷門流から円戒復興運動が起こり、伝信和尚興円（一二六三〜一三一七）が長らく途絶えていたとみられる十二年籠山制の復活を成し遂げた。『伝信和尚伝』(3)によれば、興円は西塔黒谷の願不退房において嘉元三年（一三〇五）十月二十日より十二年籠山に入り、その後、延慶二年（一三〇九）二月に『一向大乗寺興隆篇目集』(4)を著わして籠山修行の日課等を定めている。『一向大乗寺興隆篇目集』の第五置行学二道篇(5)においては、

山家六条式曰、凡止観業者、年々毎日長二転長一講法華・金光明・仁王・守護諸大乗等護国衆経一、凡遮那業者、歳々毎日長二念遮那・孔雀・不空・仏頂諸真言等護国真言一已上某甲云、凡於レ機有二信法相資廻転等之不同一。委雖レ有二六十四番之機乃至五百一十二番之品一、且相資根性為レ本可レ置二行学二道一。故可下修二止観遮那之両業一学中顕密二道上云

と述べ、『六条式』を引いて『山家学生式』の本義に立ち帰り、止観・遮那の両業を修して顕密の二教を行と学との両面より修学すべきこととしている。

次に「毎日の行事等の事」[6]として、

一、毎日不断於二本堂内陣一行二三部長講真言秘法一鎮二護国家一

一、卯時食堂坐禅 坐禅儀在レ前（別カ）委可レ学

一、明相現東者可レ食レ粥

一、粥以後懺法 付発願分

一、午時始可レ食レ飯 作法在レ別

一、未時講堂大談義

一、酉時終例時 短声

一、戌時入二食堂一坐禅

一、坐禅以後者、信行之人入二学舎一可レ学二顕密教法一。法行之人尚止二食堂一可レ修二坐禅一。或亦休息時節長短各可レ任レ意云云

一、光明真言法勤事　不断唱二光明真言一。三時行供養法加二持土沙一可レ謝二四恩法界一

と示し、まず『六条式』の規定に準じて止観業の法華・金光明・仁王般若の三部経の長講および遮那業の真言秘法を毎日不断に修すべきこととしている。次に『学生式』にみられない形態として、法華懺法と例時作法を朝夕の勤行と定めたこと。また早朝の卯時（午前六時頃）と夜の戌時（午後八時頃）の二時の坐禅を日課としたこと。および未時（午後二時頃）の講堂で大談義（観音経読誦してのち講義を行う）を日課としたこと。光明真言を勤むべきとし

たことなどが知られる。また毎月の勤事として、半月半月に布薩説戒を行い、上旬には本尊講、中間には山王講、下旬には祖師講を開き、それぞれ一座三問の番論義一双を修すべきこととし、さらに年間に行うべき主要行事も詳しく定めているのである。以上のような行学二道にわたる具体的な日課を定めたことは、『学生式』を基本としながらも従来にない新しい籠山制の設定とみることができるであろう。このような興円の『一向大乗寺興隆篇目集』の規定に従って黒谷や東塔神蔵寺にて十二年籠山行に入った諸師としては、興円の弟子の恵鎮（一二八一～一三五六）や光宗（一二七六～一三五〇）などの名が記録(7)に残されている。

4

元亀焼き討ち以後においては、江戸中期に至って、妙立慈山（一六三七～九〇）とその弟子霊空光謙（一六五二～一七三九）らによって、四分兼学の安楽律が唱道された。とくに妙立の跡を継いだ霊空は元禄二年（一六八九）三十八歳の時、『闢邪編』を著わして『玄旨帰命壇』の邪義を論破し、天台口伝法門の悪弊に終止符を打ったことはよく知られているが、その戒律復興運動の中核は、久しく行われていなかった伝教大師の十二年籠山行を復活することであった。その籠山制度は、元禄十二年（一六九九）十一月に制定布告された『開山堂侍真条制』によって知られる。

『侍真条制』の全文(8)を掲げてみよう。

開山堂侍真条制

去歳、告(グ)二台山闔衆(ニ)一。夫(レ)初修業一紀籠山(ハ)伝教大師之(ノ)垂範(ニシテ)而台徒之(ノ)高儀(ナリ)也。然(ルニ)世遠(ク)法墜(チテ)不レ聞(カ)二其(ノ)名(ヲ)一者(スラ)多(シ)、

良可悲痛。如有能委身命遵祖訓者、許在山院而免衆務。又浄土院近世唯有堂司而無侍真非所以尽報本之道也。議置侍真、称吾意焉。是歳首夏、登壇受戒立籠山誓者二口。近又発心者二口。闔衆、新搆侍真之房既成。於是吾喜不自勝。復告闔山、初修業僧大師之真子也。宜輪流侍真礼供無闕。因立条件以為永式

一、大小二食当如法供養。

一、上食当誦変食呪二十一遍・般若心経三遍。

一、朝課所為、晩課敬礼法、倶誦梵網十戒。

一、両業之人、各有恒務、雖非今所制而宜益策修。

一、三月遷居覚王之制、侍真之職不宜久留。三月輪周復始。至於有閏当経四月。

一、於三月内無切要縁不得出院。

一、重病等縁請令相代。

已上条件、宜各遵行。雖非急制磬誠竭思則庶乎報　祖恩之涓埃矣。

元禄十二歳次己卯十一月甲子

前天台座主一品親王　押

冒頭の文によれば祖廟の浄土院に侍真が欠けていなかったが、籠山を志願し発心する者が数名いたので七項目の条件を設けて永式としたものであることが知られ、元禄十二年十一月に前天台座主一品親王公弁の名で発布されている。この『侍真条制』の発布後、十数名の籠山僧を輩出して侍真制が軌道に乗ったとみられる享保五年（一七二〇）には、『侍真条制』とは別に七項目にわたる詳細な『浄土院規矩』(9)がまとめられている。この七項目とは、「第

表3-1　祖廟浄土院侍真日課（現行）

午前三時半	出定（起床）、開拝殿戸
午前四時	朝課
午前五時	備御小食（大師宝前）献供作法・大黒天法楽
午前五時半	侍真小食
午前六時半	阿弥陀供一座・護国三部妙典（仁王般若・金光明・法華）読誦・大般若経読誦
午前十時	献斎供養（大師宝前）・献茶（大師・弥陀・文殊）
午前十時半	侍真斎食
午後四時	晩課
午後五時	閉拝殿戸
午後九時	入定（就床）

一課誦献斎の事」「第二散物油料の事」「第三大小掃除の事」「第四拝堂巡検の事」「第五院内へ付届の事」「第六輪番諸式の事」「第七交代用意の事」であり、さらにまた年間毎月の行事も詳しく定めている。

以上の『侍真条制』と『浄土院規矩』は、現在、浄土院で行われている侍真日課の基本をなしているものとみられる。そこで次に現行の侍真日課を挙げると**表3-1**のようである。

上記の現行侍真日課のうち、午前五時と十時に修される伝教大師宝前への「備御小食」と「献斎供養」とは『侍真条制』の第一、二条に拠るものである。また『浄土院規矩』に「拝殿の毎日の大小食の献供、並びに朝昏課誦は侍真の職務なり。故に当病の外は一日も他に属すべからず。但し献茶は助衆之を勤むべきの事」と示されているように、献斎は朝課晩課とともに拝殿にて侍真が行うべき職務と規定している。

次に侍真の毎日の勤めとして最も重要な朝昏課誦については、『侍真条制』に「朝課の所為と晩課の敬礼法とは倶に梵網の十戒を誦せよ」とある基本に従って現在に受け継がれている。この朝昏課誦でとくに注目すべきは、中国の天台大師智顗（五三八～五九七）が龍樹の『十住毘婆沙論』に拠って天台山修禅寺での日課として定めた『国清百録』巻一所収の「敬礼法」⑩を取り入れたことであろう。『国清百録』の「敬礼法」の冒頭をみると、

> 此法正依龍樹毘婆沙傍潤諸経意、……朝午略敬礼用所為、哺用敬礼略所為、初夜全用。午時十仏代中夜・後夜普礼。

とあり、天台山で朝・午・哺・初夜・中夜・後夜の六時に行われていた勤行のうち、朝課の「敬礼を略して所為を用う」と、晩課（哺）の「敬礼を用いて所為を略す」という規定をそのまま籠山侍真の勤行儀として依用したものであることが知られる。その勤行の次第を現行のものでみると、朝課については、

①三宝礼　②供養文　③歎仏呪願　④所為　⑤五悔　⑥梵網菩薩戒経（十重戒）　⑦後唄　⑧三帰　⑨般若心経七巻　⑩伝教大師宝号七遍　⑪祈願

となっているが、このうち①三宝礼、②供養文、③歎仏呪願、④所為、⑤五悔、⑧三帰の六項目の次第と内容は、『国清百録』の「敬礼法」に拠っている。次に現行の晩課は、

①三宝礼　②供養文　③歎仏呪願　④敬礼　⑤五悔　⑥梵網菩薩戒経（四十八軽戒）　⑦後唄　⑧三帰　⑨説偈　⑩伝教大師宝号七遍　⑪祈願

とあるが、このうち①三宝礼、②供養文、③歎仏呪願、④敬礼、⑤五悔、⑧三帰、⑨説偈の次第については、朝課と同様に『国清百録』の「敬礼法」に従っている。しかし侍真の課誦がすべて天台山の「敬礼法」を用いているか

といえばそうではなく、最澄の大乗菩薩戒の主張に基づいて『梵網菩薩戒経』の読誦を加味しているところに、比叡山独自の特色がみられる。さらには日々の日課として義務づけられている『法華経』『金光明経』『仁王般若経』のいわゆる護国三部経や『大般若経』等の読誦は、最澄の『学生式』の規定に拠ったものであろう。また浄土院は、大師ご自作と伝える秘仏阿弥陀如来を本堂阿弥陀堂に祀っていることから、侍真により阿弥陀供一座が毎日修されている。なお侍真は、止観業か遮那業かのいずれかを専攻することが定められており、課誦や献斎などの職務以外の時間には、浄土院内外の掃除はむろんのこと、みずからの専攻に関する修学修行に専念すべきこととしている。

ここで霊空光謙による浄土院の十二年籠山制確立後、現在（平成十九年）籠山中の円龍院、宮本祖豊侍真に至るまでの三百余年間に輩出した籠山侍真僧を浄土院蔵『一乗僧略伝』三巻により一覧表にすると**表3-2**のようである。

表3-2　祖廟浄土院歴代侍真一覧

法名	出身	寺院名	登壇受戒	業	籠山（年数）	満紀後の四分律兼学	入寂
溯流	尾州	（東塔）吉祥院			大戒を受けずして病死（0）		元禄12（一六九九）25歳
1 変至	参州刈屋	（東塔）護心院	元禄12（一六九九）25歳	止観業	途中病死（4）		〃16（一七〇三）29歳
2 祖京	丹波笹山	（西塔）無量院	〃（一六九九）	〃	宝永3（一七〇六）下山（7）		不明
3 真明	武州足立郡	（横川）禅定院	〃（一六九九）35歳	遮那業	途中病死（8）		宝永4（一七〇七）43歳
4 南宝	後州頭城郡	（飯室）円乗院	〃（一六九九）32歳	止観業	（12？）		享保6（一七二一）55歳
5 即藩	尾州	（横川）大林院	宝永2（一七〇五）31歳	〃	（12）	有	寛保2（一七四二）68歳
6 妙玉	福居	（東塔）円教院	〃2（一七〇五）	遮那業	（12）	有	元文3（一七三八）

7	妙峯	備中賀陽郡	(西塔)喜見院	〃2(一七〇五)32歳	止観業	途中病死	(3)		宝永5(一七〇八)35歳
8	慈陽	備前岡山	(西塔)本行院	〃8(一七一一)31歳	〃		(12)	有	延享4(一七四七)67歳
9	慧脉	濃州可児郡	(横川)禅定院	正徳2(一七一二)33歳	遮那業		(12)	有	〃2(一七四五)66歳
10	万谷	上州里見	(西塔)無量院	〃3(一七一三)28歳	〃		(12)	有	〃5(一七四八)64歳
11	可透	備前	(東塔)宝珠院	〃3(一七一三)32歳	止観業		(12)	有	享保19(一七三四)53歳
12	澄誓	肥前佐嘉城	(東塔)相住房	享保1(一七一六)25歳	遮那業	享保9(一七二四)下山	(8)		不明
13	行靖		(東塔)慈光院	〃3(一七一八)23歳	止観業		(12)	有	延享1(一七四四)49歳
14	可敦	尾州	(横川)大林院	〃4(一七一九)30歳	〃	途中病死	(8)		享保12(一七二七)38歳
15	義詮	濃州可児郡	(横川)南楽房	〃4(一七一九)28歳	〃		(12)	有	宝暦3(一七五三)62歳
16	義深	武陽入東郡	(西塔)千光院	〃5(一七二〇)32歳	〃		(12)	有	元文4(一七三九)51歳
17	雪皎	山州宇治郡	(東塔)護心院	〃6(一七二一)38歳	〃		(12)	有	宝暦9(一七五九)76歳
18	亮忠	下総州	(東塔)不動院	〃7(一七二二)26歳	遮那業	満紀	(12)		安永5(一七七六)80歳
19	智寂	下総州	(西塔)上乗院	〃8(一七二三)37歳	止観業	途中病死	(8)		享保16(一七三一)45歳
20	守一	勢州渡会郡	(横川)妙行院	〃8(一七二三)37歳	〃		(12)	有	宝暦8(一七五八)72歳
21	虚窓	下総国	(西塔)安祥院	〃9(一七二四)32歳	〃	途中病死	(3)		享保12(一七二七)35歳
22	尭空	武蔵州比企郡	(東塔)清泉院	〃11(一七二六)27歳	〃	〃	(1)		〃12(一七二七)28歳
23	清求	江州沢山	(東塔)宝積院	〃11(一七二六)24歳	〃		(12)		不明
24	亮範	武州平沢	(西塔)栄泉院	〃13(一七二八)31歳	遮那業		(12)	有	天明1(一七八一)84歳
25	実成	江州滋賀郡	(西塔)乗実院	〃16(一七三一)35歳	止観業	寛保3(一七四三)辞院	(12)		宝暦8(一七五八)62歳
26	慈勇	下野国佐野	(横川)南楽坊	〃17(一七三二)29歳	遮那業		(12)	有	不明
27	智鈞	紀州那賀郡	(横川)唯心院	〃19(一七三四)39歳	止観業		(12)	有	寛延1(一七四八)53歳
28	本純	駿河府城	(東塔)龍珠院	〃19(一七三四)33歳	〃		(12)	有	明和6(一七六九)68歳
29	真流	勢州洞津	(横川)禅定院	〃20(一七三五)25歳	遮那業	延享4(一七四七)辞院	(12)		安永3(一七七四)64歳
30	海印	野下州都賀郡	(横川)大慈院	〃20(一七三五)28歳	止観業		(12)	有	〃5(一七七六)69歳

	法名	出身	寺院名	登壇受戒	業	籠山(年数)	満紀後の四分律兼学	入寂
31	義慙	摂津州島上郡	(西塔)観樹院	元文3(一七三八)30歳	止観業	寛延3(一七五〇)満紀(12)	有	宝暦8(一七五八)50歳
32	常穏	摂津州島上郡	(西塔)千葉院	寛保3(一七四三)29歳	〃	(12?)		不明
33	観道	筑前州名写	(東塔)習禅院	延享1(一七四四)39歳	〃	途中病死(4)		寛延1(一七四八)43歳
34	覚本	播陽餝東郡	(西塔)大興坊	〃1(一七四四)31歳	遮那業	満紀(12)	有	宝暦10(一七六〇)47歳
35	大航	野下州舟津川村	(東塔)安禅院	〃1(一七四四)29歳	〃	途中病死(4)		延享5(一七四八)33歳
36	義覚	播陽赤穂	(横川)定光院	〃4(一七四七)35歳	止観業	〃(6)		宝暦3(一七五三)41歳
37	義因	山城州深草	(東塔)教王院	〃5(一七四八)32歳	〃	(12?)		寛政2(一七九〇)74歳
38	照諄	常州真壁郡	(横川)華徳院	〃5(一七四八)53歳	遮那業	(12)	有	安永5(一七七六)82歳
39	慈徧	尾州愛知郡		〃5(一七四八)46歳	〃	満紀後病死(12)		宝暦10(一七六〇)58歳
40	義源	摂津州高槻城	(西塔)観樹院	寛延4(一七五一)23歳	〃	満紀(12)		〃13(一七六三)35歳
41	豊雲	中国洛陽		宝暦4(一七五四)33歳	〃	満紀後病死(12)		安永3(一七七四)54歳
42	了辯	常州河内郡	(東塔)千手院	〃5(一七五五)42歳	〃	(12)	有	寛政4(一七九二)79歳
43	栄伝	総州夷隅郡	(東塔)教王院	〃7(一七五七)54歳	止観業	(12)	有	安永6(一七七七)74歳
44	秀辨	総州武射郡	(東塔)教王院	〃7(一七五七)33歳	遮那業	途中病死(11)		明和6(一七六九)44歳
45	深詮	肥前州	(横川)恵雲院	〃8(一七五八)47歳	止観業	安永2(一七七三)退山(12)		不明
46	秀光	肥後高瀬	(東塔)光聚坊	〃8(一七五八)32歳	遮那業	途中病死(6)		宝暦14(一七六四)38歳
47	幸潤	下総州香取郡		〃11(一七六一)62歳	不明	(12?)		不明
48	算海	下野州那賀郡		〃11(一七六一)53歳	〃	〃(1)		宝暦12(一七六二)54歳
49	亮胤	江東甲賀郡	(横川)唯心院	〃14(一七六四)49歳	止観業	満紀(12)		安永9(一七八〇)65歳
50	考然	武江	(西塔)金台院	明和4(一七六七)34歳	〃	出界(?)		不明
51	慧洞	野州邑楽郡		〃4(一七六七)33歳	不明	〃(?)		文化12(一八一五)81歳
52	寂禅	湖東蒲生郡	(横川)大慈院	〃6(一七六九)41歳	遮那業	天明1(一七八一)満紀(12)	有	天明4(一七八四)56歳

53	実栄	武州橘郡	(東塔)吉祥院	〃7(一七七〇)43歳	止観業	〃2(一七八二)満紀(12)		寛政7(一七九五)68歳
54	貞猷	上野刕利根郡	(西塔)瑞雲院	〃7(一七七〇)35歳	〃	(12?)		天明2(一七八二)47歳
55	慈順	下野刕彦	(東塔)円龍院	〃7(一七七〇)42歳	〃	途中病死(8)		安永7(一七七八)50歳
56	貫超	武陽	(西塔)樹王院	〃8(一七七一)44歳	〃	(12)	有	不明
57	孝珍	越中州礪波郡	(東塔)宝乗院	安永1(一七七二)41歳	〃	天明2(一七八二)満紀 後、住山二年(14)	有	寛政9(一七九七)66歳
58	剛幹	武陽	(西塔)浄泉院	〃2(一七七三)28歳	〃	途中病死(9)		天明2(一七八二)37歳
59	寂信	江州蒲生郡	(東塔)善住院	〃4(一七七五)42歳	遮那業	出界(?)		不明
60	慧潭	丹州多喜郡	(西塔)真蔵院	〃5(一七七六)41歳	〃	途中病死(5)		天明1(一七八一)46歳
61	僧慈	勢州洞津	(東塔)観明院	〃5(一七七六)40歳	〃	天明8(一七八八)満紀(12)	有	文化5(一八〇八)72歳
62	慈谿	下野州足利郡	(東塔)大乗院	〃7(一七七八)32歳	〃	途中病死(2)		安永9(一七八〇)34歳
63	了中	信濃州水内郡	(東塔)千手院	〃7(一七七八)26歳	止観業	天明5(一七八五)出界(7)		寛政5(一七九三)41歳
64	覚伝	肥後八代	(東塔)寿量院	〃8(一七七九)33歳	遮那業	寛政4(一七九二)満紀(12)	有	不明
65	栄照	備前州和気県	(横川)禅定院	天明2(一七八二)46歳	〃	〃6(一七九四)満紀(12)	有	寛政9(一七九七)61歳
66	宏範	信州水内郡	(西塔)観樹院	〃2(一七八二)24歳	〃	〃8(一七九六)満紀(12)		不明
67	秀円	尹斉鈴鹿県	(東塔)三光院	〃8(一七八八)36歳	止観業	〃12(一八〇〇)満紀(12)	有	文化10(一八一三)61歳
68	正道	江州浅井郡	(東塔)松林坊	寛政1(一七八九)24歳	〃	享和1(一八〇一)満紀(12?)		〃11(一八一四)49歳
69	韶堂	武州江戸	(東塔)護心院	〃1(一七八九)40歳	〃	〃1(一八〇一)満紀(12?)		享和2(一八〇二)52歳
70	守良	武州江府	(東塔)千手院	〃2(一七九〇)28歳	〃	〃2(一八〇二)満紀(12)	有	嘉永4(一八五一)89歳
71	観禅	本州沢山	(東塔)十妙院	〃2(一七九〇)27歳	遮那業	〃2(一八〇二)満紀(12)		天保9(一八三八)75歳
72	亮慧	上総国夷隅郡	(西塔)上乗院	〃3(一七九一)30歳	止観業	〃3(一八〇三)満紀(12)		不明
73	角言	濃州不破県	(東塔)等覚院	〃4(一七九二)47歳	遮那業	(12?)		享和4(一八〇四)59歳

	法名	出身	寺院名	登壇受戒	業	籠山（年数）	満紀後の四分律兼学	入寂
74	慧鎧	常陸国行方県	（西塔）樹王院	〃 8（一七九六）34歳	止観業	途中病死（3）		寛政11（一七九九）37歳
75	光完	羽州櫛引郡	（横川）南楽坊	〃 9（一七九七）38歳	〃	文化6（一八〇九）満紀（12）	有	天保7（一八三六）77歳
76	実光	下野都賀郡	（東塔）吉祥院	享和4（一八〇四）25歳	〃	〃 13（一八一六）満紀（12）		〃 7（一八三六）57歳
77	周善	紀陽日高南塩屋県	（東塔）三光院	文化1（一八〇四）26歳	遮那業	〃 13（一八一六）満紀（12）	有	弘化3（一八四六）68歳
78	慈哲	武州比企郡	（西塔）無量院	〃 3（一八〇六）80歳	止観業	途中死亡（3）		文化6（一八〇九）83歳
79	孝円	江州蒲生小谷	（東塔）放光院	〃 6（一八〇九）32歳	〃	（12？）		嘉永6（一八五三）76歳
80	亮照	江戸	（西塔）金光院	〃 12（一八一五）30歳	遮那業	文政10（一八二七）満紀（12）		天保5（一八三四）49歳
81	慈湛	城州乙訓郡	（西塔）厳王院	〃 13（一八一六）28歳	止観業	〃 11（一八二八）満紀（12）		〃 7（一八三六）48歳
82	慈全	加州金沢	（横川）大林院	〃 13（一八一六）26歳	遮那業	〃 11（一八二八）満紀（12）		不明
83	豪観	羽州山形城	（西塔）星光院	文政3（一八二〇）65歳	〃	天保3（一八三二）満紀（12）		弘化4（一八四七）93歳
84	慈雄	勢陽洞津	（西塔）栄泉院	〃 3（一八二〇）28歳	止観業	途中病死（5）		文政8（一八二五）33歳
85	薦道	武陽府城	（東塔）安禅院	〃 3（一八二〇）31歳	〃	天保3（一八三二）満紀（12）	有	天保5（一八三四）45歳
86	晃然	信陽小県郡	（東塔）円教院	〃 5（一八二二）32歳	遮那業	〃 6（一八三五）満紀（12）		〃 13（一八四二）52歳
87	徳融	淡海州蒲生郡	（東塔）延命院	〃 12（一八二九）32歳	止観業	天保12（一八四一）満紀（12）		不明
88	亮譲	信州水内郡	（東塔）大乗院	〃 12（一八二九）28歳	遮那業	〃 12（一八四一）一紀 満後、住山七年（19）		安政3（一八五六）55歳
89	徳融	江州蒲生郡	（東塔）延命院	〃 12（一八二九）34歳	止観業	天保12（一八四一）満紀（12）		明治1（一八六八）73歳
90	覚明	越後州蒲原郡	（東塔）玉林院	〃 13（一八三〇）	〃	途中病死（1）		文政13（一八三〇）
91	昌徳		（西塔）大興坊	天保2（一八三一）51歳	〃	天保14（一八四三）一紀 満後、住山八年（20）		安政4（一八五七）77歳
92	乗如	越前州丹生郡	（西塔）栄泉院	〃 7（一八三六）37歳	〃	嘉永1（一八四八）満紀（12）		〃 5（一八五八）59歳
93	淑祐	和州高市	（東塔）仏乗院	〃 11（一八四〇）33歳	遮那業	〃 6（一八五三）満紀（12）		〃 5（一八五八）50歳

94	考忠	越前	(西塔)等覚院	天保12(一八四一)32歳	不明	途中病死 (1)		天保12(一八四一)32歳
95	深恭	伊予州松山	(横川)円乗院	弘化2(一八四五)36歳	遮那業	安政4(一八五七)満紀 (12)	有	不明
96	乗観	薩摩州	(東塔)千手院	嘉永2(一八四九)28歳	止観業	途中病死 (11)		万延2(一八六一)39歳
97	考辨	洛陽	(西塔)等覚院	〃2(一八四九)34歳	〃	文久1(一八六一)満紀 (12)		不明
98	貞歓		(西塔)浄国院	〃3(一八五〇)35歳	遮那業	〃2(一八六二)満紀 (12)		慶応3(一八六七)52歳
99	順昌		(東塔)慈光院	不明	不明	(?)		不明
100	光忍	肥前州大村	(横川)一音院	嘉永5(一八五二)43歳	止観業	〃4(一八六四)満紀 後、籠山四年 (16)		慶応3(一八六七)58歳
101	慈幢	信州水内郡	(東塔)大乗院	〃5(一八五二)27歳	〃	元治1(一八六四)満紀 (12)		明治1(一八六八)45歳
102	観栄	因刕取鳥	(東塔)蓮光院	〃7(一八五四)34歳	遮那業	途中病死 (4)		安政5(一八五八)38歳
103	覚如	平安城	(西塔)栄泉院	安政5(一八五八)35歳	〃	明治4(一八七一)満紀 後、住山 (12以上)		不明
104	真等	滋賀県彦根	(東塔)金蔵院	明治21(一八八八)29歳	不明	(12)		大正15(一九二六)67歳
105	孝正	〃蒲生郡	(東塔)教王院	〃37(一九〇四)33歳	〃	(12)		〃8(一九一九)48歳
106	実情	兵庫県飾磨郡	(横川)戒定院	〃40(一九〇七)66歳	止観業	途中病死 (7)		〃4(一九一五)74歳
107	賢昂	愛媛県宇和町	(東塔)宝珠院	大正4(一九一五)63歳	不明	〃 (5)		〃9(一九二〇)68歳
108	賢道	長野市	(東塔)清泉院	〃6(一九一七)	止観業	大正12(一九二三)辞院 (6)		不明
109	寛雄	三重県安濃郡	(東塔)日増院	〃13(一九二四)66歳	〃	昭和5(一九三〇)解任 (6)		昭和9(一九三四)76歳
110	善浄	丹州篠山	(西塔)本行院	昭和9(一九三四)46歳	遮那業	〃27(一九五二)引退 (18)		〃27(一九五二)64歳
111	堀澤祖門	新潟県北大沼郡	(東塔)泰門庵	〃27(一九五二)24歳	止観業	〃39(一九六四)満紀 (12)		生存
112	中野英賢	山形県河北町	(西塔)観樹院	〃33(一九五八)26歳	遮那業	〃45(一九七〇)満紀 (12)		平成14(二〇〇二)69歳
113	尾崎大顕	兵庫県芦屋	(東塔)護心院	〃43(一九六八)37歳	止観業	昭和55(一九八〇)満紀 (12)		生存
114	高川慈照	広島県賀茂郡	(東塔)松林院	〃55(一九八〇)35歳	〃	平成4(一九九二)満紀 (12)		生存
115	北澤宏泰	滋賀県滋賀郡	(西塔)正教坊	〃60(一九八五)35歳	念仏業	平成9(一九九七)満紀 (12)		生存

法名	出身	寺院名	登壇受戒	業	籠山（年数）	満紀後の四分律兼学	入寂
116 宮本祖豊	北海道室蘭市	（東塔）円龍院	平成9（一九九七）37歳	止観業	平成20（二〇〇八）籠山12年目		生存

（注）籠山の項の年数は侍真となってからの籠山年数を示す。

霊空による侍真制確立後、現在籠山中の侍真宮本祖豊師に至るまで一一六名の籠山比丘を輩出しているが、これを統計的に整理すると次のごとくである。

(イ) 侍真僧総数　一一六名
(ロ) 一紀一二年満行者数　八〇名
(ハ) 止観業（念仏業を含む）専攻者数　六七名
(ニ) 遮那業専攻者数　四一名
(ホ) 四分律兼学者数　三三名
(ヘ) 自誓受戒平均年齢　三五・六歳
(ト) 侍真僧平均寿命　五六・八歳

なお、侍真となって十二年籠山行に入るためには、すでに述べたように大乗菩薩戒を自誓受戒する必要があるが、それに先立ってどうしても通らなければならない大きな関門がある。それは「好相行（こうそうぎょう）」といわれ、一仏に対して一々焼香・供華し、各仏名を唱えながら五体投地の礼拝を一日三〇〇〇回、不眠不臥にて繰り返すという行法である。この好相行の実践は、過去に犯した過罪を懺悔（さんげ）発露（ほつろ）して身心清浄となり、仏の好相を感得するまで無制限に続けられるもので、仏の好相を得なければ自誓受戒して籠山比丘になることはできないという極めて厳しいものなのである。その根拠となる教えは『梵網経』に次のように示されている。

若仏子、仏滅度後、欲下心好心受中菩薩戒上時、於二仏菩薩形像前一自誓受レ戒。当下七日仏前懺悔、得レ見二好相一便得上レ戒。若不レ得二好相一応下二七・三七乃至一年要得中好相一。得二好相一已、便得二仏菩薩形像前受一レ戒。若不レ得二好相一、雖二仏像前受一レ戒不二得戒一。[11]

若到レ礼二三世千仏一得レ見二好相一。若一七日二・三七日乃至一年、要見二好相一。[12]

それでは「好相を見る」とか「好相を得る」とかいわれるのは、いったいどのような状況なのであろうか。これについてもまた『梵網経』に、

好相者、仏来摩頂、見レ光見レ華種種異相、便得レ滅レ罪。若無二好相一雖レ懺無レ益。是人現身亦不レ得レ戒。[13]

と説かれているが、好相行成就の証明は、すでに好相を感得された先達である籠山比丘によってなされるのである。かくして好相行を成し遂げたならば、さらに戒壇院に登壇して自誓受戒し、ようやく侍真として一紀十二年籠山に入ることができるのである。

以上取りあげてきたように、比叡山の十二年籠山制による山修山学の制度は、あくまでも伝教大師最澄の『山家学生式』を基調としながら、それぞれの時代に応じた修行形態や日課が定められてきた。中古天台の鎌倉期には黒谷門流興円の行学二道による籠山制が唱えられたり、また焼き討ち後は安楽律の霊空光謙の浄土院侍真制による十二年籠山が制度化されて、現在に受け継がれている。

いうまでもなく、これら比叡山における籠山行による山修山学の目指すところは、『学生式』（六条式）の冒頭に示された通り、国宝・国師・国用の菩薩僧の養成にあるのであるが、ここでは何故に山修山学の籠山行でなければならないのであろうか、という点についていささか考察を加え、籠山制の意義についても考えてみたいと思う。

まず比叡山の天台仏教の基本的立場を示す最澄の言葉として、次の文が一乗忠撰『叡山大師伝』に引用されている。

> 以（弘仁）九年暮春大師告諸弟子等言、我尋法華円宗之元由者、初霊鷲、次大蘇、後天台、並皆於山説聴修学解悟矣。是故我宗学生、初修之頃、当為国為家山修山学利益有情興隆仏法。既而世間之譏嫌止息於巖窟、仏種之萌芽滋茂於山林。(14)

ここでは霊鷲山、大蘇山、天台山という山においての説聴、修学、解悟のあり方こそが天台仏教の伝統であり、系譜であることを述べて、比叡山での山修山学をすすめている。

また最澄は『顕戒論』下巻の「開示蘭若修学第一義諦六波羅蜜明拠四十八(15)」において、

> 明知、第一義六度、坐臥山林中、一切起念時、悉令円満也。……釈迦真経、重讃蘭若。玄奘入山、良有所以也。求真釈子、誰不慕山哉。

と説き、菩薩の第一義の六度の修行は、山林中に在ってこそ円満成就するものであり、釈迦の真経も蘭若を重讃し、玄奘もまた山に入らんとしたことを述べている。ちなみに羅什訳『法華経』においては、

> 或見菩薩而作比丘独処閑静楽誦経典。又見菩薩勇猛精進入於深山思惟仏道。又見離欲常処空閑深修禅定得五神通。……又見菩薩処林放光済地獄苦令入仏道。又見仏子未嘗睡眠経行林中勤求仏道。……又見菩薩離諸戯笑及痴眷属親近智者一心除乱摂念山林億千万歳以求仏道。

（『法華経』序品第一）

或有諸比丘　在於山林中　精進持浄戒　猶如護明珠。　（同右、序品第一）

世尊、我常独処山林樹下、若坐若行毎作是念……

我処於山谷　或在林樹下　若坐若行　常思惟是事　（同右、譬喩品第三）

などとあり、比丘や菩薩の修行処として山林や深山が好処として挙げられている。また、『大智度論』巻三には、

復次、王舎城在山中閑静。余国精舎平地故、多雑人、入出来往易故不閑静。又此山中多精舎。諸坐禅人、諸聖人皆楽閑静、多得住中。仏是聖人、坐禅人主。是故多住王舎城。……聖人、坐禅人楽閑静処。……云何勝、耆闍崛山精舎近城而難上、以是故雑人不来。近城故乞食不疲。以是故仏多在耆闍崛山中、不在余処。(16)

とあり、耆闍崛山（霊鷲山）が修行処としていかにすぐれているかを示し、釈迦仏が多く山中に在したことを述べている。このような経論によって天台大師智顗（五三八〜五九七）は『摩訶止観』巻四下に、二十五方便の具五縁の第三に「閑居静処」を示して、

第三閑居静処者、雖具衣食住処云何。若随自意、触処可安。三種三昧、必須好処。好処有三、一深山遠谷、二頭陀抖擻、三蘭若伽藍。若深山遠谷、途路艱険、永絶人蹤、誰相悩乱。恣意禅観、念念在道、毀誉不起、是処最勝。二頭陀抖擻、極近三里、交往亦疎。覚策煩悩、是処為次。三蘭若伽藍、閑静之寺、独処一房、不干事物、閉門静坐、正諦思惟。是処為下。(17)

と説き、一深山遠谷、二頭陀抖擻、三蘭若伽藍の三つの好処の中でも「深山遠谷」を天台止観実修の最もすぐれた

るところと主張している。また智顗の華頂峯での法華三昧の開悟のあと、天台山仏隴道場に帰った折の大師の様子について『天台智者大師別伝』に、

頭陀既竟、旋帰仏隴。風煙山水、外足忘憂、妙慧深禅、内充愉楽。(18)

とあるのは、天台山中での禅観の素晴らしさを讃えたものである。また晩年に天台山に戻ったときの述懐として述べられたと伝える文に、

智者雅好泉石、負杖閑遊。沈吟歎曰、雖在人間、弗忘山野、幽々深谷、愉々静夜、澄神自照、豈不楽哉。(19)

とあるのも、みずからの心を深く見つめることのできる山林での修行のあり方を称歎したものであり、これら天台仏教の山林修道のあり方を集約したのが比叡山の山修山学十二年籠山制であると考えられる。

註

(1) 叡山学院編『元三慈恵大師の研究』(同朋舎、昭和五十九年五月)所収、慈恵大師起請二十六箇条(重文、廬山寺蔵)写真図版四頁。
(2) 同右。
(3) 続天台宗全書・史伝二・日本天台僧伝類一・四二一下。
(4) 同右・円戒一・一八七下。
(5) 同右・円戒一・一八二下～一八三上。
(6) 同右・円戒一・一八三上～下。
(7) 同右・史伝二・四二三下『伝信和尚伝』、および四三三下『閻浮受生大幸記』など。
(8) 大日本仏教全書四二・九一中～下、『天台霞標』所収。

(9) 叡山文庫止観院蔵。
(10) 大正蔵四六・七九四上〜七九五上。
(11) 大正蔵二四・一〇〇六下。
(12) 大正蔵二四・一〇〇八下。
(13) 同右。
(14) 伝教大師全集五・附録三二頁。
(15) 同右一・一五六〜一六〇頁。
なお、玄奘が山に入らんとしたことは、『大慈恩寺三蔵法師伝』中の「請入嵩岳表」（玄奘五十五歳）に「玄奘少来頗得レ専二精教義一、唯於二四禅九定一未レ暇二安心一。今願託二慮禅門一澄二心定水一、制二情猨之逸躁一縶二意象之奔馳一。若不レ斂二迹山中一不レ可二成就一。」（大正蔵四六・二七四上）とある。
(16) 大正蔵二五・七八中。
(17) 天台大師全集・摩訶止観三・一頁。
(18) 大正蔵五〇・一九三中。
(19) 同右五〇・一九五下。

四　比叡山千日回峯行の歴史

1　回峯行の始祖相応和尚

伝教大師の菩薩僧養成の理念に基づいて、現在行われている十二年籠山行の一つに千日回峯行がある。回峯行は、役行者を開祖とする南山修験に対して北嶺の修験ともいわれ、慈覚大師の弟子である建立大師相応和尚（八三一～九一八）をその創始者と仰いでいる。もちろん今日行われているような整備された千日回峯の修行形態や礼拝修法の行法は、後世になって確立されたものであるが、相応和尚が回峯行の開祖といわれる理由はどこにあるのであろうか。

これについては回峯行の主要な要素の多くを、相応和尚の伝記の上にみることができるからである。具体的には『法華経』に基づく常不軽菩薩の行・根本中堂への供花・葛川参籠・不動明王信仰・山王信仰・加持祈禱などを挙げることができる。

最初に「常不軽の行」について取りあげると、『天台南山無動寺建立和尚伝』[1]（以下『相応伝』）によれば、相応は十七歳の時に剃髪して十善戒を受けて以後、『法華経』常不軽菩薩品の読誦に至って大菩提心を発し、不軽の行を修さんことを誓願したと伝えている。

「常不軽の行」とは、『法華経』に示された常不軽という菩薩の物語である。[2] 簡潔にその要旨を述べると、正法が滅して像法の時代に入り増上慢の比丘が勢力を持っていた時、常不軽という名の菩薩がいた。この菩薩は、自分の出逢うあらゆる比丘・比丘尼・優婆塞・優婆夷に対して、ことごとく礼拝讃歎し敬って、「我敢て汝等を軽しめず、汝等皆まさに作仏すべし」と繰り返すのみで、経典を読誦せず、ただ礼拝を行い続けるのであった。また、たとえ心不浄なるものに悪口罵詈され、衆人に杖木で打たれ瓦石を投げつけられても、相変わらず「我敢て汝等を軽しめず、汝等皆まさに作仏すべし」と言い続けるのみであったという。そして不軽菩薩は臨終に際し、威音王仏より『法華経』の偈を聞いて六根清浄を得て寿命を延ばし、人のために広く『法華経』を説いた。そのため増上慢の比丘たちも皆不軽菩薩の教えを聞いて信伏し、命終の後も無数の仏に出逢い、また常に『法華経』を説いたので、その功徳によって遂に仏になることができたというのである。

このように、いかなる者にも仏の姿を見出して礼拝し続ける「但行礼拝」という常不軽の誓願は、至徳四年（一三八七）亮海の著わした『諸国一見聖物語』[3] には、根本中堂薬師如来の相応和尚に対する夢告の内容として、次のように記されている。

> 吾が山は三部諸尊の峰なり。この峰を巡礼し、坂本に於て山王の霊場に詣でて毎日遊行し苦行すべし。これすなわち不軽菩薩の行体にして、読誦を専らにせず、但礼拝のみを行ずる（但行礼拝）即事而真の行体なり。行満せば不動尊を本尊として、その咒を以て悪鬼悪霊を退治すべし。

つまり、相応和尚が発した常不軽菩薩の誓願は、室町初期頃になると、三部諸尊の比叡の峰ならびに坂本の山王霊場を巡礼する回峯行の根幹をなす教義として位置づけられてくるのである。

次に「供花」は、回峯行中において旧暦の四月十五日から九〇日間、毎日出発時に供花作法を修し、行道礼拝の二百六十余カ所に花（シキビの葉）を供えるものであるが、供花の起源は、やはり相応和尚に端を発している。『相応伝』(4)によれば、相応は毎日根本中堂へ供花を行じ続けること六、七年に及び、一日も欠かすことがなかったという。この如法で信心堅固な青年僧のひたむきな姿に心をうたれた慈覚大師は、相応を年分度者に加えて十二年籠山に入らしめたと伝えている。

また葛川明王院での安居《あんご》は、回峯行の重要な行事として、現在では毎年七月十六日から二十日までの五日間の参籠が行われている。古来から葛川参籠は、旧暦十月の法華会と旧暦六月の蓮華会の両会として修されてきたが、今日では蓮華会のみ続けられているのである。たとえ初百日の回峯行を奉修しても、この葛川安居に参加しなければ、初百日満行の行者として認められないという厳しいものであり、また年齢や法臈《ほうろう》（出家得度してからの年数）、あるいは僧階の上下に関係なく、参籠の度数（回数）によって座次が決められるという、独特の伝統を有しているのである。

かかる葛川参籠の始源については、鎮源撰『大日本国法華経験記』（一〇四〇～四四年成立）「第五、叡山無動寺相応和尚」において、

和尚《ハ》天性極大精進《ニシテ》志念勇健《ナリ》。断《チ》レ穀《ヲ》断《チテ》レ塩《ヲ》厭《イ》二世《ノ》美味《ヲ》一、瑩《みがキテ》二三密《ノ》法《ヲ》一降二伏《ス》魔縁《ヲ》一。苦行勝《レ》レ人《ニ》修験難《シ》レ思《イ》、……尋《ネ》二入《リ》葛河《ニ》一久《シク》住《シテ》修行《シ》立《チテ》二深水《ノ》中《ニ》一満《タシ》二洛叉《ヲ》一、遍《ク》住《とどまリテ》二十九瀧《ニ》一布《キ》二十九字《ヲ》一凝《ラシテ》二十九観《ヲ》一始《メテ》見《エタリ》二明王《ニ》一。矜伽羅童子、制多迦使者、隨二順《シテ》左右《ニ》一永《ク》承《ル》二其《ノ》命《ヲ》一。(5)

とあり、また『相応伝』には、

清和天皇貞観元年己卯、発《シ》二大願《ヲ》一、限《リ》二三箇年《ヲ》一絶《チ》二粒飡《ヲ》一食《シテ》二蕨類《ヲ》一安二居《シ》於比羅山西阿都河之瀧《ニ》一祈二請《ス》智慧《ヲ》一。(6)

と記されている。

すなわち葛川参籠は、単に地主神である志古淵大明神への法楽のための安居というだけでなく、三年間穀類を断ち塩を断って、葛川の清水に身を清め、葛川十九瀧において生身の不動明王を感得した（法華験記）という相応和尚の葛川安居に起源が求められるのである。『相応伝』によれば、相応和尚が葛川に籠ったのは清和天皇の貞観元年（八五九）二十九歳の時であったと伝えている。

次に不動明王の信仰は、回峯行の中核をなすもので、行者は不動明王を本尊とするが、そのいでたちもまた檜笠に不動明王をいただき、生身の不動明王を表象する白装束（白麻の息災浄衣）を身に着け、腰には智剣を携え、右手に檜扇・左手に念珠を持ち、八葉の蓮台を表す蓮華草鞋を履いて出峯するのである。この回峯行者のいでたちについて『諸国一見聖物語』には、

常に見なれざる白き浄衣に白き袴を着し、白はばき、左の手には檜笠を黒皮にてとじたるを臂にかけて送り付たり。

とあるので、室町初期にはすでに現在に近い形態ができあがっていたものと考えられる。

そこで不動明王と相応和尚との関係をみると、相応はまず籠山に入ってのち、師の慈覚大師より不動明王法ならびに別尊儀軌、護摩法などの伝授を受け、薬師如来の示現に従って叡南（無動寺谷）に草庵をかまえて苦修錬行し(7)た。その後、比良山の葛川に参籠し(8)、生身の不動明王を感得した(9)ことによって叡南に仏堂を建立し、不動明王を安置した(10)と伝記に述べられている。これが現在の無動寺明王堂の前身であり、ここに相応和尚により回峯行の本尊が確定され、行者が生身不動明王になるための回峯行の根本道場が設定されたことになるのである。

さらにまた、相応が日吉山王に対する信仰をもっていたことは、仁和三年（八八七）に大宮社殿前に仏舎利塔一基を建立して『法華経』を納めたり、二宮の宝殿一字を造立(11)していることによって窮われるし、寛平二年（八九

〇）には大宮の託宣によって宝殿を[12]建てていることでも知られる。これら相応和尚の山王への深い敬慕の念は、現行の回峯行の日吉山王社への巡礼や行法においても脈々と受け継がれているのである。

以上のように相応和尚の行跡や信仰には、現在の回峯行の主要な要素のほとんどが出揃っており、相応和尚を回峯行の始祖と仰ぐことは正しく当を得たことであると考えられる。

2　回峯行の変遷

相応和尚を起源とする回峯行は、遍斅僧都（九〇三～九七七）によって組織づけられたといわれているが、平安時代の文献がほとんどなく、当初の内容を明確にすることはできない。しかし鎮源撰『大日本国法華経験記』等によれば、吉野山・熊野山・大峯山・金峯山・比良山などの霊峰を巡行する修験者の記述がしばしばみられ、また平安末の慈鎮和尚（慈円）には、無動寺千日入堂や江文寺での百日参籠の記事もみられるところから、平安期の形態は山林巡行と参籠とが中心をなすものであったと思われる。

しかるに鎌倉後期になると、現行の回峯行の起源をなす手文（てぶみ）類が作られ、初期の素朴な三塔巡礼から、かなり整備された巡礼の形態ができあがってくるようである。手文の最も古い記録とみられるのは、『渓嵐拾葉集（けいらんしゅうようしゅう）』の撰者で記家の大成者としても知られる光宗（一二七六～一三五〇）が正和元年（一三一二）に著わした『運心巡礼記（うんじんじゅんれいき）』[13]であり、「山上の部」と「山王廿一社の部」との二巻からなっている。現行の回峯手文と比較すると、例えば山上三塔の部に限ってみるとき、『運心巡礼記』の礼拝対象は七五カ所で、現行手文の一七六カ所の半数にも満たない数字であるが、これによって回峯行における礼拝修法の基本型が確立したという点で大きな意味をもつことになるのである。

『渓嵐拾葉集』にはまた『当山巡礼法施記』一巻、『比叡山霊所巡礼修行記』一巻、『当山霊所巡礼次第』一巻、『霊所法施記』一巻などの巡礼に関する書物を引用[14]しているので、すでに光宗以前から巡礼の行記が存在していたことも知ることができる。しかしながら「回峯」という語はいまだ使用されておらず、鎌倉末頃までは「巡礼」または「巡礼修行」という名で呼ばれていたと考えられる。

回峯行の日数や巡礼の距離などが定められてくるのは、室町初期の南北朝時代に入ってからのようで、『諸国一見聖物語』に、

我等が行体は、北嶺の行者とて南山無動寺建立大師の御始行にて、毎日往復七里半を行道として、巡礼七百日を以って行満とし、七百日已満（いまん）の夜より無動寺生身の明王の御前にて、首尾九日断食す。是を以って行満の結願とす。また毎年不闕に葛川両季参籠七ケ日、其の間の行体は七日の間に一食を以て身命を助け、十方より来る者の邪気・怨霊のたたりを得たる道俗・男女・貴賤・上下を加持し、不動呪十万返を一落叉（らくしゃ）として眠を禁じて常坐し、三昧の行法は昼夜の供花・焼香退転なし。是を以って行体とする身なり。

とあるのが初見である。この『諸国一見聖物語』によると、巡礼の距離は現在と同じく七里半としているが、七百日を行満とし、九日間の堂入りで結願とする点は、現在の千日回峯とは異なっているようである。

しからば一千日の形態はいつ頃できたのであろうか。この点については、江戸初期の寛永十一年（一六三四）、幸運が著わした『北嶺行門記』に、

前後始終都計一千日者為二最上大満行者一。修二此大満行一者、昔置而不レ論。蓋従下元亀年中、我山退転至二天正年一再創建上以来、才一両輩也。[15]

とあることにより、織田信長による元亀の焼き討ち以後になって、七百日に三百日を加えて一千日の遂業を大行満としたことが知られるのである。

なお元亀の焼き討ち以後、千日回峯行が始められてから現在に至るまでの一千日回峯の大行満者の名簿を葉上照澄師の「大行満名帖」(『大行満記』昭和二十二年八月刊所載)等によって列挙すると**表4-1**のごとくである。

表4-1　千日回峯行歴代大行満者一覧

No.	法名	寺院名	満行年時	備考
1	好運	西塔北谷金光院	天正十三(一五八五)	賜綸旨
2	慶俊	横川飯室谷松禅院	〃十八(一五九〇)	〃
3	幸運	東塔北谷観行坊善学院	寛永二十一(一六四四)	慶安三(一六五〇)賜綸旨・参内加持
4	栄範	東塔無動寺谷宝珠院	寛文十(一六七〇)	賜綸旨・参内加持
5	公純	東塔西谷玉泉院	天和二(一六八二)	貞享二(一六八五)賜綸旨・参内加持
6	憲海	東塔無動寺谷金蔵院	貞享四(一六八七)	賜綸旨・参内加持
7	広海	東塔無動寺谷蓮光院	宝永七(一七一〇)	同年賜綸旨・参内加持
8	正徧	東塔無動寺谷松林坊	延享三(一七四六)	〃
9	法珍	東塔西谷玉泉院	宝暦四(一七五四)	〃
10	慧航	東塔無動寺谷明徳院	〃六(一七五六)	同年賜綸旨・宝暦八(一七五八)参内加持
11	義厳	東塔北谷観明院	〃八(一七五八)	同年賜綸旨
12	湛孝	横川解脱谷華蔵院	明和五(一七六八)	同年賜綸旨・参内加持
13	尭詮	東塔無動寺谷金蔵院	安永三(一七七四)	〃
14	寂潤	東塔東谷双厳院	〃九(一七八〇)	同年勅許・参内加持
15	覚純	東塔西谷密厳院	天明一(一七八一)	〃

16	正　憲	東塔無動寺谷玉照院	〃　三(一七八三)	天明四(一七八四)勅許・賜綸旨・参内加持
17	慈　範	東塔無動寺谷大乗院	寛政二(一七九〇)	同年参内加持
18	貞　剛	西塔北谷瑞雲院	〃　三(一七九一)	〃
19	聖　諦	西塔北谷正教坊	〃　五(一七九三)	〃
20	尭　諄	東塔西谷地福院	〃　十一(一七九九)	〃
21	真　超	東塔無動寺谷什善坊	〃　十二(一八〇〇)	同年勅許・参内加持
22	尭　覚	東塔西谷地福院	文政四(一八二一)	同年参内加持
23	覚　道	東塔無動寺谷玉林院	〃　六(一八二三)	〃
24	偏　典	東塔無動寺谷宝珠院	天保二(一八三一)	同年賜綸旨・参内加持
25	観　達	東塔無動寺谷十妙院	〃　五(一八三四)	〃
26	尭　海	東塔南谷龍城院	〃　六(一八三五)	同年賜綸旨・参内加持
27	昭　順	東塔無動寺谷明徳院	〃　七(一八三六)	〃
28	真　湛	東塔無動寺谷千手院	〃　十(一八三九)	〃
29	願　海	西塔南谷常楽院	嘉永六(一八五三)	〃
30	豪　俊	西塔北尾谷千葉院	万延一(一八六〇)	〃
31	大椙覚宝	東塔東谷寿量院	元治一(一八六四)	同年参内加持
32	東澗晃順	東塔東谷五智院	慶応一(一八六五)	〃
33	中山玄親	東塔無動寺谷真乗院	明治十九(一八八六)	同年久邇宮参殿加持
34	中川覚忍	東塔無動寺谷玉照院	〃　三十六(一九〇三)	
35	正井観順	東塔無動寺谷十妙院	〃　三十八(一九〇五)	明治四十三(一九一〇)二千日満行
36	奥野玄順	東塔無動寺谷宝珠院	大正七(一九一八)	大正十五(一九二六)二千日満行、昭和九(一九三四)三千日満行
37	箱崎文応	東塔無動寺谷大乗院	昭和十五(一九四〇)	
38	叡南祖賢	東塔無動寺谷玉蓮院	〃　二十一(一九四六)	同年京都御所参内加持(再興)

39	葉上照澄	東塔無動寺谷南山坊	昭和二十八(一九五三)	同年京都御所参内加持
40	勧修寺信忍	東塔無動寺谷善住院	〃 二十九(一九五四)	〃
41	叡南覚照	東塔無動寺谷玉照院	〃 三十五(一九六〇)	〃(現在玉照院住職)
42	小林栄茂	東塔無動寺谷龍珠院	〃 三十六(一九六一)	〃
43	宮本一乗	東塔無動寺谷建立院	〃 三十七(一九六二)	〃
44	光永澄道	東塔無動寺谷大乗院	〃 四十五(一九七〇)	〃
45	叡南俊照	東塔無動寺谷律院	〃 五十四(一九七九)	〃(現在律院住職)
46	酒井雄哉	東塔無動寺谷宝珠院	〃 五十五(一九八〇)	〃(現在長寿院住職)昭和六十二(一九八七)二千日満行
47	光永覚道	東塔無動寺谷大乗院	平成二(一九九〇)	〃(現在南山坊住職)
48	上原行照	東塔南谷龍城院	平成六(一九九四)	〃(現在伊崎寺住職)
49	藤波源信	東塔無動寺谷宝珠院	平成十五(二〇〇三)	〃(現在宝珠院住職)

(注) 1好運・2慶俊・4栄範・6憲海の四名は満行年時不明のため、賜綸旨の年時を記入した。

3　現在の回峯行

「回峯」の名目は、大唐国の不空三蔵(七〇五〜七七四)が訳出した『金剛頂経一字頂輪王瑜伽一切時処念誦成仏儀軌』に、

於テ二一切時処ニ一念誦セバ皆成就ス。若シ於テ二閑静処ノ名山ニ一随テ二意楽ニ一廻峰スルハ最モ殊勝ナリ。(16)

とあり、意楽に従って峰を廻ることが最も殊勝であることを述べている。

回峯行では、寺院・神社・霊石・霊水等の聖跡を礼拝行道するが、その典拠として挙げられる経は、唐代の輸波

伽羅（六三七〜七三五）訳出の『蘇悉地羯羅経』成就具支法品第三十八で、

猶不レ成者、当下作二此法一決定成就上。所謂乞食・精勤・念誦・発二大恭敬一、巡二八聖跡一礼拝行道。(17)

とあり、仏塔などの聖跡を巡って礼拝行道することは法の成就のための重要な要件であることが説示されている。現行の回峯行の形態が確立されたのは、すでに取りあげたように『北嶺行門記』の記述から、元亀の焼き討ち直後であったとみられる。そこで今日修されている回峯行の概略を紹介しておくことにしよう。

便宜上、まず回峯行の現行形態を示してみると、

下根	第一百日（第一年）	毎日七里半（三〇キロメートル）比叡山上山下の行程（第一百日〜第六百日）
	第二百日（第二年）	
	第三百日（第三年）	
	第四百日（第四年）	
中根	第五百日（第四年）	……（白帯行者）
	第六百日（第五年）	
	第七百日（第五年）	――堂入り（九日間断食・断水・不眠・不臥）
上根	第八百日（第六年）	――赤山苦行、毎日一五里（六〇キロメートル）比叡山上山下と赤山禅院への行程
	第九百日（第七年）	――大廻り、毎日二一里（八四キロメートル）比叡山上山下と京都洛中洛外の行程
	第千日（第七年）	――毎日七里半、比叡山上山下の行程

となり、回峯行一期は七カ年一千日を満行とし、第一年目から第三年目までは、比叡山上の三塔全域と山下坂本の日吉神社等を毎年一百日ずつ行道礼拝する。巡礼のコースと礼拝修法の内容は、大行満の阿闍梨が示した「回峯手

文」によるが、その奥義は口伝によって伝授される。礼拝の箇所はおよそ三〇〇カ所、距離にして七里半、約三〇キロメートルの行程である。神社仏閣はむろんのこと、霊石・霊水・霊木に至るまで、手文に従って如法に修法しなければならない。

回峯行の出峯（出発）は午前二時、所定のお勤め（後夜座）を済ませてのちである。御笠と白足袋の着用は三百日満行までは許されない。したがって本尊不動明王を表す檜笠を左手に持し、素足に草鞋（わらじ）ばきで巡礼を行う。また一〇〇日ごとの七五日目に「切廻り（きりまわ）」が行われるが、これは一〇〇日のうち一日だけ京都の神社仏閣を巡って、化他行が許されるというものである。このほかにも、すでにふれた「供花（くげ）」や「一月水」などの行儀も行われる。

四年目は、第四百日と第五百日の二〇〇日間を第三百日までと同コースにて行うが、第五百五十日目に白帯袈裟を授与され、第五百日を満行すれば「白帯行者」と称されて御杖が許されるのである。

五年目は、第六百日・第七百日の二〇〇日を履修し、第七百日を満じた後は、直ちに「堂入り（どうい）」が行われる。「堂入り」は回峯行の本堂無動寺明王堂に参籠し、九日間断食・断水・不眠・不臥して、もっぱら念誦修法に専念する。これは回峯行中、最大の難関で、一週間を過ぎると屍臭が漂い瞳孔が開くという、常人では想像できない、まさに死を賭しての大苦行である。

以上のごとく第七百日を満行すると「当行満（とうぎょうまん）」といわれ、また「阿闍梨（あじゃり）」と称されるようになり、以後は衆生済度のための化他門の実践として回峯行が修される。その第一歩が第六年目の赤山（せきざん）苦行百日であり、従来のコースに加えて雲母坂（きららざか）を経て西坂本（京都市左京区修学院開根坊町）にある赤山禅院まで足を延ばさなければならない。したがって一日の行程は約一五里、六〇キロメートルにも及ぶのである。

第七年目の第九百日は、京都の洛中洛外の「大廻り」が待っている。それは通常の七里半の比叡山上山下の行程

に加え、赤山禅院から京都の神社仏閣を礼拝しつつ行道するもので、一日の行程は、

比叡山無動寺―東塔―西塔―横川―無動寺―（雲母坂を経て）―赤山禅院―粟田神社（青蓮院）―八坂神社（感神院）―清水寺―六波羅蜜寺―因幡薬師―五条天神―神泉苑―北野天満宮（北野宮寺）―上御霊神社（上出雲寺）―下鴨神社―河合神社―清浄華院

であり、翌日は再び京都洛中洛外を廻って山上の無動寺へ帰る。この「大廻り」は、回峯行のなかでは最極の行道といわれ、一日の行程は、なんと二一里、八四キロメートルにも及ぶ。また行中は息障講社の外護やお立寄りによる信者の供養が行われ、念珠でお加持を受ける信者も絶えない。

第一千日もまた七年目に行われるが、これは「大廻り」の満行に引き続いて出峯し、通常の七里半の行程、七五日をもって満行とすることが古例となっている。ちなみに一千日で踏破する距離はおよそ三万八千キロメートル、地球一周に相当するという、想像を絶する大行である。

以上のようにして一千日を満行すれば、上根満として「大先達」「大行満」と呼ばれ、また「大阿闍梨」とも尊称され、京都御所へ土足参内（どそくさんだい）して玉体加持（ぎょくたいかじ）の儀を行うことになっている。

回峯行の流派としては、無動寺谷の玉泉房流、西塔の正教坊流、横川の恵光坊流の行門三流がある。このうち無動寺の流れを「本流」ともいい、相応和尚創建の明王堂を本堂として、焼き討ち以後は現在に至るまで行者の絶えることなく連綿として回峯行が伝承され、実践し続けられている。

横川の恵光坊流は長らく中断していたが、昭和五十五年（一九八〇）酒井雄哉師が横川飯室谷で一千日を満行して飯室回峯を復活された。その後、酒井師は昭和六十二年（一九八七）には飯室回峯二千日を満行された。

註

(1) 群書類従五・五四四上~下。

(2) 大正蔵九・五〇上~五一下。

(3) 叡山文庫池田宗史蔵の表題は「三塔巡礼聖物語」または「聖記」とあるが、内題は「諸国一見聖物語」となっている。冒頭の識語には、

至徳四年（一三八七）日草案権少僧都亮海
天保七丙申（一八三六）令拝写之畢　如意宝珠沙門徧典
明治三十四年四月比叡山無動寺玉照院住持叡南覚忍師兄被贈余長田焉
津金寺徒衆沙門慧永識

とある。

(4) 群書類従五・五四四下。

(5) 続群書類従八上・一一九下~一二〇上。

(6) 群書類従五・五四六上。

(7) 『天台南山無動寺建立和尚伝』（『相応伝』）群書類従五・五四五上~下。

(8) 同右、群書類従五・五四六上。

(9) 『本朝法華験記』「第五叡山無動寺相応和尚」続群書類従八上・一二〇上。

(10) 『天台南山無動寺建立和尚伝』群書類従五・五四八上、『拾遺往生伝』（三善為康編、天永二年〈一一一一〉頃成立）続群書類従八上・二六三下。

(11) 『天台南山無動寺建立和尚伝』群書類従五・五四九下。

(12) 同右、群書類従五・五五〇上。

(13) 三千院円融蔵・第一箱領一三（『三千院円融蔵文書目録』一五頁、三千院門跡円融房出版部、昭和五十九年）。奥書によれば正和元年（一三一二）十月二十日に東塔神蔵寺において光宗が記したとあり、また三千院円融蔵本は文明十二年（一四八〇）四月三十日、八瀬定法寺殿において、助圓が書写したことが知られる。なお叡山文庫正教蔵

本の題名は「運心巡礼秘記」となっており、山上の部は承応元年（一六五二）十月に山門松寿院本を書写したもの、また山王二十一社の部は寛文元年（一六六一）に修補したものとあり、江州芦浦観音寺舜興の蔵書であったことが知られる。

(14) 大正蔵七六・八六八上〜下。
(15) 増補改訂日本大蔵経九六・二五七上。
(16) 大正蔵一九・三二一中。
(17) 大正蔵一八・六六二中。

五　比叡山経蔵の歴史

――とくに慈覚大師将来典籍の保存について――

1　伝教大師の「根本経蔵」

比叡山経蔵の起源は、伝教大師最澄が延暦七年（七八八）に創建した一乗止観院（根本中堂）の一施設である根本経蔵の設置に始まる。最澄は入山後まもなく、叡山仏教の基礎を固めるため、南都七大寺の諸大徳や東国の化主とうたわれた道忠禅師らの協力や援助を得て、当時日本に伝来していた一切経書写の大事業に着手し、書写した仏典を納める経蔵を建立した。これらの経過や事情については一乗忠撰の『叡山大師伝』に、

> 時告談弟子経珍等。我思写一切経論章疏記等。凡在弟子、各奉教喩随梵網之教依涅槃之文一心同行助写一切経者叡勝・光仁・経豊等。大師随写随読昼夜精勤披覧新経粗悟義理。是時山家本自無備不能尽部巻矣。唯願七大寺寺別僧衆鉢別受一匙之飯充経生之供。即差使経蔵・妙証等謹勤願文看於諸寺。時有大安寺沙門聞寂者。道心堅固住持為懐。見書知志赴応至願即於其寺別院龍淵寺助為此願。尓時衆僧傾鉢添供、経生捨功成巻。又有東国化主道忠禅師者。是此大唐鑑真和上持戒第一弟子也。伝法利生常自為事。知識遠志助写大小経律論二千余巻。纔及満部帙設万僧斎同日供養。今安置叡山蔵斯其経也。(1)

と記されている。この「叡山の蔵」は「根本経蔵」とも「御経蔵」とも呼ばれるが、『山門堂舎』[2]の根本中堂の項には、「貞観元年（八五九）九月廿五日勘定資財帳」を引用して、

葺檜皮五間　根本薬師堂一宇　長三丈・広一丈五尺五寸・高一丈二尺
葺檜皮五間　文　殊　堂　一　宇　長三丈三尺・広一丈六尺・高一丈二尺
葺檜皮五間　経　　蔵　　一　宇　長三丈三尺・広一丈六尺・高一丈二尺

とあり、本堂の薬師堂を中心として北に文殊堂・南に経蔵が建ち並び、いずれも檜皮五間の堂宇であったようである。しかしこの経蔵が、延暦七年（七八八）に一乗止観院が創建された折に、薬師堂と同時に建てられたものかどうかは定かではないが、おそらく最澄により一切経書写の事業が進められた時点で経蔵の施設を創設したのであろうと推測される。

その後、最澄は延暦二十三年（八〇四）七月から約一年間にわたっての入唐求法により、中国の天台山や台州、越州に赴いて数多くの経論疏章記等を書写して日本に将来した。これについては延暦二十四年七月十五日付の『進官録上表』に、

㝡澄奉《ジテ》レ使《ヲ》求《メ》レ法《ヲ》遠《ク》尋《ネ》二霊蹤《ヲ》一往《テ》登《リテ》二台嶺《ニ》一躬《ラ》写《ス》二教迹《ヲ》一。所《ノ》レ獲《ル》経幷《ニ》疏及《ビ》記等、総《テ》二百三十部四百六十巻、且《ツ》見進《ノ》経一十巻《ナリ》。名《ケテ》曰《ウ》二金字《ノ》妙法蓮華経七巻・金字《ノ》金剛般若経一巻・金字《ノ》菩薩戒経一巻・金字《ノ》観無量寿経一巻《ト》一。及《ビ》天台智者大師霊応図一張・天台大師禅鎮一頭・天台山香炉峰《ノ》送《レル》檉及《ビ》栢木《ノ》文尺四枚・説法白角《ノ》如意壱柄、謹《デン》遣二弟子経蔵《ヲシテ》　奉進《セ》一但聖鑑照二明《シ玉エ》　一門《ノ》円満《ヲ》一。不レ任《エ》二誠懇之至《ニ》一奉表戦慄《ス》謹言

延暦二十四年七月十五日　　沙門㝡澄上表[3]

と記され、最澄将来の典籍は総計二三〇部四六〇巻であり、そのほかに智者大師霊応図や禅鎮なども含まれていたことがわかる。また将来の具体的な書目については、大唐貞元二十一年（八〇五）二月二十九日記の『台州録』[4]と同年五月十三日記の『越州録』[5]の両目録によって知ることができる。このうち『台州録』は主に台州臨海県の龍興寺や天台山で写し取った目録であり、天台・荊渓両師の著作や伝記史料などが多くみられる。一方『越州録』は貞元二十一年四月に越州龍興寺で五部の灌頂壇に入り、順暁阿闍梨により真言密教を受法した折に書写収集した念誦法門が中心であるが、天台関係の書物もみられる。これら最澄将来の典籍は、いったん弟子経蔵をして朝廷へ奉進せしめたが、弘仁二年（八一一）七月十七日に至って一乗止観院の経蔵に永納されることになったようである。このことは『御経蔵宝物聖教等目録』[6]によって知られ、大唐将来書のみならず、真言道具、禅鎮師子像、白角如意など台州・越州両目録にみられるもののほか、『趙模千字文』や『大唐聖教序』など一七種の書法に関する将来典籍も止観院経蔵に納められたのである。

2 慈覚大師の「真言蔵」と智証大師の「山王蔵」

慈覚大師円仁（七九四〜八六四）が唐より将来した典籍は、『日本国承和五年入唐求法目録』『慈覚大師在唐送進録』『入唐新求聖教目録』の三種の目録によって知ることができる。このうち『日本国承和五年入唐求法目録』[7]（以下『承和五年求法目録』と略す）は、円仁が承和五年（八三八）八月より翌年二月に至るまでの間に揚州の諸寺にて写し取ったもので、ことに宗叡から受けた悉曇や、全雅より授った密教の法門などが主たるものであり、合わせて一三七部二〇一巻の経論・章疏・伝記および曼荼羅・図像などが載せられており、大唐開成四年（八三九）四月二十日に円仁が録している。次に『慈覚大師在唐送進録』[8]は、先の揚州で求め得た『承和五年求法目録』の書物が比叡山に送付され、承和七年（八四〇）正月十九日に仁全・治哲・叡道によって点検確認された目録である。総じて一二七部一四二巻の書目が挙げられているが、『承和五年求法目録』とは若干の異同がみられる。次に『入唐新求聖教目録』[9]は、入唐求法九年間において、揚州・五台山・長安等で求め得た経論や念誦法門および章疏・伝記等総計五八四部八〇二巻、曼荼羅・諸尊壇像・舎利ならびに高僧真影等計五〇種に及んでいる。その内訳は、

長安所求……経論章疏伝等四二三部五五九巻
　　　　　　曼荼羅道具等二一種
五台山所求……天台経迹及び諸章疏伝等三四部三七巻
　　　　　　台山土石等三種
揚州所求……経論章疏伝等一二八部一九八巻
　　　　　　曼荼羅真影舎利等二二種

とあり、これは承和十四年（八四七）九月の帰国後、復命上進するため著わした目録である。

これらの目録にみられる円仁将来本は比叡山においてどのように保存管理されていたのであろうか。これについて『天台座主記』[10]によれば、円仁は、入滅直前の貞観六年（八六四）正月十三日に次のような奏聞をなしている。

今日真言法門検封事奏㆓聞之㆒
　叡山沙門円仁謹言
請㆘以㆓先師並円仁所求真言法門及図画曼荼羅等㆒安㆓置総持院㆒令㆗門徒阿闍梨検校伝弘㆖事
合　先師所求色目在㆑別　　円仁所求

右道之為道在不忘伝。何況真言之法是秘中秘乎。乃有先師所求真言法門。元来混雑顕教法門同納寺家経蔵。復有円仁入唐求法之日所得真言法門並曼荼羅道具等。頃年置秘経蔵未納公家経蔵。若準旧私安置寺家経蔵者恐非其道人之類輙有披見歟。加以総持院者先師所号也。本意固為安置真言法門鎮護国家福利人民。今冀前後両度真言法門曼荼羅道具等並安置総持院殊令検知伝弘。其後令円仁門徒中所推譲阿闍梨相続相承検校伝弘。円仁所求得顕教法門悉以加納寺家経蔵。又件新度顕密法門依先師式不出門伏望蒙降勅制令後代人殊慎守之。然則前帝御願弥増光餝先師本願倍有満足。
謹録事由伏聴処分

貞観六年正月十三日　　前入唐求法沙門大法師位円仁

すなわち最澄・円仁が入唐して将来した真言密教の法門ならびに曼荼羅道具等は、いずれも法華総持院に安置し、円仁門徒の中で推譲されたる阿闍梨が相続して検校伝弘せしむべきこと、円仁求得の顕教法門は寺家経蔵（根本経蔵）に納めるべきことなどを上進している。この奏聞によって円仁入滅の翌日の正月十五日には安恵を検校として実施を認める官符[11]が朝廷より下っている。そしてかかる総持院の経蔵は「真言蔵[12]」と呼ばれ、所蔵の密教典籍は「総持院本[13]」または「総持院蔵本」と称され、とくに天台密教（遮那業）発展の重要な役割を果たすことになるのである。

その後、智証大師円珍（八一四〜八九一）は、仁寿三年（八五三）から天安二年（八五八）にかけて入唐し、福州・温州・台州・天台山・越州・長安等より一五〇〇巻余りの典籍や曼荼羅・道具等を蒐集請来した。

（1）『開元寺求得経疏記等目録[14]』（大中七年九日廿一日円珍記）
於福府開元寺求得経論疏記等。総計壱百伍拾陸巻（一五六巻）

(2)『福州温州台州求得経律論疏記外書等目録』[15]（大中八年九月二日円珍記）

経過福州温州台州求得経律論疏記外書等。都計肆百伍拾捌巻（四五八巻）

(3)『青龍寺求法目録』[16]（大中九年十一月十五日円珍録）

胎蔵金剛両部経法等壱百伍拾伍巻（一五五巻）

両部曼荼羅幷道具等

(4)『日本比丘円珍入唐求法目録』[17]（大中十一年十月円珍録）

到長安城求得毘盧遮那宗教法、幷図像道具。及国清禅林等寺伝得智者大師所説教文、幷碑銘等。兼諸州所獲別家章疏、総計三百四十一本七百七十二巻、及梵夾法物等、前後総計一十七事。

これら入唐求法目録にみられる典籍は、帰山後まもなく円珍みずからの住坊である山王院に所蔵されることになったとみられるが、しばらくして円珍は、三井寺の唐房（唐院）に請来の経巻を移したと伝えている[18]。しかし、これらの経過については当時の根本史料がほとんどなく明確なことはわからないが、山王院の経蔵が「山王蔵[19]」と呼ばれて存続したごとくであり、円珍滅後三四年目の延長三年（九二五）書写になる青蓮院所蔵の『山王院蔵書目録』四巻（うち二巻欠）によれば、二九五九巻の蔵書があったことが確認[20]されている。

3　比叡山諸経蔵の発展

以上のように伝教・慈覚・智証の三大師によって初期叡山には「根本経蔵」「真言蔵」「山王蔵」の三つの経蔵が確立されるのであるが、その後の比叡山における経蔵の変遷はいかなるものであったであろうか。

根本経蔵については、前にも述べたように一乗止観院の一施設として建てられたが、『山門堂舎』[21]や『九院仏閣抄』[22]によれば、智証大師円珍によって元慶六年（八八二）から仁和三年（八八七）十一月七日に至る五年余の歳月をかけて九間四面の大堂に建て替えられ、大堂内に三つの堂（薬師堂五間・文殊堂二間・経蔵二間）が接合されることとなった。しかるに承平五年（九三五）三月六日の根本中堂焼失後、慈恵大僧正良源（九一二～九八五）は、天元三年（九八〇）薬師堂七間、文殊堂・大師堂各二間、合わせて一一間の大堂として再興し、根本経蔵は中堂から切り離して東塔北谷虚空蔵尾に移築[23]されて存続することになるのである。またこの根本経蔵における一切経の護持保存については、近年、比叡山南渓蔵より、鎌倉時代の作とみられる『御経蔵目録』と『御経蔵櫃目録』の二種の実査目録が佐藤哲英博士[24]によって発見され、経蔵の内部構造や唐櫃の位置などがわかってきた。ことに『御経蔵櫃目録』には「文永」（一二六四～七五）という年号の書き入れがあり、また所蔵書目も記されていて、最澄書写による当初の一切経がほぼそのままの状態で鎌倉期まで保存されていたことが明らかになってきたのである。

4　慈覚大師将来典籍の保存――『勘定前唐院見在書目録』と『前唐院法文新目録』

慈覚大師によって設置された「真言蔵」は、天慶四年（九四一）正月二十日、天禄元年（九七〇）四月一日、正暦五年（九九四）十一月七日など、たび重なる法華総持院の火災により、いつの頃か最澄・円仁将来の密教典籍は総持院より前唐院に移されることになるのである。[25]かかる前唐院所蔵の書籍目録も比叡山南渓蔵に二種伝えられており、平安末から鎌倉時代にかけて円仁将来の典籍が厳然と前唐院に保存されていたことが明らかとなってきた。南渓蔵の二種の目録とは、『勘定前唐院見在書目録』と『前唐院法文新目録』とであり、先の『御経蔵目録』と同様に佐藤哲英博士[26]によって世に紹介されたのである。そこで本章では、とくにこの前唐院所蔵の目録について、いささか考察を加えてみたいと思う。

この二種の目録は、いずれも天明三年（一七八三）七月に実霊によって書写されたものであるが、『勘定前唐院見在書目録[27]』は、その奥書によれば、

嘉保二年六月　日預法師
右目録一乗房和尚○治山初、以㆓蔵師本㆒所㆘令㆑勘㆓定現在書㆒給㆖也。仍以㆓件本㆒書得云々求法僧目貝
于時嘉吉三年癸亥十二月十八日、於㆓叡岳東塔谷仏頂尾林玉泉房㆒、以㆓帝釈寺所持本㆒写㆑之畢　本ハ祖性上人ノ御本也

とあり、一乗房仁覚が座主就任治山のはじめ、嘉保二年（一〇九五）六月に前唐院の蔵書を調査勘定せしめたものであることが知られる。またこの目録の構成によると、十一世紀末頃の前唐院の蔵書は、次のように整理保存がなされていた。

- 第一厨子
  - (1)葉紙篋（一〇〇帖……番号のみで所蔵書目の詳細は記されていない。ただし各帖番号の下の随所に計四五点の顕教書目が細注されている。また青蓮院に貸出した帖には「青送」の細注が付されている。）
  - (2)別葉子（二点の細注）
  - (3)葉子外書（一一三点）
  - (4)図曼荼羅箱（三六点）
  - (5)青蓮房より返送本（一二点）
- 第二厨子――二九〇点

一方、『前唐院法文新目録㉘』はその奥書に、

建暦二年十二月廿日、於大暦聖教院賜御本書写　仏子全宴

仁治元年十二月廿六日、於陶化之禅窓賜御本書写　前権僧正大和尚

南無満山三宝一切聖教慈悲護念而已

嘉吉参年霜足十二月廿日、清浄金剛権律師尊真

於東塔東谷仏頂尾林玉坊以右帝釈寺本

天台前探題権大僧都法印大和尚位遍照金剛

とあり、目録撰述の確実な年代はわからないが、奥初には建暦二年（一二一二）書写の記録を伝えていることから、鎌倉初期または平安末期頃の前唐院の蔵書内容を知る重要な文献であることは明らかであろう。またこの目録の構成は次のごとくであり、先の『勘定前唐院見在所目録』とは異なった整理保存の方法をとっていたようである。

- 第一厨子中階（小計八九点）
  - 別　帙（一三点）
  - 雑第一帙（一六点）
  - 雑第二帙（一一点）
  - 雑第三帙（一四点）
  - 雑第四帙（五点）
  - 雑第五帙（一〇点）
  - 雑第六帙（三点）
  - 雑第七帙（九点）
  - 雑第八帙（八点）
- 第一厨子下階（小計二八一点）
  - 別　帙（六点）
  - 雑第一帙（一一点）
  - 雑第二帙（七点）
  - 雑第三帙（一一点）
  - 雑第四帙（一〇点）
  - 雑第五帙（七点）

雑第　六帙（九点）　　雑第　七帙（一六点）
雑第　八帙（二点）　　雑第　九帙（一三点）
雑第　十帙（一七点）　雑第十一帙（一八点）
雑第十二帙（一三点）　雑第十三帙（一〇点）
雑第十四帙（一一点）　雑第十五帙（七点）
雑第十六帙（三〇点）　雑第十六帙（一二点）
雑第十八帙（一二点）　雑第十九帙（三三点）
雑第二十帙（五点）　　雑第二十一帙（二一点）

そこで本章では、一〇九五年調査の『勘定前唐院見在書目録』の第一厨子にみえる二〇八点および第二厨子の二九〇点、合わせて四九八点の典籍ならびに曼荼羅図像等、さらには一二一二年書写の『前唐院法文新目録』にみられる第一厨子中階の八九点および下階の二八一点、合計三七〇点の所蔵書目を音順に並びかえて両目録を対比し、前唐院における蔵書の変遷をうかがうとともに、円仁将来本がどの程度保存されていたかを、円仁の三種の将来目録とも対照してその有無の状況を明らかにしてみたいと思う。

表5-1 『勘定前唐院見在書目録』と『前唐院法文新目録』との対比

	勘定前唐院見在書目録（一〇九五年撰）	前唐院法文新目録（一一一二年写）	円仁将来本
ア	阿字幷十七尊等壇様一巻		
		阿闍梨住阿字観門 惟謹述	○
	阿闍梨要義一巻 複略釈毗盧遮那経中義一巻	阿闍梨立要義 複略釈毗盧遮那経中義一巻	○
	阿閦如来念誦供養法一巻 不空	阿閦如来念誦供養法一巻 不空	○
	又一巻 師子国不空	阿閦如来念誦供養法一巻 不空	
	佛説阿吒婆拘大元轢（ママ）将无邉神力随心陀羅尼経一巻	佛説阿吒婆拘大元轢（ママ）将无邉神力随心陀羅尼経一巻	○
		唐梵対譯阿弥陀経一巻	○
	阿密哩多軍荼利法一巻	阿密哩多軍荼利法一巻	○
	佛説阿密利多軍荼利護国大自在抜折羅摩訶南陀羅金剛大神力陀羅尼一巻 日照与木叉訳 前異也	佛説阿密利多軍荼利護国大自在抜折羅摩訶布陀羅金剛大神力陀羅尼一巻	○
		佛説阿密利多軍荼利護国大自在抜折羅摩訶布陀羅金剛大神力陀羅尼一巻	
	阿利多軍荼利護国軌一巻 梵本在之		
	又一巻 無梵本		
	阿利多羅陀羅尼阿魯力品第十四一巻 不空	阿利多羅陀羅尼阿嚕力品 不空	○
イ	佛説一髻尊陀羅尼経 不空	佛説一髻尊陀羅尼経一巻	○
	佛説一切如来金剛寿命陀羅尼経一巻 金剛智		○

	一切如来心真言及七種真言一巻	一切如来心真言	○
	一切如来心秘密全身舎利宝篋印陀羅尼経一巻不空	一切如来心密舎利寶篋印陀羅尼経一巻不空	○
	一切佛心中心経一巻三巻在梵本之	一切佛心中心経一巻復中下	○
		一切佛心真言一巻復七本	○
	一字奇特佛頂経三巻但不具也	一字奇持佛頂経二部各五巻不空	○
	又一部上欠		
	一字金輪佛頂要法別行一巻	一字金輪佛頂要法別行一巻不空	○
	一字頂輪王念誦儀軌一巻不空忉利天会	一字頂輪王念誦儀軌一巻不空	○
	因明戒疏上中下		○
	因明義翼上下		
	因明入正理論義衡上下		○
	因明糅抄上中下		○
	韻畧並欠格		
ウ	雨寶陀羅尼経一巻不空	雨寶陀羅尼経一巻不空	○
	于圓毘沙門神像一副苗眷屬在之		
		烏蒭沙摩最明王経一巻尸羅達摩	○
エ	佛説廻向輪経一巻尸羅達摩譯	佛説廻向輪経一巻尸羅達摩訳	○

	勘定前唐院見在書目録（一〇九五年撰）	前唐院法文新目録（一二二二年写）	円仁将来本
	恵斌禅師影一本		○
	恵向禅師影一本		○
	穢跡金剛説神通大満陀羅尼法術霊要門一巻阿質達霰譯	穢跡金剛説神通大満陀羅尼法術霊要門一巻沙門質達霰訳	○
	穢跡金剛法禁百變法経一巻阿質達霰唐无能勝府在之	穢跡金剛法禁百變法経一巻阿質達霰	○
カ	訶利帝母真言法一巻不空	訶利帝母真言法不空	○
	海内華夷図一本		
	開元詩格		○
	甘露軍荼利菩薩供養念誦成就儀軌一巻不空	遍知甘露軍荼利菩薩供養念誦儀軌一巻不空	○
		大聖甘露軍荼利念誦儀軌一巻不空	
	灌頂記一巻唐本梵本在之		
	灌頂三昧耶戒一巻御本	灌頂三昧耶戒一巻澄	
	佛説灌頂抜除遇罪生死得度経一巻		
	灌頂法事一巻慈覚大師房本也　三昧耶戒私記也	灌頂法事一巻	
	観音壇様一紙		○
	観自在大悲成就瑜伽蓮花部念誦法門一巻不空	観自在大悲成就瑜伽蓮華部念誦法門一巻不空	○
	観自在菩薩心真言一印念誦一巻不空	観自在菩薩心真言一印念誦法一巻不空	

	又一巻	観自在菩薩心真言念誦 亦名一印法 不空	○
		観自在菩薩心真言念誦法 不空訳亦名一印法	
	観自在菩薩心真言瑜伽観行軌儀一巻 不空	観自在菩薩心真言瑜伽観行軌儀一巻 不空	○
	観自在菩薩説普賢陀羅尼経一巻 不空	観自在説普賢陀羅尼経一巻 不空	○
	観自在菩薩如意輪陀羅尼一巻 不空	観自在菩薩如意輪陀羅尼 不空譯	
	観自在菩薩如意輪陀羅尼一巻 不空	観自在菩薩如意輪陀羅尼一巻 不空	○
	観自在菩薩如意輪陀羅尼一巻 不空		
	観自在菩薩如意輪瑜伽一巻 不空	観自在菩薩如意輪瑜伽一巻 不空	○
	観自在如意輪瑜伽法要一巻 金剛智	観自在如意輪菩薩瑜伽法要一巻 金剛智	○
	観世音菩薩陀羅尼経一巻		
	仏説観世音菩薩秘密蔵無障礙如意心輪廣大円満大陀羅尼経一巻		
キ	奇特最勝金輪佛頂念誦儀軌法要一巻	奇特最勝金輪佛頂念誦儀軌法要	○
		奇特最勝金輪佛頂念誦儀軌法要一巻	
	鬼神大将元帥上佛陀羅尼出普集経一巻	鬼神大将元帥上佛陀羅尼出普集経一巻	○
	祇対儀		○
	帰敬三宝並開題試詩		○
	形神不滅論		○

	勘定前唐院見在書目録（一〇九五年撰）	前唐院法文新目録（一一一二年写）	円仁将来本
	撓越唱和詩序		
ク	九頂尊勝幷千手壇様一巻複金泥漫茶羅		
	孔雀明王畫像壇場儀軌一巻不空	佛説大孔雀明王畫像壇場儀軌一巻不空	○
	仏母大孔雀明王経三巻不空	大孔雀明王経一部三巻不空	○
	功徳天像一本		
	供養賢聖等七種壇様一巻		○
	供養法一巻上下		
		梵字行願讃無動尊梵漢一巻	
	佛説救抜焔口餓鬼陀羅尼経一巻	佛説救抜焔口餓鬼陀羅尼経一巻不空	○
	軍荼利金剛鎮壇儀一巻自平等房本委細也		
		軍荼利金剛跋折羅総印第十六	
ケ	花嚴長者問佛那羅延力経一巻		○
	顕戒論一帖復三帖		
コ	故律和尚影一本		
	虚空藏菩薩能満諸願最勝心陀羅尼求聞持法一巻	虚空藏求聞持法	
	五字陀羅尼頌一巻不空	五字陀羅尼一巻不空	○

五臺山花厳寺楞伽院塔様一本		
	五佛頂経欠一二三四五巻	
護摩記一巻		
護摩私記一巻		
杭越寄和詩並序		○
高僧道情一帖		
劫章頌		○
劫章頌記巻		○
劫章頌疏式道知集		○
降三世大會中観自在菩薩説自心陀羅尼経一巻金剛三藏譯	降三世大會中観自在菩薩説自心陀羅尼経一巻金剛智	○
又一巻	降三世大會中観自在薩自心陀羅尼経金剛智	○
金剛王菩薩秘密念誦儀軌一巻	金剛王菩薩秘密念誦儀軌不空	○
	金剛界印契一巻	
金剛界三十七尊形像一巻苗 各納在之 奥降三世无能勝火輪王水輪王等像在之		
金剛界三十七尊形像一巻苗 異前		
金剛界三十七尊梵曼一巻		
金剛界三十七尊曼荼羅一本種子		○

勘定前唐院見在書目録（一〇九五年撰）	前唐院法文新目録（一一一二年写）	円仁将来本
金剛界成身會曼荼羅一鋪 七制綾色		○
金剛界大教王傳法次第一巻	金剛界大教王傳法次第一巻	
金剛界大曼荼羅一鋪 五制苗		○
金剛界傳法相承次第一巻		
	金剛界三十七尊梵号青頸大悲陀羅尼一巻	
	金剛界梵字一巻	
	金剛界密曼一巻 磨本	
	金剛界瑜伽護摩儀軌一巻 大廣智	
金剛界瑜伽略述三十七尊心要一巻 大廣智三藏和尚於含禅院承明殿道場記	金剛界瑜伽略述三十七尊心要	○
又一巻 同	金剛界瑜伽略述三十七尊心要一巻 大廣智訳	○
金剛吉祥大成就品一巻	金剛吉祥大成就品一巻	○
金剛吉祥大成就品一巻 複遍照佛頂真言	金剛吉祥大成就品	
	唐梵對譯金剛経論頌	
金剛恐怖集會方廣儀軌観自在菩薩三世最勝心明王経一巻 不空	金剛恐怖集會方廣儀軌観自在菩薩三世最勝心明王経一巻 不空	○
金剛恐怖集會方廣儀軌観自在菩薩三世最勝心明王経		
金剛兒法一巻	金剛兒法一巻	○

	金剛手印契一巻		
	金剛手光明灌頂経最勝立印聖无動尊大威怒王念誦儀軌品一巻不空	金剛手光明灌頂経最勝立印聖无動尊大威怒王念誦儀軌法品一巻大興善寺三藏沙門大廣智不空中天竺婆羅門僧遍智同訳	
	又一巻私	金剛手光明灌頂経最勝立印聖无動尊大威怒王念誦儀軌品一巻不空	○
	又一巻長法本		
	金剛壽命陀羅尼経一巻不空		
	金剛壽命陀羅尼念誦法一巻不空	金剛壽命陀羅尼念誦法不空	○
	金剛頂一切如来真實攝大乗現證大教王経三巻不空		
	又一部		○
	又一部		
	金剛頂一切如来真實攝大乗現證大教王経初品中六種曼陀羅尊像標幟契印等図署釈幷密言集要巻幷序		
	金剛頂経一字頂輪王瑜伽一切時處念誦成佛儀軌一巻不空	金剛頂経一字頂輪王瑜伽一切時處念誦成佛儀軌一巻不空	○
	金剛頂経観自在王如来修行法一巻不空	金剛頂経観自在王如来修行法一巻不空	○
	金剛頂経観自在幷瑜伽修習三摩地法一巻清信士馬烈述	金剛頂経観自在菩薩瑜伽修習三摩地法清信士馬丘述	○
	金剛頂経観自在幷瑜伽修習三摩地法一巻清信士馬烈述		
	金剛頂経金剛界大道場毗盧遮那如来自受用身内證智眷屬法身異名仏最上乗秘密三摩地礼懺文一巻不空	金剛頂経金剛界大道場毗盧遮那如来自受用身内證智眷屬法身異名佛最上乗秘密三摩地礼懺文一巻不空	○
	金剛頂経多羅幷念誦法一巻亦云観自在不空	金剛頂経多羅菩薩念誦法一巻不空	○

勘定前唐院見在書目録（一〇九五年撰）	前唐院法文新目録（一一一二年写）	円仁将来本
金剛頂経大瑜伽秘密心地法門義訣上一巻	金剛頂経大瑜伽秘密心地法門義訣上巻 智藏	
又一巻 惣持院蔵本	金剛頂経秘密心地法門義訣一巻 上	
金剛頂経瑜伽文殊師利菩薩法一品一巻 亦名五字呪法 不空		○
金剛頂経瑜伽文殊師利菩薩法一品一巻 不空		
金剛頂降三世大儀軌法王教中観自在菩薩心真言一切如来蓮花大曼荼羅品一巻 不空	金剛頂降三世大儀軌法王教中観自在菩薩心真言一切如来蓮花大曼荼羅品一巻 不空	○
金剛頂超勝三界経説文殊五字真言勝相一巻 不空	金剛頂超勝三界経説文殊五字真言勝相一巻 不空	○
金剛頂勝初瑜伽経中略出大樂金剛薩埵念誦儀一巻 不空	金剛頂勝初瑜伽経中略出大樂金剛薩埵念誦儀 不空	○
	金剛頂勝初瑜伽経中略出大樂金剛薩埵念誦儀一巻 不空	
金剛頂勝初瑜伽普賢菩薩念誦法経一巻	金剛頂勝初瑜伽普賢菩薩念誦法経一巻 不空	○
金剛頂千手千眼観自在菩薩密法行作壇四巻 大廣智訳 唐本		
	金剛頂大教王経初品中六種曼荼羅尊像標幟契印等品略釋	
	金剛頂大教王経疏七巻	
	金剛頂大教王経二部 各三巻	
	金照金剛頂大教王経一部 三四巻	
金剛頂大教王曼陀羅灌頂金剛名字一巻 義操集		
又二本		

金剛頂瑜伽経十八會指帰一巻不空	金剛頂経瑜伽十八會指帰一巻大廣智	○
	金剛頂瑜伽経十八會指帰一巻不空	
梵字金剛頂瑜伽経真言一本无端		
金剛頂瑜伽護摩儀軌一巻不空	金剛頂瑜伽護摩儀軌不空	
又一巻同欠	金剛頂瑜伽護摩儀軌一巻	○
又一巻師子国阿目佉跋折羅訳	金剛頂瑜伽護摩儀軌一巻	
金剛頂瑜伽降三世成就極深密門二巻不空与遍智譯	金剛頂瑜伽降三世成就極深密門一巻不空	○
金剛頂瑜伽金剛薩埵五秘密修行念誦儀一巻不空	金剛頂瑜伽金剛薩埵五秘密修行念誦儀軌不空	○
	金剛頂瑜伽金剛薩埵五秘密修行念誦儀軌不空	
金剛頂瑜伽卅七尊出生義一巻	金剛頂瑜伽三十七尊出生義	
金剛頂経瑜伽修習毗盧遮那三摩地法一巻金剛智		
金剛頂瑜伽千手千眼観自在菩薩修行儀軌経一巻白帋唐本 梵本在之	金剛頂瑜伽千手千眼観自在菩薩修行儀軌経一巻不空	○
又一巻黄帋　梵本无之　僞本		
金剛頂瑜伽他化自在天理趣會普賢修行念誦儀軌一巻不空	金剛頂瑜伽他化自在理趣會普賢修行念誦儀軌一巻不空	○
金剛頂瑜伽中發阿耨多羅三藐三菩提心論一巻亦名瑜伽惣持教門説菩提心観行修持義不空	金剛頂瑜伽中發菩提心論一巻不空	○
又一巻	金剛頂瑜伽發菩提心論一巻龍猛菩薩	
佛説金剛頂瑜伽中畧出念誦経一部六巻	金剛頂略出経一部六巻金剛智	

勘定前唐院見在書目録（一〇九五年撰）	前唐院法文新目録（一一一二年写）	円仁将来本
	金剛頂瑜伽念誦儀軌二巻上下	
金剛頂瑜伽念珠経一巻於十万廣頌中略出　不空	金剛頂瑜伽念珠経一巻不空	○
金剛頂瑜伽要一巻	金剛頂瑜伽要	○
金剛頂瑜伽要一巻		
	金剛頂瑜伽要文	
金剛頂瑜伽略要念誦儀軌一巻	金剛頂瑜伽要略念誦儀軌一巻	○
又一巻	金剛頂瑜伽要略念誦儀軌法一巻不空金剛界三十七尊梵曼	
金剛頂瑜伽蓮花部心念誦儀中略集關鑠要妙印一巻	金剛頂瑜伽蓮華部心念誦儀中略集關鑠要妙印一巻	
金剛頂蓮花部心念誦軌儀一巻不空	金剛頂蓮華部心念誦儀軌一部両巻不空	○
金剛頂蓮花部心念誦儀軌一巻无訳入		
金剛童子持念経一巻	金剛童子持念経二巻	○
又一巻秘〻		
	金剛般若経梵本二巻上下	○
金剛部図像一巻繪本	金剛部図像一巻	
	金剛部諸尊面像儀軌一巻	○
金剛峯樓閣一切瑜伽瑜祇経一巻金剛智	金剛峯樓閣一切瑜伽瑜祇経一巻金剛智	

	金剛図菩薩像一本		
	金輪王佛頂要畧念誦法一巻 不空	金輪仏頂要略念誦法一巻 不空	○
	建立曼荼羅及楝擇地法一巻 恵琳集	建立曼荼羅及楝擇地法 恵琳集出	
	建立曼荼羅護摩儀軌一巻 玄法寺法全	建立曼荼羅護摩儀軌一巻	
サ	西京図一本		
		最勝無垢清浄光明大陀羅尼一巻	○
	最上乗教授戒懺悔文一巻 真言梵本		○
		最上乗教授戒懺悔文 不空	
		最上乗教授戒懺悔文 不空訳	○
		最上乗教授戒懺悔文一巻 大廣智	
	最上乗受菩提心戒及心地秘訣一巻 三蔵无畏依密教法与弟子沙門一行記	最上乗受菩提心戒及心地秘訣 无畏訳出一行記	○
		最上乗受菩提心戒及心地秘訣 无畏一行	
		三十帖冊子 三裏	
	卅二道真言一巻	三十二道真言一巻	
		三十二道法一巻	
	佛説卅五佛名礼懺文一巻 出鳥波離所問経 不空	佛説三十五佛名礼懺文 不空	○
	卅七尊様一巻		

	勘定前唐院見在書目録（一〇九五年撰）	前唐院法文新目録（一二一二年写）	円仁将来本
	三身問答一帋御筆		
	三世王妃忽（忿）契一巻		
	雑言雑讃		
	雑詩一策		○
	雑詩上下		○
	雑詩清仁		
	雑書一帖		
シ	師々付法次第一巻	師々付法次第一巻	
	熾盛光威徳佛頂念誦儀軌一巻	熾盛光威徳佛頂念誦儀軌	
	熾盛光真言等一帋		
		字母一巻	
	持法花三昧修證決一巻		○
	慈氏菩薩所説大乗縁生稲幹喩経一巻	慈氏菩薩所説大乗縁生稲幹喩経一巻不空	○
	慈氏菩薩畧修愈議念誦法二巻上下善无畏訳	慈氏菩薩略修愈議念誦法一部二巻善無畏	
	悉曇字記一巻南天竺智廣記	悉曇記智廣	
	悉曇字母一巻青龍寺本唐本		

	悉地呂開章一帋		
		遮那䟽音訓一巻	
	釈迦牟尼佛成道在菩提樹降魔讃一本	釈迦牟尼佛成道在菩提樹降魔讃	○
	釈迦如来賢劫記一巻		○
	手印集一巻 蘇悉地等		
	釈迦牟尼仏菩薩樹下像一鋪		
	受菩提心戒儀一巻 不空	受菩提心戒儀一巻 不空	○
	受菩薩戒文		○
	修習般若波羅蜜菩薩観行念誦儀軌一巻 不空	修習般若波羅蜜菩薩観行念誦儀軌一巻 不空	○
	又一巻	修習般若波羅蜜菩薩念誦儀軌一巻 大廣智	
	修真言三昧四時礼懺供養儀要一巻 名普通諸部	修真言三昧四時礼懺供養儀要一巻	○
	十一面観自在菩薩心密言儀軌経三巻 不空	十一面観自在菩薩心密儀軌経三巻 上中下 不空	
	又一部		○
	又一巻　中巻	十一面経 欠上下	
	佛説十地経九巻 第十　尸羅達摩於龍興寺訳		○
	十二宮図一本		
	十二天法一巻		

勘定前唐院見在書目録（一〇九五年撰）	前唐院法文新目録（一二一二年写）	円仁将来本
十八異見等		
十八會題目一巻无端		
十八契印一巻	十八契印一巻	
仏説十力経一巻		○
住佛空文一帋		
生无邊門陀羅尼経一巻不空	出生无邊門陀羅尼経一巻不空	○
諸天地獄壽量等		○
諸仏境界摂真實経三巻般若譯		○
除一切疾病陀羅尼経一巻不空	除一切疾病陀羅尼経一巻不空	○
	除壇上粉念此縁生偈讃一巻	○
正理門論義心一巻		
正理門論義範一巻		
正理門論述記下		
	唐梵本青頚大悲真言一巻	○
〔聖閻曼徳迦威怒王立成大神験念誦法一巻不空	〔聖閻曼徳迦威徳怒王立成大神験念誦法一巻不空	○
聖閻曼徳迦威怒王立成大神験念誦法一巻大興善寺三蔵訳署	聖閻曼徳迦威怒王立成大神験念誦法一巻三蔵訳	

	聖迦柅忿怒金剛童子菩薩成就儀軌経三巻大興善寺三藏譯	聖迦柅忿怒金剛童子菩薩成就儀軌経一部三巻不空	○
	聖観自在菩薩根本真言観布字輪観門一巻	聖観自在菩薩根本真言観布字輪観門	○
	又一巻	聖観自在菩薩根本心真言観布字輪観門	
	聖観自在菩薩心真言瑜伽観行軌儀一巻不空	聖観自在菩薩心真言瑜伽観行儀軌一巻不空	○
	聖僧影一本録外不知銘之		
	聖无動尊念誦儀軌一巻立印	聖无動尊念誦儀軌法遍智	
	摂大毘盧遮那成佛神變加持経入蓮花胎藏海會悲生曼荼羅廣大念誦軌儀供養方便會三巻善无畏訳根本	摂大毘盧遮那成佛神變加持経入蓮華胎藏界悲王曼荼羅廣大念誦儀軌三巻善無畏	
	摂大毘盧遮那成佛神變加持経入蓮花胎藏海會悲生曼荼羅廣大念誦軌儀三本根本宝月譯語	摂大毘盧遮那経入蓮花胎藏廣大念誦儀二部各三巻	
	成就妙法蓮花経王瑜伽観智儀軌一巻不空	成就妙法蓮花経王瑜伽観智儀軌二本各一巻不空	○
	穰虞利童女経一巻不空	穰虞利童女経一巻不空	
		真言雑抄	
	秦郡老僧影一本		○
	神供法一巻	神供法	
ス	水自在楨菩薩等色一帋		
	水自在曼荼羅一本		
	隋江陽永濟寺僧映誦法花□善神影一本		○

	勘定前唐院見在書目録（一〇九五年撰）	前唐院法文新目録（一一一二年写）	円仁将来本
	随行儀軌真言梵本一巻	随行儀軌真言梵本一巻	
	仏説随求即得大陀羅尼神咒経一巻	佛説随求即得陀羅尼経一巻	
	随求陀羅尼二本 摺本也　以梵字繞尊也		
	随求陀羅尼一巻	随求陀羅尼一巻	
	随求陀羅尼梵本一巻		
	随自意三昧行威儀品第一 南岳思禅師		
セ		施餓鬼法一巻 不空	
	施諸餓鬼飲食及水法一巻 幷手印不空	施諸餓鬼飲食及水法幷手印 不空三藏口決	○
	施焦面一切餓鬼食陀羅尼一巻	施焦面一切餓鬼食陀羅尼一巻 金剛智	○
	施八方天儀則一巻 翻経院灌頂阿闍梨述	施八方天儀則一巻 灌頂阿闍梨述	
	千手千眼観自在儀軌一巻 梵漢	千手儀軌四巻	○
	千手千眼観自在菩薩廣大円満无礙大悲陀羅尼咒一巻 南天竺国三藏金剛智新譯	千手千眼観自在菩薩廣大円満无礙大悲心陀羅尼一巻 金剛智新訳	○
	千手千眼観自在菩薩念誦成就法一巻 出日種護摩作法也	千手千眼観自在菩薩念誦成法一巻	○
	千手千眼観世音根本真言釋一巻	千手千眼観自在菩薩根本真言釋一巻	○
	千手千眼観世音菩薩廣大円満无礙大悲大陀羅尼神妙章句一巻	千手千眼観世音菩薩廣大円満無礙大悲大陀羅尼別妙章句一巻	○
	千轉陀羅尼観世音菩薩経一巻 智通	千轉陀羅尼観世音菩薩咒 智通法師	○

	全雅悉曇章一巻 无端		
	禅門雑言一帖		
ソ	蘇悉地羯羅二巻	蘇悉地経一部	
	蘇悉地羯羅経六巻	蘇悉地経三巻	
	蘇悉地羯羅経略疏七巻 清浄金剛撰	蘇悉地経略疏七巻	
	又一部 御草		
	蘇悉地羯羅囉供養法二本 三藏法師善无畏訳	蘇悉地羯羅供養法一部 両巻 善無畏	
		蘇悉地羯羅供養法 上下无畏訳 復一巻	
		梵字蘇悉地羯羅供養真言集一巻	○
	蘇悉地経疏一部七巻 御草		
		蘇悉地手契一巻	
	蘇摩呼童子請問経一巻	蘇摩呼童子請問経一巻 善無畏	○
	惣釋陀羅泥義讃一巻 不空	惣釋陀羅尼儀讃 不空	
		惣釋陀羅尼義讃	
	雙身翻法文一巻		
	雑供養具印一巻 軍荼利鎮壇印等在之		
	雑真言一巻 沒駄　悉曇次第依仏部也	雑真言一巻	

	勘定前唐院見在書目録（一〇九五年撰）	前唐院法文新目録（一二一二年写）	円仁将来本
	雑梵語一巻十二枚御章		
	速疾立験魔醯首羅天説迦楼羅阿尾奢法一巻不空	速疾立験魔醯首羅天説迦楼羅阿尾奢法一巻不空	○
	尊勝壇様一本苗		
	尊勝幢子銘一巻		
	尊勝佛頂修瑜伽内別行成就卅四法一巻		
	尊勝佛頂真言修瑜伽法二巻一巻也唐本	尊勝佛頂真言修瑜加法一巻	
	尊勝瑜伽法両巻一巻也善无畏集	尊勝瑜伽法両巻	
タ	陀羅尼集経十二巻阿地瞿多譯	陀羅尼集経一部十二巻瞿多	
		佛説陀羅尼集要経一巻	○
	陀羅尼門諸部要目一巻不空	陀羅尼門諸部要目一巻不空	○
	胎契母捺羅二合一巻	胎契母捺羅	
	胎藏教法金剛名号一巻義操	胎藏教法金剛名号義操集	
	胎藏手印一巻復台蔵細曼荼羅像　弥勒記之	胎藏手印一巻	○
	台藏手印		
	胎蔵手契檀記幷悉曇地契一巻内題云一台手印二標幟檀様三悉地印都三般載同巻	胎藏手契標記合悉地契一巻	
	胎藏諸尊図像儀軌一巻		

		胎藏諸尊種子一巻	
	台藏生位一本 日本国図之		
	台藏真言梵本 御勘之本題无之		
	台藏真言梵本 大日経 二巻		
	台藏大教王相承傳法次第一巻	胎藏大教王相承傳法次第一巻	
	台藏大曼荼羅一鋪□ 本爛脱在之 梵号漢号 銘之		
	台藏傳法相承次第一巻 御草		
		胎藏分別聖位一巻	
		胎藏梵字真言一巻	
	大威怒烏蒭滋摩儀軌一巻 不空	大威怒烏蒭湿摩儀軌一巻 不空	○
	大威力烏樞瑟摩明王経上下二巻	大威力烏樞瑟摩明王経二巻 阿質達霰上下	○
	又一部二巻	大威力烏樞瑟摩明王経二巻 上下 阿質達霰訳	
	大雲経祈雨壇法一巻	大雲経祈雨壇法	
	大雲輪請雨経二巻 不空	大雲輪請雨経二巻 不空	○
		大吉祥天女経一巻 不空	○
	佛説大吉祥天女十二契一百八名无垢大乗経一巻 又二巻	佛説大吉祥天女十二契一百八名无垢大乗経 不空	○
	大吉祥天女十二名号経一巻 不空	大吉祥天女十二名号経一巻 不空	○

勘定前唐院見在書目録（一〇九五年撰）	前唐院法文新目録（一二一二年写）	円仁将来本
	大元阿陀薄句无邊甘露降伏一切鬼神真言一巻	○
大虚空藏幷念誦法一巻（不空）	大虚空藏幷念誦法（不空訳）	○
又一巻（私）	大虚空藏幷念誦法一巻（不空）	
	大金色孔雀王咒病結界折録咒求願結界文一巻	
大讃二本（題在具之）		
大自在天法則儀軌一巻	大自在天法則儀軌	○
又一巻（私）	大自在天法則儀軌	
大集大虚空藏菩薩所問経八巻（不空）	大集大虚空藏菩薩所問経八巻（不空）	○
大聖歓喜雙身法一巻	大聖歓喜雙身法一巻	○
大聖天歓喜雙身毗那夜迦法一巻（不空）　陀羅尼集経第十一	大聖天歓喜雙身毗那夜迦法（不空）	
又一巻	大聖天歓喜雙身毗那夜迦法（不空）	○
又一巻	大聖天毗那夜迦法一巻	
大聖曼殊室利童子幷一字真言有二種亦名五字瑜伽法一巻（不空）	大聖曼殊室利童子幷一字真言有二種亦名五字瑜伽法（不空）	○
大聖妙吉祥菩薩説除災教令法輪一巻（熾盛光）	大聖妙吉祥菩薩説除災教令法輪儀軌（不空）	
大聖妙吉祥菩薩説除災教令法輪一巻（熾盛光）	大聖妙吉祥菩薩説除災教令法輪一巻二本	
又一巻		

	大聖妙吉祥菩薩秘密八字陀羅尼修行曼荼羅次第儀軌法一巻 出文殊菩薩普集會経除災救護難息障品浄智金剛訳義雲傳流	大聖妙吉祥菩薩秘密八字陀羅尼修行曼荼羅次第儀軌法一巻	○
		大聖无動尊儀軌一巻 遍智	
	大聖文殊師利菩薩讃仏法身礼一巻 不空	大聖文殊師利菩薩讃佛法身礼 不空	○
	大聖文殊師利菩薩佛刹功徳荘嚴経一部三巻 不空	大聖文殊師利菩薩佛刹功徳荘嚴経二部各三巻 上中下 不空	○
	又一部		
	大乗縁生論一巻 聖者欝楞迦造 不空譯		○
	大隨求陀羅尼一巻 摺本文 字白字也	大隨求陀羅尼	
		大隨求経一巻 上下	
	大隨求八印法一巻 焔雲木	大隨求八印法	○
	又一巻 私		
	大隨求菩薩曼荼羅一鋪 三制苗		
	大唐雜疑問		
		大唐六時唱礼一巻 不空	
	大日経疏梵語一巻 御本		
		大日経序幷獻菩提樹様状一巻 崔牧述	
	大日経要問答一巻 御筆		
	大毗盧遮那成仏神變加持経略示七支念誦隨行法一巻 不空	大日経略七支念誦隨行法 不空	

勘定前唐院見在書目録（一〇九五年撰）	前唐院法文新目録（一一一二年写）	円仁将来本
大日経略摂念誦随行法一巻 亦名五支略念誦要行法一巻 不空	大日経略摂念誦随行法 不空	○
大涅槃経文字功徳品一巻 羅什翻		
	大般涅槃経文字功徳品悉談一巻	
大悲手訣一巻		
大悲台藏大曼荼羅一鋪 五制苗		
大悲台蔵梵曼荼羅一鋪 三制苗		
大悲壇様幷護摩杓子様一巻		
大悲本尊幷青頸心真言一巻 唐摺本		
大毘盧遮那経阿闍梨真實智品中阿闍梨住阿字観門成入理軌儀一巻 亦名四重字輪曼荼羅成身観亦名三重布字成身曼荼羅観行 惟謹述	大毘盧遮那経阿闍梨住阿字観門一巻 二本惟謹述 大廣智	
又一巻 署本		
大毘盧遮那成仏神変加持経七巻	大毘盧遮那経一部三巻	
又一部	大毘盧遮那経二部各七巻 善无畏	○
大毘盧遮那経真言梵本上下二巻	大毘盧遮那経真言梵本二巻 上下	○
大毘盧遮那経署議一巻 中下	大毘盧遮那経略議二巻 中下	○
	大毘盧遮那成佛神變加持経中譯出大悲胎蔵生秘密曼荼羅主畫像圖経一巻	

大毘盧舎那成佛神變加持経蓮花台藏悲生曼荼羅廣大成就軌儀二巻両巻上下	大毘盧舎那成佛神變加持経蓮花胎藏悲生曼荼羅廣大成就軌儀三巻法全和尚集記	
大毘廬遮那成就神變加持経蓮花胎藏悲生曼荼羅廣大成就軌儀供養方便品第一三巻		
大毘盧遮那経隨行儀軌一巻	大毘盧遮那経隨行儀軌一巻不空	
大毘盧遮那経台藏略解真言要義一巻	大毘盧遮那胎藏経略解真言要義一巻	○
	大毘盧遮那胎藏廣大儀軌真言梵本	
大毘盧遮那如来大悲台藏曼荼羅讃一巻		
大毘盧遮那如来大悲台藏曼荼羅讃一巻御筆		
大毘盧遮那略要速疾門五支念誦法一巻	大毘盧遮那略要速疾門五支念誦法一巻	○
大佛頂廣聚陀羅尼經五巻	大佛頂廣聚陀羅尼經一部五巻	○
大仏頂根本讃一巻複送天龍讃	唐梵本大佛頂根本讃等諸雑讃	○
大佛頂諸菩薩萬行品灌頂部録中印契別行法門一巻	大佛頂諸菩薩万行品灌頂部録出中印契別行法門一巻	○
新譯大佛頂陀羅尼一巻　大唐貞元廿一年度當延暦廿四年	大佛頂陀羅尼一巻	
	大佛頂如来密因修證了義諸菩薩万行首楞嚴経一巻	
	大佛頂梵字真言	
大菩提心隨求陀羅尼一切佛心真言法一巻中天三藏阿地瞿多訳	大菩提心隨求陀羅尼一切佛心真言法一巻阿地瞿多訳	○
大方廣佛花厳経入法界品四十二字観門一巻不空	大方廣佛花嚴経入法界品四十二字観門不空	○
又一巻		

勘定前唐院見在書目録（一〇九五年撰）	前唐院法文新目録（一一一二年写）	円仁将来本
大方廣佛花厳経入法界品頓證毘盧遮那法身字輪瑜伽儀軌一巻	大方廣佛花嚴経入法界品頓證毘盧遮那法身字輪瑜伽儀軌不空	○
又一巻		
大方廣如来藏経一巻不空		○
大方廣曼殊室利経観自在菩薩授記品第三十四一巻不空	大方廣曼殊室利経観自在菩薩授記品第三十四一巻不空	○
	大方廣曼殊師利経観自在菩薩授記品不空	
大宝廣博楼閣善住秘密陀羅尼経三巻不空	大宝楼閣経一部三巻不空	○
	大梵天王経観世音菩薩擇地品法一巻	○
大藥叉女歓喜母并愛子成就法一巻亦名訶哩底母法 不空	大藥叉女歓喜母并愛子成就一巻亦名訶哩底母法	○
大樂金剛薩埵修行成就儀軌一巻出吉祥勝初教王瑜伽経 不空	大樂金剛薩埵修行成就儀軌一巻不空	○
大樂金剛薩埵念誦儀一巻梵字在之		
大樂金剛不空真實三昧耶經般若波羅密多理趣釋一巻	大樂金剛不空真實三昧耶經般若波羅密多理趣釋三本不空	
又一巻　私		○
大樂金剛不空真實三昧耶経般若波羅密多理趣品一巻不空		
又小字經一本唐本 梵字在之		
大輪金剛修行悉地成就及供養法一巻	大輪金剛修行悉地及成就供養法一巻	○
佛説大輪金剛惣持陀羅尼印法一巻	佛説大輪金剛惣持陀羅尼印法一巻	

		第七夜行事 胎蔵	
	歎徳文道俗		○
	壇様一巻 廿帖賢聖供養式也貞元廿一年五月　日大唐明州壇那行者江秘笛傳此本往日本国地記付法行者大唐明州都縣府裏次第十二印		
	壇様一字像一巻		
チ	中天竺波羅奈国轉法輪寺佛足跡図伝一巻		
	長慶宮中詩		
	陳法恵禅師影一本		○
ツ	通諸佛頂一巻		
テ	底哩三昧耶不動尊威怒王使者念誦法一巻 不空	底哩三昧耶不動尊威怒王使者念誦法 不空	○
	轉法輪菩薩摧魔怨敵法一巻	轉法輪菩薩摧魔怨敵法一巻	○
	電光熾盛可畏形羅刹斯金剛寂勝明王經一巻	電光熾盛可畏形羅刹斯金剛寂勝明王經一巻	○
ト	杜員外集		○
		唐字悉曇章一巻	
	唐梵両字悉曇章合字一巻 宗叡和上口出	唐梵両字悉曇章合字一巻	
	道宣行儀同讃		
	道超禅師影一本 苗		○
ナ	内護摩十字佛頂梵本幷布字法一巻	内護摩十字佛頂梵本幷布字法一巻	

	勘定前唐院見在書目録（一〇九五年撰）	前唐院法文新目録（一一二二年写）	円仁将来本
	南岳思禅師法門傳上下		○
	南陽和尚問答雑徵義等八巻		○
二	廿天真言一巻 復観自在聞持真言幷聞持甘露真言皆梵字之	廿天真言梵本	○
	廿天名幷真言一巻漢字		○
	如意輪王摩尼拔陀別行法印一巻	如意輪王摩尼拔陀別行法印	○
	如意輪観自在菩薩念誦儀軌一巻不空	如意輪観自在菩薩念誦儀軌不空	
	如意輪菩薩真言注義一巻	如意輪菩薩真言注義一巻二本	○
	如意輪菩薩真言注義一巻梵漢對挙　唐本		
	如意輪曼荼羅一鋪苗		
	如意輪瑜伽法要一巻在梵本		
	新譯仁王般若経二巻上下　不空　楞嚴院本		
	新譯仁王般若経陀羅尼念誦軌儀一巻不空述	新譯仁王般若経陀羅尼念誦儀軌恵雲	○
	仁王般若陀羅尼釋一巻不空	仁王般若陀羅尼釋一巻不空	○
	仁王般若念誦法経一巻不空	仁王般若念誦法経一巻不空	○
	仁和尚紹法行幷序一巻道玄撰		
	任氏熙歌行		○

ネ	涅槃経十四音義一巻複三巻唐本内大般涅槃経如来性品第四巻第八十四音義羅什法師訳出		○
ノ	能浄一切眼疾病陀羅尼経一巻不空	能浄一切眼疾病陀羅尼経一巻不空	○
	能断金剛般若経梵本二巻上下		
ハ	八印記一巻一帋		
	八大菩薩曼荼羅経一巻不空	八大菩薩曼荼羅経一巻不空	○
	八大明王像一本摺本		○
	八大明王像一巻		
	八轉章一巻		
	抜濟苦難陀羅尼経一巻不空	抜濟苦難陀羅尼経一巻不空	○
	又一巻私		
	判一百條々別二道		○
	梵唐對譯般若心経一巻序正流通在之	唐梵對譯廣本般若心経一巻	○
	般若心経梵本一本漢字　新度唐本奥不空羂索心王母真言		
	般若波羅密多心経一巻		○
	佛説般若波羅密多心経一巻般若譯		○
	般若波羅密多理趣経安樂不空三昧耶真實金剛菩薩等一十七聖大曼荼羅義述一巻阿目佉金剛	般若波羅密多理趣経大安樂不空三昧真實菩薩等一十七聖大曼荼羅義述阿目佉金剛述	○
	鏤字様一帋月輪蓮花赤炎繞之		

	勘定前唐院見在書目録（一〇九五年撰）	前唐院法文新目録（一二一二年写）	円仁将来本
ヒ			
	毗沙門像一副 苗 兜鉢像也		
	毗沙門天王経一品一巻 不空	毗沙門天王経一品 不空	○
	又一巻 吠室羅末拏羅(アラ)惹品	毗沙門天王経一巻 不空	
	毗那耶律藏経一巻	毗那耶律藏経一巻	○
	毗盧遮那五字真言修習儀軌一巻 三藏不空金剛譯	毗盧遮那五字真言修習儀軌一巻	○
	毗盧遮那成佛神變加持経義釈一部十四巻 温古序 七巻治之	毗盧遮那経義軌釈十四巻	
		毗盧遮那経字輪品一巻	
		毗盧遮那三摩地儀軌一巻 金剛	
	毗盧遮那心畧讃一巻 複佛部曼荼羅讃歎普集 天龍八部讃	毗盧遮那心略讃	○
	七倶知仏母所説准提陀羅尼経一巻 不空	七倶智佛母所説准提陀羅尼経一巻 不空	○
	七倶胝准提陀羅尼念誦儀軌一巻 无訳人	七倶胝儀軌一巻 金剛智	
	佛説七倶胝佛母准提大明陀羅尼念誦法一巻 金剛智		
	七佛讃嘆一巻	七佛讃嘆	○
		七佛所説神咒経第四巻	○
	百司舉要図一本		
	百字生輪一本		

	百千頌大集経地蔵菩薩請問法身讃一巻 不空	百千頌大集経地蔵菩薩請問法身讃一巻 不空	○
	百法明門論義門抄 金剛撰		○
フ		唐梵本不空羅索真言	○
	不空羂索神變真言経二巻 第六第七	不空羂索神變真言経第四七八巻	○
	不空羂索毘盧遮那佛大灌頂光真言一巻 出第廿八巻 不空	不空羂索毗盧遮那佛大灌頂光明真言一巻 不空	○
	不動使者陀羅尼秘密法一巻 金剛菩薩譯	不動使者陀羅尼秘密法一巻 金剛菩薩	○
	不動尊真言梵本一巻 梵漢	不動尊真言梵本一巻	○
		普賢金剛薩埵瑜伽念誦法	
	普賢延命曼荼羅一鋪 三制苗		
	〔梵唐對譯普賢行願讃一巻 唐本	唐梵漢普賢行願讃一巻	
	普賢菩薩行願讃一巻 不空 漢語		○
	〔又一巻		
	〔普賢金剛薩埵瑜伽念誦儀一巻 不空	普賢菩薩金剛薩埵瑜伽念誦儀軌一巻 不空	○
	〔普賢菩薩金剛薩埵瑜伽念誦儀軌一巻 在梵本		○
	普賢讃中難字一巻 唐本	普賢讃中難字一巻	
		普賢菩薩行願讃佛頂尊勝陀羅尼咒一巻	
	佛説普遍焰鬘清浄熾盛思惟宝印心無能勝物持隨求大明陀羅尼自在陀羅尼功能一巻 一切大會問	佛説普遍焰鬘清浄熾盛思惟宝印心无能勝物持大隨求大明王陀羅尼自在陀羅尼功能一巻	○

勘定前唐院見在書目録（一〇九五年撰）	前唐院法文新目録（一一一二年写）	円仁将来本
	普遍焰鬘清浄思惟寳印心咒	
普遍光明清浄熾盛如意宝印心无能勝大明王大随求陀羅尼経二部両巻一巻不空唐摺本 梵本在之	普遍光明清浄熾盛如意寳印心无能勝大明王大随求陀羅尼経二巻不空	○
又二巻複鳥本也 无梵本之		（同上）
普遍智藏般若波羅密多心経一巻摩竭提国 三藏法月譯	普遍智藏般若波羅密多心経一巻摩竭提国三 藏法月訳	○
部多室利曼恒羅真言一巻陀羅尼集経第六也	部多室利曼恒羅真言	
奉請品壇様補闕廿品壇一帋		
	佛母大孔雀明王梵字一巻復上 中下	
佛眼塔記一巻複水自在楨幢上真言　梵本裏私 御記在之		○
佛眼塔様一印		○
佛跡図一本		○
佛頂尊勝陀羅尼経二巻佛陀波利	尊勝陀羅尼経一巻仏陀波利	
佛頂尊勝陀羅尼注義一巻不空	佛頂尊勝陀羅尼注義不空	○
	佛頂尊勝陀羅尼注義一巻大廣智 不空	○
佛頂尊勝陀羅尼念誦儀軌経一巻不空	佛頂尊勝陀羅尼念誦儀軌経一巻不空	○
仏頂尊勝陀羅尼別法一巻龜悉国者那釈	佛頂尊勝陀羅尼別法一巻不空	○

	仏頂縛鬼印壇文一帋		
へ	遍照佛頂等真言一巻不空	遍照佛頂等真言	○
	弁梵文漢字功徳及出生一切文字根本次第一巻全真	弁梵文漢字功徳及出生一切文字根本次第一巻	
ホ	菩提心戒一巻略為八門		○
	菩提場所説一字頂輪王経五巻不空	菩提場所説一字頂輪経二部五巻不空	○
	又一部私二層		
	菩提場荘厳陀羅尼経一巻不空	菩提場荘厳陀羅尼経不空	○
	寶幢佛曼荼羅一本		
	法恵和尚閻王前誦法□影一本		○
		法華經品題梵語兼諸羅漢名一巻	○
	法花開題		
	法花図曼荼羅一帋		○
	又図一帋		
	宝暦二年癸鱗公員外		
	北方毘沙門天王真言法一巻	北方毗沙門天王真言法一巻達摩伽陀那訳	○
	又一巻私		
		北方毗沙門天王真言法観自在菩薩如意輪儀軌一巻	

	勘定前唐院見在書目録（一〇九五年撰）	前唐院法文新目録（一一二二年写）	円仁将来本
	翻梵語雑名一巻		○
	梵語抄一巻		
	梵字悉曇字母并釋義一巻空海	梵字悉曇字母并釋義一巻空海	
	又一巻	梵字悉曇字母并釋義一巻	
	梵字悉曇章一巻	梵字悉曇章一巻	○
	悉曇章一巻梵字		
		梵漢両字真言一巻	
	梵本切韻十四音十二声一巻唐本	梵本切韻十四音十二聲一巻	
	梵網経指示門心地二巻		○
マ	末利支提婆花鬘経一巻不空	末利支提婆華鬘経不空	○
	摩利支天経一巻敬礼常住体一切三宝蔵	摩利支天経二本各一巻不空	○
	摩醯首羅天王法一巻	摩醯首羅天王法一巻	○
		曼荼羅讃一巻	
		弥勒菩薩讃一巻	○
ミ	妙吉祥菩薩以徵妙梵音讃歎普賢菩薩所修行願讃一巻唐本		
		唐梵本无垢浄光真言一巻復十二真言	○

ム	无垢浄光大陀羅尼経文一巻	无垢浄光陀羅尼	○
	無動使者法中畧出印契法次第一巻	無動使者法中略出印契法次第一巻	○
		无能勝随求大明王真言一巻	
	无量寿儀軌一巻	无量寿儀一巻	
		梵字無量寿真言一巻	
	佛説无量寿佛化身大忿迅倶摩羅金剛念誦瑜伽軌儀法一巻金剛智	佛説無量寿佛化身大恐迅倶摩羅金剛念誦瑜伽儀軌法一巻金剛智	○
	无量寿如来修観行供養儀軌一巻不空	無量寿如来修観行供養儀軌不空	○
モ	木槵経一巻不空	木槵経一巻不空	○
		文殊一字三字等忿怒真言廿天名幷真言	○
	文殊釼様一帋		
	文殊師利所説摩訶般若波羅密経一巻首楞厳院本	文殊師利所説般若波羅密経一巻	
		文殊師利所説摩訶般若波羅密経二巻上下	
	文殊師利菩薩根本大教王金翅鳥王品一巻不空	文殊師利菩薩根本大教王金翅鳥王品一巻不空	○
	文殊師利瑜伽五字念誦経修行教一巻	文殊師利瑜伽五字念誦経修行教	○
	文殊問経字母品第十四一巻不空	文殊問経字母品一巻第十四巻不空	
ヤ	薬師如来本行殊勝随願即得陀羅尼経一巻		
ユ	瑜伽翳迦訖沙羅烏瑟尼沙斫訖羅真言安坦陀那儀則一字頂輪王瑜伽経一巻不空	瑜伽翳迦訖沙囉烏瑟尼沙斫訖囉真言安但陀那儀則一字頂輪王瑜伽経一巻不空	○

	勘定前唐院見在書目録（一〇九五年撰）	前唐院法文新目録（一二一二年写）	円仁将来本
	瑜伽金剛頂経釈字母品一巻	瑜伽金剛頂経釋字母品一巻不空	○
	瑜伽蓮花部念誦法一巻不空	瑜伽蓮花部念誦法一巻不空	○
	游五台紀行		
		葉衣観自在菩薩法一巻不空	○
ラ	攬楽天書		○
リ		理趣経一巻	
	理趣経十八會曼荼羅一巻		
	理趣釈一巻		
	畧記護摩事法次第一巻翻経沙門恵琳述	畧記護摩事法次第一巻恵琳	
	畧集真言一巻随行真言也	略集真言一巻	
	畧出経灌頂阿闍梨厳治曼荼羅五色綵品第卅一巻前唐院		
	畧述金剛頂瑜伽分別聖位修證法門一巻不空	畧述金剛頂瑜伽分別聖位修證法門一巻不空	
		畧述金剛頂瑜伽分別聖位修證法門序一巻不空	○
	畧叙金剛界大教王経師資相承傳法次第一巻	畧叙金剛界大教王経師資相承傳法次第記一巻二本	○
	又一巻私		
	畧叙傳大毗盧遮那成佛神變加持経大教相承傳法次第一巻海雲	畧叙傳大毗盧遮那成佛神變加持経大教相承傳法次第記一巻本二	○

	〔又一巻 私		〕
	梁定禅師影一本 苗		○
	梁登禅師影 一本		○
	療痔病経一巻 義浄	佛説療痔病経一巻	
		蓮花部讃一巻	○
ロ	六字天王像一本		
	六種護摩壇様一巻		
	録外菩薩像一本		

表5-2　『勘定前唐院見在書目録』と『前唐院法文新目録』との対比総括

Ⓐ勘定前唐院見在書目録		Ⓑ前唐院法文新目録	
総　数	四九八点	総　数	三七〇点
円仁将来本	二九〇点（総数の五八・二％）	円仁将来本	二四四点（総数の六五・九％）
Ⓑ目録と共通	二九九点（総数の六〇％）	Ⓐ目録と共通	二九四点（総数の七九・五％）
Ⓐ目録のみの書目	一九九点（総数の四〇％）	Ⓑ目録のみの書目	七六点（総数の二〇・五％）

※曼荼羅・図像等を含む関係上、点数で表示した。なお書籍は一部一点とする。

以上の両目録の対比によって知られる特徴的な点は次のようなことであろう。

(1)　『勘定前唐院見在書目録』には、『顕戒論』『持法花三昧修證決』『随自意三昧行威儀品』『梵網経指示門心

地』『法花開題』『受菩薩戒文』『南岳思禅師法門伝』『游五台紀行』『釈迦如来賢劫記』をはじめ因明関係の諸註釈書など天台や顕教関係の書目、さらには『開元詩格』『祇対儀』『杭越寄和詩』『攬楽天書』『杜員外集』『長慶宮中詩』『十八異見』など、仏教以外の外典類の書目がかなり多くみられるのに対して、『前唐院法文新目録』には、これら顕教や外典関係の書名は載せられていない。これは円仁が入滅直前に、円仁所求の顕教法門は最澄将来の顕教法門とともに寺家の経蔵に納むべきことを奏聞したが、一〇九三年における仁覚座主の調査の時点では、前唐院に顕教法門が所蔵されていたことを証するものである。しかし一一一二年書写の『前唐院法文新目録』では、顕教関係の典籍は、円仁の奏聞に基づき御経蔵に移されたのであろうか、ほとんどが密教関係の書物で占められている。

(2) また密教関係のものでは、『胎蔵大曼荼羅』『大悲台蔵大曼荼羅』『金剛界大曼荼羅』『金剛界成身会曼荼羅』『八大明王像』『仏跡図』『陳法恵禅師影』『秦郡老僧影』など、『勘定前唐院見在書目録』の図曼荼羅箱にみられる三六点や青蓮房より返送の図像類については、そのほとんどを『前唐院法文新目録』に見出すことができない。あるいは曼荼羅や図像のみの別目録があって前唐院のどこかに所蔵されていた可能性もあるが、今のところ、その所在を窺うことはできない。

(3) 『勘定前唐院見在書目録』にみられる総点数（曼荼羅・図像等を含む関係上、点数で表示し、書籍は一部一点とする）四九八点のうち『日本国承和五年入唐求法目録』『慈覚大師在唐送進録』『入唐新求聖教目録』の三種の将来目録のいずれかと一致する書目は二九〇点であり、円仁将来本の割合は目録総数の五八・二パーセントを占めている。一方『前唐院法文新目録』についてみると総点数三七〇点のうち円仁将来本は二四四点であり、『勘定前唐院見在所目録』より将来本の点数は四六点少なくなっているが、目録全体に占める将来本の比率は六五・九パーセントとかなり高くなっていることが知られる。また逆に円仁将来典籍の総数のうち両目録に記載されているのはどの程度であったかについては、一応、入唐求法九年間に揚州・五台山・長安等で求め得た典籍五八四部、ならびに曼荼羅図像等五〇種とする『入唐新求聖教目録』の記述により総数六三四点として計算すると、一〇九五年撰の『勘定前唐院見在書目録』が四五・七パーセント、一二一二年書写の『前唐院法文新目録』が三八・五パーセントの保存率であったとみられるであろう。

なお以上に取りあげた主要諸経蔵以外にも三塔の発展に伴い三塔各谷の随所に経蔵が置かれたようである。例えば東塔では南谷の円融蔵・青蓮蔵・白竜蔵・摩尼蔵・北谷の桂林蔵、西谷の妙音蔵、無動寺谷の法曼院経蔵、西塔では東谷の降魔蔵、北尾谷の華王蔵、南尾谷の一切経蔵、横川では良源の定心房経蔵、兜率谷の本覚蔵・荘厳蔵などの経蔵名が見出されるが、史料がほとんどないため、その歴史や所蔵内容を窺うことは難しいといわなければならない。

5　元亀焼き討ち以後の復興と叡山文庫の開設

元亀二年（一五七一）九月の織田信長による比叡山焼き討ち以降においては、天正十二年（一五八四）の豊臣秀吉による山門再興許可以後、烏有に帰した堂塔伽藍の復興が始められるが、経蔵の再建についてはどのように進められたのであろうか。これについては慈眼大師天海（一五三六～一六四三）が慶長十二年（一六〇七）に東塔南谷の南光坊に入り、焼失散逸した典籍を補うべく仏典章疏等の蒐集につとめ、「山門蔵」（叡山天海蔵ともいう）を設置、叡山の経蔵をよみがえらせたのである。さらにひき続いて、西塔北谷の正教坊舜興（一五九三～一六六二）が「正教蔵」（明治以後は西教寺に移管）を設立、また東塔南谷の浄教房実俊（一六一八〜一七〇二）は「真如蔵」を創設するなど、堂塔の復興とあわせて仏教典籍の収集による経蔵の整備も着々と進められていくのである。

その後、大正十年（一九二一）の伝教大師一千百年御遠忌にあたり、その記念事業の一つとして、延暦寺が直接管理していた「天海蔵」「浄土院蔵」「普潤蔵」「慈賀院蔵」「延暦寺蔵」の各蔵書合わせて三三九三部一万三四一四冊、および「止観院蔵」「滋賀院蔵」「延暦寺蔵」の記録一万六四一〇冊を一括して所蔵し、公開の図書館として比叡山麓坂本の地に創設したのが「叡山文庫」の始まりである。かかる叡山文庫の開設により、延暦寺山内の各経蔵や寺院をはじめ、縁故の篤志者からの寄託図書があい次ぎ、平成十九年現在の蔵書（コレクション）は五〇にも及んでいる。五十音順に蔵書名を列挙すると次のごとくである。

(1)池田史宗蔵書　(2)一宮蔵書　(3)今井蔵書（旧中邑家文書）　(4)梅谷蔵書　(5)円覚蔵書　(6)延暦寺蔵書　(7)大野垣蔵書　(8)岡本蔵書　(9)奥田蔵書　(10)戒光院蔵書　(11)観明院蔵書　(12)吉祥院蔵書　(13)華蔵院蔵書　(14)五智院蔵書　(15)金台院蔵書　(16)止観院蔵書　(17)滋賀院蔵書　(18)慈眼堂蔵書　(19)渋谷蔵書　(20)寿量院蔵書　(21)生源寺蔵書　(22)松禅院蔵書　(23)浄土院蔵書　(24)真如蔵書　(25)真如堂蔵書　(26)禅林院蔵書　(27)蘇谷蔵書　(28)双厳院蔵書　(29)多紀蔵書　(30)泰門庵蔵書　(31)武内蔵書　(32)辻井蔵書　(33)天海蔵書　(34)東潤蔵書　(35)般舟院蔵書　(36)毘沙門堂蔵書　(37)東谷正覚院蔵書　(38)不二門蔵書　(39)普潤蔵書　(40)別当代蔵書　(41)法曼院蔵書　(42)密厳蔵書　(43)水尾蔵書　(44)明徳院蔵書　(45)無動寺蔵書　(46)村口蔵書　(47)薬樹院蔵書　(48)吉田蔵書　(49)理性院蔵書　(50)涼湖蔵書

またその総冊数は一三万冊以上にのぼり、書物の大部分は天台を中心とする仏教学・仏教史の書籍・古文書・絵画で占められている。その検索は、各蔵書の図書目録およびカード化された書名・著者名・分類別索引により可能である。ただし仏教書や漢籍を除く文書・絵画を合わせた約三万二〇〇〇点については、平成六年五月に延暦寺編

『叡山文庫文書絵図目録』（臨川書店）が出版され、書名・人名・寺院名・地名等の索引も付され、比叡山史の研究に利用の便宜がはかられた。

なお叡山文庫所蔵書のうちでとくに貴重なものは、平成四年に創建された比叡山国宝殿に収蔵しているが、その中でも平成十九年十二月現在、国宝ならびに重要文化財に指定されている文書を掲げておこう。

(A)国宝

(1)『六祖恵能伝』一巻　伝教大師奥書　唐貞元十九（八〇三）
(2)『伝教大師将来目録』一巻　伝教大師筆　延暦二十四年（八〇五）
(3)『伝教大師入唐牒』（明州牒台州公験）一巻　伝教大師・陸淳筆　唐貞元二十一年（八〇五）
(4)『羯磨金剛目録』一巻　伝教大師筆　弘仁二年（八一一）
(5)『天台法華宗年分縁起』一巻　伝教大師筆　弘仁九年（八一八）
(6)『嵯峨天皇宸翰光定戒牒』（勅封唐櫃内）一巻　嵯峨天皇筆　弘仁十四年（八二三）

(B)重要文化財・重要美術品

(7)『華厳要義問答』二巻　行福筆　延暦十八年（七九九）
(8)『道邃和尚伝道文』一巻　道邃筆　唐貞元二十一年（八〇五）
(9)『楞厳三昧院解』一幅　慈恵大師良源署名　天禄三年（九七二）
(10)『伝述一心戒文』三帖　光定撰・良祐写　応徳元年（一〇八四）
(11)『悉曇蔵』八帖　安然撰　応徳二年（一〇八五）
(12)紺紙金銀交書『法華経』八巻　平安時代

⒀紺紙銀字『法華経』八巻　平安時代
⒁『法華経』（装飾経）八巻　安養尼筆　平安時代
⒂『山門再興文書』四点　秀吉・家康外二名　天正十二年（一五八四）
⒃『後陽成天皇宸翰心経』一巻　後陽成天皇筆　桃山時代
⒄『中御門天皇宸翰御願文』一巻　中御門天皇筆　江戸時代
⒅『後水尾天皇宸翰懐紙』（あきらけくの御歌）一幅　後水尾天皇筆　江戸時代

これらはいずれも最重要の書物であるが、重文指定の⑺『華厳要義問答』[29]上下二巻の写本は、伝教大師が入山直後に南都七大寺等の協力や援助を得て書写蒐集し、一乗止観院内に「根本経蔵」を創設して納めた数千巻の一切経の中で現存が確認できる唯一の典籍であるとみられる。その上下各巻の奥書によると、延暦十八年（七九九）正月八日に近事行福が書写したもので、上巻には延暦二十一年（八〇二）十月に智円の付した句読点（黄色の墨）が入っている。なお上下巻の各末尾に貼付された用紙には、万延二年（一八六一）仲夏および慶応二年（一八六六）七月に武蔵国岩槻仏眼山浄国寺（埼玉県岩槻市加倉）の養鸕徹定（うかいてつじょう）[30]の記した識語[31]があり、初期の根本経蔵に安置されていた一切経の一つであることを『扶桑略記』を引用して述べている。根本経蔵収納後どのような経路を経たかは明らかではないが、江戸末期になって浄土宗関東十八檀林の一つである仏眼山浄国寺の古経堂蔵（徹定の所蔵）として一時保存されていたことは間違いなく、慶応二年（一八六六）七月には、浄国寺順誉（徹定の法名）の名で、比叡山の伝教大師御廟にある極楽浄土院文庫に再び奉納[32]され、里帰りを果している。以上のように延暦十八年行福書写の『華厳要義問答』二巻は、伝教大師による根本経蔵創建の時に収蔵されたと伝える古籍であり、まさに比叡山経蔵一二〇〇年の歴史を物語る貴重な遺品といわなければならないであろう。

註

（1）伝教大師全集五・附録六～七頁。
（2）群書類従二四・四七〇上。
（3）伝教大師全集四・三四九～三五〇頁。
（4）同右・三五一～三六九頁。
（5）同右・三七一～三八四頁。
（6）同右・三四三～三四八頁。
（7）大正蔵五五・一〇七四上～一〇七六中。
（8）同右・一〇七六中～一〇七八中。
（9）同右・一〇七八中～一〇八九上。
（10）『天台座主記』一四～一五頁。
（11）同右一五頁。
（12）貞観十三年（八七一）の官符「勅下伝法規矩牒」（智証大師全集下・一三二四下『余芳編年雑集』所収）に「又諸阿闍梨終没之後、無二弟子阿闍梨相承伝持者一、其手中真言秘要法文、並私記道具等、使下寺司検二納総持院真言蔵一以為中長例上」とある。
（13）例えば円珍の『大毘盧遮那成道経義釈目録』（智証大師全集中・七一四上）には「此総持院本、即是慈覚大師従二長安一所レ伝也」とある。
（14）智証大師全集下・一二四〇上～一二四一下。
（15）同右・一二四二上～一二四九上。
（16）同右・一二五〇上～一二五三下。
（17）同右・一二五四上～一二六五上。
（18）『唐房行履録』巻中所収の『大日経義釈』巻第九奥書に、「此本珍於二唐大中九年一請二得長安左街新昌坊青龍寺伝教大阿闍梨法全大師手下元住二安邑坊玄法寺一之本一。将到二日本一、帰二山家一後権寄二三井寺一、其後廻二住山家一即延暦寺也次以二比釈本一

安㆓置於山房㆒而不㆑令㆔多人知㆓之。」とあり、円珍が大中九年（八五五）に長安青龍寺法全より請得した『大日経義釈』については、延暦寺に持ち帰ったのち、いったん三井寺に移され、その後再び延暦寺の山房（山王院）に安置されたことが知られる。また円珍請来の典籍が最初山王院に納められたが、のちに三井寺に移されたことを暗示する山王明神と新羅明神とをめぐる説話が、『智証大師年譜』（智証大師全集下・一三八九上）に次のようにみられる。

清和天皇貞観元年（八五九）己卯、師四十六歳、次㆓唐朝伝来教籍㆒、蔵㆓之尚書省㆒。時海上所現翁来曰、此所不㆑堪㆑置㆓経書㆒有㆓一勝地㆒我已相㆑所。師宜㆘奏㆑官建㆓院宇㆒以㆗庋（オサム）典籍㆖。我加㆓鎮護㆒、況仏法者王法之治具也。此法若衰、王法亦廃。語已形隠矣。師帰㆓叡阜㆒在㆓山王院㆒。時山王明神現㆑形曰、伝来経書、宜㆑蔵㆓此所㆒。新羅明神又出曰、此地将来必有㆓喧諍㆒不可也。南行数里是為㆓勝処㆒。乃与㆓新羅山王二神及二比丘㆒到㆑于㆓三井㆒問㆓其創業㆒……師遂与㆓二僧㆒詣㆑闕奏㆓三井事㆒勅造㆓一宇㆒名㆓唐房㆒（今日唐院）移㆓尚書省経書㆒而蔵㆑焉。

なお小山田和夫著『智証大師円珍の研究』（吉川弘文館、平成二年）によれば、新羅明神による聖教安置の説話は、康平五年（一〇六二）、藤原実範撰『園城寺龍花会縁記』（本朝続文粋一一）にみられるものが最古のものであろうと述べられている。

(19) 『園成寺之研究』（昭和六年十一月）所収の大屋徳城氏「智証大師将来の経論章疏に就いて」によれば、円珍請来書のうち現在も園城寺に秘蔵する『弥勒経疏』三巻の巻首または巻尾、縫背に、方一寸四分位の篆書陽文の「山王蔵印」の朱印がおされていると指摘している。

(20) 佐藤哲英師「山王院蔵書目録に就いて――延長三年筆青蓮院蔵本解説――」（『叡山学報』一四、昭和十二年）参照。

(21) 群書類従二四・四七〇上。

(22) 同右・五七一下。

(23) 『慈恵大僧正拾遺伝』（続天台宗全書・史伝二・日本天台僧伝類一・二〇八上）および『山門堂舎』など。

(24) 「伝教大師の仏典収集とその保存」（宗祖大師千五百年遠忌事務局編『伝教大師研究』、昭和四十六年六月）

(25) 前唐院は承平五年（九三五）三月六日の比叡山大火災によって焼失し、天元三年（九八〇）慈恵大師良源によって再興されている。この辺の事情について『天台座主記』（四五頁）には「今年（天元三年）先造㆓前唐院㆒又移㆓作根本経蔵宝蔵㆒。」とあり、根本中堂内の根本経蔵を虚空蔵尾に移築したのと相前後して記述されており、経蔵整備の一環として、良源が、総持院より前唐院へ真言蔵を移した可能性は高いとみられる。

(26)「前唐院見在書目録について」（福井康順編『慈覚大師研究』、早稲田大学出版部、昭和三十九年四月）。

(27)比叡山東塔南渓蔵・実霊箱「黄」。

(28)同右。

(29)内題は「華厳経文義要決問答」とあり、撰号は「皇龍寺表員集」となっている。上巻は縦九寸二分（約二八センチ）横二九尺三寸二分（約八八九センチ）下巻は縦九寸二分（約二八センチ）横二八尺六寸（八六七センチ）。

(30)養鸕徹定（うかいてつじょう）（一八一四〜九一）は松翁古渓・杞憂道人・古経堂主人などと号し、法名は瑞蓮社順誉という。文久元年（一八六一）に武蔵国岩槻浄国寺住職となり、明治七年（一八七四）京都知恩院に晋山、同十八年浄土宗管長となる。とくに『古経題跋』二巻、『続古経題跋』一巻、『訳場列位』一巻の三部作は、古経書誌調査空前の労作として知られている。

(31)「扶桑略記曰、延暦十六年丁丑寂澄和尚請㆓大和平城諸耆宿㆒、欲㆑謄㆓写一切経論章疏㆒。大安寺聞寂及東国道忠等助㆓写二千余巻㆒。及竣㆓其功㆒設㆓万僧斎㆒而供養。今安㆓置叡山経蔵㆒是也。此華厳要義問答即其一也」とある。

(32)国宝殿所蔵の『華厳要義問答』二巻には、次のような奉納の「證」が一紙添付されている。

證

一華厳要義問答　二巻

延暦十八年正月八日　行福所書

右奉納

睿山極楽浄土院文庫

慶応二季丙寅七月

武州岩槻浄国寺順誉　花押

印　印

六　延暦寺御修法「普賢延命大法」

1　延暦寺御修法について

「延暦寺御修法」は、国家の象徴である天皇陛下の御衣を比叡山延暦寺の総本堂である根本中堂内陣に特別に設えた内道場に奉安して、世界の平和と人類の幸福を祈願する延暦寺最高の大法であり、毎年四月四日から十一日までの八日間にわたって執り行われる。

その起源は、桓武天皇の御宇に伝教大師が弟子円澄をして宮中紫宸殿において「五仏頂法」を修せしめたことに始まると伝え、弘法大師によって正月八日から十四日まで宮中真言院で始められた「後七日御修法」とともに、今日まで連綿と守り伝えてきた真言密教最上の秘法である。

現在行われている延暦寺御修法は、明治維新の排仏毀釈による中断後に再編成されたもので、再興時の大正十年（一九二一）と慈恵大師一千年忌の昭和五十九年には「安鎮家国法」が特別に修されたが、それ以外は「熾盛光法」「七仏薬師法」「普賢延命法」「鎮将夜叉法」の四法が毎年順次に輪修されている。これら五箇の大法は、いずれも大壇・護摩壇・聖天壇・十二天壇の四壇等を築き、天台座主猊下を大阿闍梨とし、天台宗の各門跡や宗内から特選された一七人の碩徳高僧によって奉修され、八日間二十一カ座のうち開闢（四月四日）、中日（四月七日）、結願（四月十一日）には勅使（天皇使）の登山参堂が古儀にならって行われる。

本章では、五大法のうち「普賢延命法」を取りあげ、所依の経軌の将来や奉修の記録を調査して、その歴史の概要を明らかにし、また普賢延命法の内容とその典拠について検討してみたいと思う。

2　「普賢延命大法」所依の経軌とその将来

「普賢延命大法」所依の経軌については、次のごとき典籍名が挙げられている。

①『諸仏集会陀羅尼経』一巻　提雲般若訳
②『一切如来金剛寿命陀羅尼経』一巻　金剛智訳
③『一切諸如来心光明加持普賢菩薩延命金剛最勝陀羅尼経』一巻　不空訳
④『金剛寿命陀羅尼経』一巻　不空訳
⑤『金剛寿命陀羅尼念誦法』一巻　不空訳

このうち①『諸仏集会陀羅尼経』と④『金剛寿命陀羅尼経』については、奈良朝には日本に伝来しており、『奈良朝現在一切経疏目録』によれば、『諸仏集会陀羅尼経』は天平八年（七三六）に、『金剛寿命陀羅尼経』は天平勝宝七年（七五五）に書写された記録が残されている。弘法大師空海（七七四〜八三五）の請来としては、④『金剛寿命陀羅尼経』と⑤『金剛寿命陀羅尼念誦法』の二部（『御請来目録』大同元〈八〇六〉年十月二十二日上表、大正蔵五五・一〇六一上〜中）を挙げることができるが、台密における将来は、慈覚大師円仁（七九四〜八六四）の入唐求法によるものが初伝であり、『入唐新求聖教目録』によれば、⑤『金剛寿命陀羅尼念誦法』（大正蔵五五・一〇七八下）

および『梵字金剛寿命真言』『梵字金剛延命真言』（大正蔵五五・一〇八二上）の名がみられ、また本尊の「普賢延命像」（大正蔵五五・一〇八四下）も持ち帰ったことが知られる。その後、智証大師円珍（八一四～八九一）の②『一切如来金剛寿命陀羅尼経』『金剛寿命陀羅尼経』『金剛寿命念誦法』などの求法請来（円珍録『青龍寺求法目録』〈大正蔵五五・一〇九六上～中〉）を経て、五大院安然（八四一～九〇一～？）の『諸阿闍梨真言密教部類総録』（『八家秘録』）には、上述①～⑤の所依経軌の名がすべて出揃っていることから、普賢延命大法の所依の経軌は、ほぼ完備していたことが知られる。

3　「普賢延命大法」奉修の歴史

これら経軌に基づいて「普賢延命大法」として組織づけられ始修されたのは、やや時代が下るようである。大法の濫觴については、『阿娑縛抄』第七十五「普賢延命法日記」（三四六頁上）によれば、

承保二年十月九日、法性寺座主蒙リ二綸旨ヲ一、於テ二賀陽院内裏ニ一率イテ二於廿口伴僧ヲ一被レ始メ二修普賢延命法ヲ一矣

とあり、承保二年（一〇七五）に白河天皇の綸旨により、法性寺座主覚尋が大阿闍梨となって二〇口の伴僧を率いて賀陽院内裏において修したのが最初であると記されている。(1) 期間は承保二年十月九日より十六日に至り二一カ座行われ、開白と結願には白河天皇の行幸もあった。内道場には延命曼荼羅ならびに四天王像を開眼して安置し、大壇を中心に護摩壇・持国・増長・広目・多聞の四天王壇、十二天壇、聖天壇の八壇が設けられ、次のような諸役にて修されている。

長賢阿闍梨護摩壇　持国天円成供奉 東北向レ東　増長天円禅阿闍梨 東南向レ南　広目天教賢供奉 西南向レ西　多聞天覚範供奉 西北向レ北

十二天皇暹向レ北　　聖天林命供奉向レ南

なお結願には、大壇に二一小壇を準備して、十支灯一本、一支灯二〇本、火舎二一口を置き、大壇にて毎時加持した香を燃やすなど修法の大綱を知ることができる。

しからば承保二年の大法始行以後における奉修の状況はいかなるものであったであろうか。『阿娑縛抄』をはじめとする諸史料により、「普賢延命大法」執行の記録を一覧に整理してみると**表6-1**のごとくである。

表6-1　「普賢延命大法」奉修記録

年号	西暦	月日	大阿闍梨	出仕	施主	道場	典拠
始行 承保二	一〇七五	10・9〜10・16	法性寺座主覚尋	21		賀陽院内裏	阿抄七五（一一八二頁）
承暦三	一〇七九	8・18〜	覚尋座主（金剛寿院大原僧都）	21			阿抄七五（一一八三頁）
承暦四	一〇八〇	6・18〜7・5	覚尋座主	21		内裏	阿抄七五（一一八八頁）
永保三	一〇八三	10・20〜10・28	良真座主（円融房）	21			阿抄七五（一一九一頁）
応徳元	一〇八四	10・17〜10・25	良真座主	21		三条内裏東台南西	阿抄七五（一一九二頁）
応徳二	一〇八五	2・25〜3・1	法性寺座主	21	今上二宮	大炊殿	阿抄七五（一一九二頁）
応徳三	一〇八六	2・23	南陽房座主	21	二宮		阿抄七五（一一九二頁）
嘉保二	一〇九五	5・19〜5・26	南陽房座主	21		賀陽院内裏北屋	阿抄七五（一一九五頁）
康和四	一一〇二	9・27〜10・19	賢暹（教王房法印）	21		仁寿殿	阿抄七五（一一九六頁）
康和六	一一〇四	1・15〜	辻法眼	21		内裏	阿抄七五（一一九七頁）
長治二	一一〇五	4・27〜5・5	賢暹	21	太上天皇	尊勝寺観音堂	阿抄七五（一二〇一頁）
大治二	一一二七	2・13〜2・22	蓮華院阿闍梨	21		按察中納言三条西洞院亭	阿抄七五（一二〇二頁）
長承元	一一三二	9・7	権少僧都相命			待賢門院	阿抄七五（一二〇三頁）

	年号	西暦	月日	大阿闍梨	出仕	施主	道場	典拠
	長承二	一一三三	10・1～10・10	蓮華院律師	21	待賢門院	白川泉殿御所寝殿	阿抄七五(一一〇三頁)
	天養元	一一四四	5・16～	行玄座主			内裏	阿抄七五(一一〇四頁)
	建久二	一一九一	9・27	慈円	21	中宮	大炊殿	阿抄七六(一一一〇頁)
	建仁三	一二〇三	2・10	慈円		一院	春日殿	頂略四の三(日仏全六五、二三八頁)
	建保五	一二一七	7・26～8・1	承円座主		太上天皇	高陽院殿	阿抄七六(一一一三頁)日記(無動寺蔵)
	承久四	一二二二	1・22～1・28	慈円座主		上皇	吉水熾盛光堂	阿抄七六(一一一九頁)
	貞応二	一二二三	4・19	良快(飯室僧正)		後高倉法皇	一条殿	頂略五の一(日仏全六五、二四九頁)
	寛喜三	一二三一	2・6	良快	21	中宮(御産)	一条殿	頂略五の一(日仏全六五、二五〇頁)
	宝治二	一二四八	1・24	慈源(吉水和尚)			法性寺	頂略五の二(日仏全六五、二五九頁)
	弘長二	一二六二	5・10	尊覚座主	21	東二条院(御産)	今出川殿	座主記(二三四頁)続史一
	建治二	一二七六	11・25	道玄座主	21	新陽明門院(御産)	近衛殿	座主記(二八五頁)
	嘉元三	一三〇五	8・19	慈道親王				続史一三
	文正元	一四六六	2・22	尊応		若公	室町殿	頂略一一
再興	慶長四	一五九九	3・17	常胤座主			宮中	続史五一、湯記
	元和三	一六一七	6・11～	良恕親王(曼殊院宮)			宮中	続史五三、官公事抄 史料一二の二七、亮記
	寛永一二	一六三五	6・7～6・13	最胤座主	21	(院宣)	仙洞	座主記(五〇八頁)
	文化六	一八〇九	12・4～12・10	尊真座主	7	仙洞智子上皇(古稀御賀)	吉水熾盛光堂	座主記(七四三頁)、頂略二六(日仏全六七、三一頁)

	明治四二	一九〇九	6・18～6・20	妙法院門主 薗光轍権大僧正			延暦寺 根本中堂	座主記（一〇〇三頁） 普賢延命法私記（池田史宗蔵）
（新）1	大正一三	一九二四	4・4～4・11	吉田源応座主（四天王寺）	17		根本中堂	座主記（一〇七七頁）
2	昭和三	一九二八	4・4～4・11	梅谷孝永座主（妙法院）	17		根本中堂	続座主記（三頁）
3	昭和七	一九三二	4・4～4・11	梅谷孝永座主	17		根本中堂	続座主記（一六頁）
4	昭和一一	一九三六	4・4～4・11	梅谷孝永座主	17		根本中堂	続座主記（四四頁）
5	昭和一五	一九四〇	4・4～4・11	梅谷孝永座主	17		根本中堂	座主記第三編（四頁）
6	昭和一九	一九四四	4・4～4・11	渋谷慈鎧座主	17		根本中堂	座主記第三編（一六二頁）
7	昭和二三	一九四八	4・4～4・11	中山玄秀座主	17		根本中堂	座主記第三編（二〇一頁）
8	昭和二七	一九五二	4・4～4・11	中山玄秀座主	17		延暦寺 大講堂	座主記第三編（二四一頁）
9	昭和三一	一九五六	4・4～4・11	中山玄秀座主	17		大講堂	座主記第三編（二六〇頁）
10	昭和三五	一九六〇	4・4～4・11	即真周湛座主	17		根本中堂	座主記第三編（三〇四頁）
11	昭和三九	一九六四	4・4～4・11	即真周湛座主	17		根本中堂	座主記第三編（三五〇頁）
12	昭和四三	一九六八	4・4～4・11	即真周湛座主	17		根本中堂	座主記第三編（四一八頁）
13	昭和四七	一九七二	4・4～4・11	菅原栄海座主	17		根本中堂	
14	昭和五一	一九七六	4・4～4・11	山田恵諦座主	17		根本中堂	
15	昭和五五	一九八〇	4・4～4・11	山田恵諦座主	17		根本中堂	
16	昭和六〇	一九八五	4・4～4・11	山田恵諦座主	17		根本中堂	
17	平成元	一九八九	4・4～4・11	山田恵諦座主	17		根本中堂	
18	平成五	一九九三	4・4～4・11	山田恵諦座主	17		根本中堂	
19	平成九	一九九七	4・4～4・11	渡辺恵進座主	17		根本中堂	
20	平成一三	二〇〇一	4・4～4・11	渡辺恵進座主	17		根本中堂	

※

	年号	西暦	月日	大阿闍梨	出仕	施主	道場	典拠
21	平成一七	二〇〇五	4・4~4・11	渡辺恵進座主	17		根本中堂	

阿抄＝『阿娑縛抄』　頂略＝『華頂要略』　座主記＝『天台座主記』　続史＝『続史愚抄』　湯記＝『御湯殿上日記』　史料＝『大日本史料』　亮記＝『孝亮宿禰日次記』

※大正九年（一九二〇）十二月十六日、古来の典儀による御修法聴許（『座主記』一〇五七頁）

承保二年（一〇七五）の始行以後、十三世紀の鎌倉期にかけての約二〇〇年間には、内裏を中心にたびたび（調査の上では二四回）修されたが、十四世紀以後、明治時代までの約六〇〇年間に執行された記録は、管見の限りでは、嘉元三年（一三〇五）、文正元年（一四六六）、慶長四年（一五九九）、元和三年（一六一七）、寛永十二年（一六三五）、文化六年（一八〇九）、明治四十二年（一九〇九）のわずか七度にすぎない。また江戸期までは宮中を中心に行われていたようであり、寺院では京都の尊勝寺観音堂（長治二年）、吉水熾盛光堂（承久四年・文化六年）、法性寺（宝治二年）などで行われた記録もあるが、比叡山延暦寺で修されたのは、明治四十二年（一九〇九）が初めてである。この明治四十二年の奉修は『天台座主記』（一〇〇三頁）によれば、六月十八日より二夜三日にわたり、根本中堂において行われたもので、妙法院門主薗光轍権大僧正が大阿闍梨を勤めている[2]。その後、排仏毀釈以来とだえていた勅会としての御修法の旧儀復興が大正十年（一九二一）になされ、復興第一回目の「普賢延命大法」は吉田源応座主（四天王寺）によって大正十三年（一九二四）奉修され、以後平成十七年で二一回に及んでいる。

4　「普賢延命大法」とその典拠

(1)「普賢延命大法」の八壇

この大法は内道場に本尊壇、護摩壇、十二天壇、聖天壇を造立するほか、さらに四方に四天王壇を建てるが、これは承保二年（一〇七五）の始修以来行われてきたもので、承暦四年（一〇八〇）六月十八日に天台座主覚尋が大阿闍梨として修した記録には「初日に先づ八壇を立つ。大壇・護摩壇・四天王壇・聖天壇・十二天壇なり」（『阿娑縛抄』三五一下）とあり、現行においてもこの形を用いている。とくに四方に四天王天を祀ってこの壇を設けることは、他の大法にみられない特色あるものである。これは所依の経軌である『金剛寿命陀羅尼経』や『諸仏集会陀羅尼経』などによるものである。つまり世尊の対告衆として四天王天が挙げられ、一切諸仏や執金剛菩薩に次いで四天王天がそれぞれ延命陀羅尼を説くからであり、『諸仏集会陀羅尼経』には「壇（中央大壇）外に四小壇を作り四天王壇と名づく」（大正蔵二一・八五九下）と明示している。

中央大壇については、承暦四年（一〇八〇）の記録によれば、

結願時作法、廿一小壇十支灯（中央如来壇立之）一支灯（金剛王壇各立之）（『阿娑縛抄』一一八八下）

其結願時、以廿一小壇安置大壇上。四面供養内方並立之。広各一尺五寸許、四方各四壇並立之。即十六也。中心立一壇当中心壇四隅、立余四壇（已上廿一也）。其廿一小壇上、各安置花瓶一口（挿花）火舎一口。其中心壇上燃十枝灯（灯台高一尺許）。其灯台造一本十茎。蓮花形花実上、各燃灯。自余廿小壇、各置一茎蓮花形灯台。各

燃一灯。高皆同一尺許、已上小壇灯都合卅灯也。其中心小壇花瓶寄東立之。次中火舎、次西端立十枝灯台。自余廿小壇、皆寄中方立花瓶。次置火舎。次灯台寄外方立之。四面皆如此

（『阿娑縛抄』一一八九上～下）

とあり、結願時において大壇上に設置する中央の如来壇と二一小壇の配置方法および花瓶、火舎、燃灯の設定や安置の仕方などが詳細に示されている。これらは現行（最近では平成十七年四月奉修）に受け継がれているが、その根拠は、『諸仏集会陀羅尼経』に、

以鬱金香於其壇上作二十一小壇。其一処中名如来壇、余二十壇名金剛王壇。

（大正蔵二一・八五九下）

とあるのに基づくものである。

(2) 本尊について

次に普賢延命大法の本尊には、普賢延命菩薩を安置するが、その典拠は『仏説一切諸如来心光明加持普賢菩薩延命金剛最勝陀羅尼経』に、

我此延命法先須彩書普賢菩薩。如満月童子形。五仏頭冠。右手持金剛杵。左手持召集金剛鈴。契鬘縦緩帯坐千葉宝華。下有白象王象有三頭。鼻巻独股杵。各具六牙。其象四足踏一大金剛輪。輪下有五千群象。各負其輪。於菩薩身放百宝光。

（大正蔵二〇・五七九中）

とあるのによるものである。すなわち五仏頭に宝冠を頂く満月童子形の普賢菩薩であり、右手には金剛杵、左手には召集金剛鈴を持す二臂像である。また千葉の宝華に坐しているが、その花の下には六牙を有し、鼻で独股杵を持する三頭の白象王が彩画されている。

現行の本尊は、叙上の二臂像が用いられているが、『阿娑縛抄』の記録によると、承暦四年（一〇八〇）六月十八日から七月五日に天台座主覚尋が修したときには、

本尊大壇東壁懸。等身廿臂延命像、其像乗一身三頭象、其象下无輪及群象本尊像前立七層灯台。燃卌九灯。

（『阿娑縛抄』一一八九上）

とあり、また応徳三年（一〇八六）二月奉修の壇図にも、二十臂像の普賢延命菩薩が安置されていたことが知られる。二十臂像[3]については、『覚禅鈔』の「延命法」の項において、

金剛智口決云。金剛寿命薩埵智身者。五智聚集而為大楽金剛薩埵。以四波羅蜜十六大菩薩。而為廿臂。以五分法身而為宝冠。内四供而為禅悦。外四供而為法喜。四摂方便三世諸仏。而為毛孔。額已上過去千仏。心已上現在千仏。心已下未来千仏。以此名三世常住金剛薩埵智身。云々

此尊通身黄金色。著五智宝冠。具足廿臂。而執持十六尊幷四摂三摩耶幖。

（大日本仏教全書五五・一八a〜b）

とあり、金剛智の口決によって四波羅蜜および十六大菩薩の合わせて二〇の三摩耶幖幟を執持するものと説いている。しからば二臂と二十臂との関係をどのようにみたらよいのであろうか。これについて『覚禅鈔』には、

廿臂像者。金剛界十六尊。幷四摂之三摩耶形悉持之。二臂像者。持初後三摩耶形。中間十八尊略之。

（大日本仏教全書五五・六一b〜c）

とあり、両者は開合の異なりにすぎないものだとしている。その依用については『白宝口抄』「普賢延命法」には、

依経説天台等用二臂尊。東寺流多分依金剛智口訣用二十臂尊也。但理性院宝心如天台用二臂尊。

（大正図像第六・三七九中）

とあり、東寺の流は金剛智の口訣によって二十臂像を用うるが、天台は経説により二臂像を用うると述べている。けれども先に取りあげたように、『阿娑縛抄』の記録によると、天台においては必ずしも二臂像のみを用いたわけではなかったことが知られる。

(3)　秘香作法について

普賢延命法の独特の作法として取りあげなければならないのは「秘香作法」であろう。例えば承暦四年（一〇八〇）の記録によると、

本尊像前立七層灯台。燃卅九灯。四天王壇各懸四天王像。十二天壇懸十二天曼荼羅。聖天壇安聖天像。従開白時大壇置香。毎時加持之。入香壺置之。至結願時。以件香両分相分。以半分大壇火舎焼之供養仏。以残半分献皇帝於御前令焼給。

（『阿娑縛抄』一一八九上）

とあり、内道場の荘厳として、本尊前には七層の灯明台を立てて四九灯を燃し、四天王壇にはおのおの四天王像を懸け、十二天壇には十二天曼荼羅を懸け、聖天壇には聖天像を安置する。本尊前の中央の大壇には、開闢時より香を置いて修法の座ごと毎時これの加持を行う。そして結願時において加持した御香を大壇の大火舎ならびに天皇の御前に献じて焼やすのである。現行では天皇の御衣前で秘香が焚かれる。これらの作法は古来より普賢延命法のみに行われる独特のものである。

かかる「秘香作法」に関する文献としては、宗淵書写になる延暦寺蔵『秘香法』をはじめ『普賢延命塗廿一小壇作法』（叡山文庫無動寺蔵・内典二四・一一・五八〇、文政三年〈一八二〇〉真超写）、『普賢延命法』（「小壇塗心得」「結願堂荘厳心得」「散香用意心得」「散香作法心得」〈延暦寺蔵〉、奥書に「明治四十二年六月十八日於根本中堂為令法久住被修

普賢延命大法依記之者也　会行事誌」とある）などがあるが、普賢延命法において「秘香作法」が行われる典拠は、所依の経軌である『諸仏集会陀羅尼経』の次の文によるものである。

先当下簡二択清浄之処一　以二梅檀末一而塗二其地一成中一方壇縦広七肘上。……取二黒沈香及龍脳香一。共満二一両一置二於壇上一。又取二白檀香或沈水香、或龍脳香或復丁香・迦矩羅香一而置二於壇一。其人誦二此陀羅尼呪一　呪二此諸香一。（中略）以二鬱金香一於二其壇上一作二二十一小壇一。其一処中名二如来壇一。余二十壇名二金剛王壇一。又於二壇外一作二四小壇一。名二四天王壇一復取二麝香・龍脳・白檀・鬱金之香及紫檀末一。於二如来壇一若散若塗而為二供養一。自余諸壇随取二一香一而供二養之一。又取二乳酪酥及沙糖一。如二其次第一以二新瓶四口一。各別盛レ之置二四天王壇上一。又以二浄水一著二於瓶内一。採二十二種果樹之花一而置二其中一。又以二香油一然二十支灯一置二如来壇一。為レ欲レ供二養十方仏一故。自余諸壇各然二一支一。於二前所呪諸香之内一。取二龍脳及沈水一。於二如来壇一而焼供養。其余壇上然二自余香一。将レ然レ香時其如来壇及余壇香。復応下各別誦二此神呪一而以呪上之。

（大正蔵二一・八五九中〜下）

すなわち黒沈香、龍脳香、白檀香、沈水香、丁香、迦矩羅香などの諸香を壇上に安置して延命陀羅尼呪を誦すこと、また鬱金香[4]をもって大壇上に中央の如来壇一壇と金剛王壇二〇壇の合わせて二一壇を作ること、また如来壇には麝香、龍脳、白檀、鬱金、紫檀の五種香を取って、もしは散じ、もしは塗して供養をすること、その他の壇にも供養することなどが示されている。また四天王壇には、乳・酪・酥・沙糖の四瓶を置くこと、さらには如来壇には十二果樹の花を水瓶に入れ、香油をもって一〇支灯を燃やし、金剛王壇二〇壇にもそれぞれ一支灯を燃やすこととし、また前に安置して加持した所呪の諸香のうち龍脳と沈水は如来壇にて焼き、その他の諸壇においても、それぞれ焼香して供養すべきことを説いている。

以上のような大壇上における如来壇・金剛王壇の作法は、「廿一小壇作法」および「散香作法」（秘香法）によっ

て厳修されているが、これら諸種の香を用うる功徳については、『諸仏集会陀羅尼経』に、

若有二衆生一得レ聞二此香一、非時夭横靡レ不二除滅一。（大正蔵二一・八五九下）

とあり、非時に夭横（若死）をまぬがれ寿命を全うすることができることを述べている。(5)

(4) 普賢延命大法と所依の経軌

最後に「普賢延命大法」の主要項目について、その典拠となった所依の経軌についてまとめると、次のごとくになるであろう。

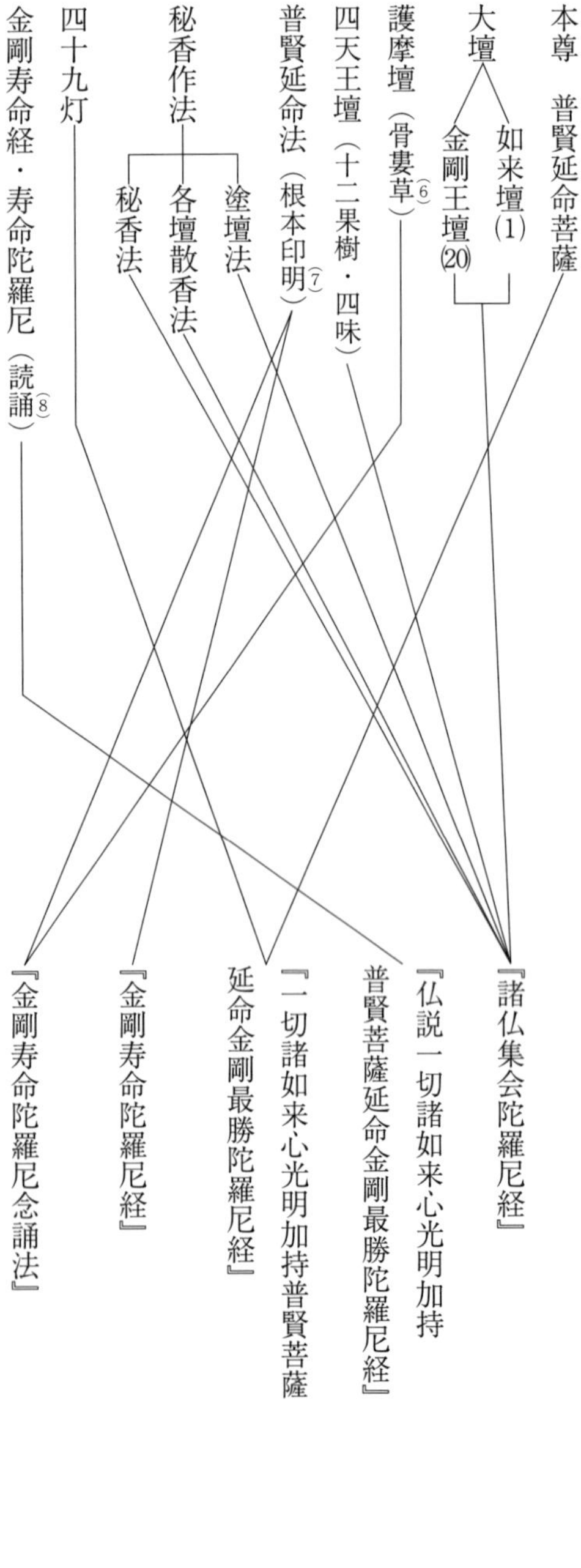

註

（1）『阿娑縛抄』第七十五「普賢延命法日記」の冒頭には、「延久四年二月九日、於二宇治殿一大原律師令レ修給、普賢延命法壇様。」（一一八〇下）とあって壇様のみが描かれているが、その図様の後に「示云、右図不審事也。此法金剛寿院承保二年修レ之元初也。云云但若是奉二為公家一修レ之初首歟。然者今図於二宇治殿一不レ違歟」（一一八二上）とあり、具体的な修法の記録は伝えられていないが、延久四年（一〇七二）二月の宇治殿における修法を始修とみることもできよう。

（2）『普賢延命法私記』（叡山文庫蔵・池田・内典六・五八七・一〇一一）の奥書に次のようにある。

大阪市豊田宇左衛門氏ノ本願ニ依リ明治四十二年六月十八日ヨリ三日間総本山根本中堂ニ於テ厳修セラル焉御導師　妙法院門主薗光轍権大僧正勤レ之畢

明治四十二年六月十二日写

山門千手院現董菴園学人長田俗卅四

（3）二十臂の普賢延命像の典拠については、不空訳『摂無礙経』（『摂無礙大悲心大陀羅尼経計一法中出無量義南方満願補陀落海会五部諸尊等弘誓力方位及威儀形色執持三摩耶幖幟曼陀羅儀軌』大正蔵二〇・一三二中〜下）の「東門延命観音」の二十臂説を採用したものであることが『覚禅鈔』（大日本仏教全書五五・二二一上、六一中）などに指摘されている。なお『摂無礙経』の二十臂説は次のように説かれている。

頂上大宝冠　其中住仏身　身相深黄色　慈悲柔軟相　救世二十臂　引接群生類
両足輻輪相　化導諸有情　左定承宝珠　左理把宝剣　左定握金輪　左理金剛橛
左定持榜棑　左理金剛鐸　左定金剛鈴　左理大蓮花　左定持数珠　左理結拳印
右慧執戟銷　右智金剛剣　右慧化仏像　右智金剛宝　右慧持宝鏡　右智金剛索
右慧加無畏　右智跋折羅　右慧五股杵　右智縛日羅　百千種瓔珞　妙鬘及天衣
荘厳上妙身　円光靡不遍　住頗頭摩花　安住大月輪（大正蔵二〇・一三二中〜下）

（4）鬱金香を塗ることについて『阿娑縛抄』には「問、塗二鬱金一故如何。答、金是堅固義也。示云、況黄色是増益色哉」（一一六〇頁上）とある。

（5）諸香の功徳については、『蘇悉地羯羅経』塗香薬品第九（大正蔵一八・六〇九上～中）、分別焼香品第十（大正蔵一八・六〇九下～六一〇中）や『金光明最勝王経』大弁才天女品第十五之一（大正蔵一六・四三四中～四三五上）などに詳細に論じられている。

（6）普賢延命大法では護摩壇の作法として「骨婁草」（芝草）を火中に投ずる所作が他の大法にみられない特徴あるもので、その所依の儀軌は『金剛寿命陀羅尼念誦法』であり、次のように説かれている。

次説護摩除災延命壇（中略）壇四角安瓶、於炉中然炭。先弁乳木長十指麁如大指二十一茎。以酥揾両頭、誦金剛寿命真言擲於火中。然熾盛已即於火中想八葉蓮華。於華胎中想阿字。光明遍照成金剛寿命菩薩。次以四字四明引請菩薩入火炉受諸供養。即以右手半金剛印、以水灑火令浄。次取一器盛満融酥。以骨屢草青者一茎揾酥誦金剛寿命陀羅尼一遍擲於火中。乃至一百八茎、或一千八茎。次後擲焼諸香乳酪。念誦已畢以三満杓酥傾於火中。初後如是。若能於三長斎月或自本生日作是供養能除災難。（大正蔵二〇・五七五下）

また現行の作法は『阿娑縛抄』第七十四「普賢延命」の次の文によって修されている。

骨婁草

ム（ママ）云、乳木投物等了後、先本末揾酥可投之（文）。帖云、芝根一時千枚用之（枚数任意）。百枚為一束十束也。本尊段花次取（ママ）（ナガラ）束本末揾蘇取左手解緒、一々投。謂若毎筋各別揾蘇甚難也。故乍束揾之。一々投之。而乃至如常。百八枚焼之時、草今九束焼之。謂先常卅六束。次草三束。次合物（百反若二十一）。如此三切投之。（師曰是只意楽也耳）

大原決云。此供物等入本尊口成甘露注我頂。寿命増長、光明潤沢。甘露不老不死義故、延命心尤相応。（文）

（『阿娑縛抄』一一七〇下～一一七一上）

（7）普賢延命大法の根本印明については、『金剛寿命陀羅尼経』（大正蔵二〇・五七七下）および『金剛寿命陀羅尼念誦法』（大正蔵二〇・五七五中～下）に示されている。

（8）普賢延命大法における『金剛寿命経』の読誦ならびに「金剛寿命陀羅尼」の念誦については、『仏説一切諸如来

心光明加持普賢菩薩延命金剛最勝陀羅尼経』に、

若有㆓病苦衆生㆒求㆓長寿㆒故離㆓於病苦㆒。即建㆓立道場㆒於㆓清浄屋舎㆒、或就㆓伽藍㆒請㆓三七比丘清浄僧㆒、転㆓読此経㆒各四十九遍。別持㆓是陀羅尼㆒満㆓十万遍㆒即獲㆓寿命㆒。（大正蔵二〇・五七九中）

とあり、本来は二一口の清浄僧によって修されるべきこととあるが、現行は一七口にて行われている。

七　法華大会広学竪義

1　現行の行事の概要

比叡山延暦寺では、四年目ごと（五年一会）に行われる天台宗随一の古儀の法会「法華大会広学竪義（ほっけだいえこうがくりゅうぎ）」が、最近では平成十九年十月一日より六日まで、六会にわたり大講堂において厳修され、元亀焼き討ち以後、九十六会を数えることとなった。

この法会は、天皇のお代理である天皇使がご登山され、ご聴聞になるので、古来より「勅会（ちょくえ）」と称し、無量義経一巻・妙法蓮華経八巻・観普賢経一巻の法華三部経あわせて一〇巻についての論義を行う「法華十講（ほっけじっこう）」と、十講終了後に夜儀（やぎ）といって夜を徹して行われる「広学竪義」との二つの大きな行事で構成されている。

法華十講と広学竪義

法華十講は、古来より「六月会（みなづきえ）」と「霜月会（しもづきえ）」の両会の名でそれぞれ実施され、問者（もんじゃ）が講師（こうじ）に教を請うかたちで問答往復による法華経の論義が行われる。法華大会における十講の講師は、次期探題である学徳兼備の已講（いこう）がこれを勤仕することになっている。

一方、広学竪義は広く各宗の教えや内外典を学んで正当な義を立てることとされているが、〝義を立てる〟というこの竪義は、天台宗の僧侶としての最終試験を意味している。受験者である「竪者」は、あらかじめ決められた順番にしたがって、大講堂の西側に特別設けられた竪者口の戸が開かれた一瞬に堂内に飛び込まなければならない。堂内に入るとみずからの実名（法名）を名乗り、従儀師の先導で本尊（大日如来）前まで至って一礼するが、この時算木に記された探題出題の試験問題を初めて知らされるのである。さらに探題に一礼して高座に登り、「表白」を読み終えると、いよいよ五人の問者より次々と質問の矢が放たれ、竪者はこれに答える形で論義がすすめられていく。天台教学の最高指導者である探題は、この問答往復に対してより高い次元から綿密な精義を行い、竪者の合否が判定されるのである。

これら広学竪義の厳儀は、昔ながらの形式で行われ、竪者が問者にきびしく問い詰められて泣く泣く答えたという「泣き節」や、探題の精難に対して答える「直言」、探題や問者の学徳を讃えた「表白」、それに竪義論文の独特の読み方や「大会節」と呼ばれる節まわしなど、学山としての尊厳さを彷彿とさせる竪義の所作や音用が、今なお脈々と伝承されている。

かくして広学竪義に合格した遂業者には、「縹帽子」着用許可の特典が与えられる。これはかつて天台大師が隋の煬帝より標袖を与えられた因縁にならって、伝教大師が霜月会を始修せられたとき桓武天皇から縹帽子を賜ったという故事に因んだものである。

五巻日（中日）の行事

法華大会期間中において、五巻日（法華経第五巻の提婆達多品が講ぜられる日）の中日には、天皇使を迎えて、きらびやかな「大行道」や「三方の出合い」、天皇使による「宝物披覧」、童僧による「稚児番論義」など、王朝絵巻さながらに種々な大行事が繰り広げられる。

大行道

このうち「大行道」は、法華十講における第五巻提婆達多品の論義に先立って行われる。まず唄・散華の声明に始まり、「薪の句」が讃歎の調べにのって唄い出されると、これに合わせて揃いの袍裳七条袈裟の正装に身を厳った一〇〇名にも及ぶ高僧（僧綱・凡僧）が威儀師と従儀師に先導されて大講堂の周囲を行道するのである。

行道中に唱われる、

法華経を我が得しことは薪こり菜つみ水くみ仕えてぞ得し

との「薪の句」は、釈尊が前世において阿私仙という仙人に仕え、苦修練行ののち、法華経の悟りを得たという物語を謳ったものであり、釈尊の苦行を讃えて実際に「薪」と「菜」と「水桶」とを荷う役（公人）も加わって大行道が行われる。

宝物披覧

「宝物披覧」は、法華十講の大行道が終わってのち、根本中堂に収めてある勅封の宝物を天皇使が御改めになる行事である。

勅封の唐櫃に納められている宝物は、嵯峨天皇ご宸筆の光定戒牒、伝教大師将来の袈裟、桓武天皇のご尊影などであるが、四年目ごとの法華大会において天皇使による披覧がなされ、再び勅封の墨が入れられることになっている。

三方の出合い

「三方の出合い」は、宝物披覧を終えられた天皇使と、今回の大会で新たに探題の職にすすまれた新探題、それに次期探題の已講の三者が、従者や多くの弟子等を従えた殿上輿に乗って、それぞれ大講堂正面（天皇使）・戒壇院方面（新探題）・已講坂（已講）の三方から同時に大講堂の前庭に到着するという儀式であり、その行列はまさに平安の絵巻きを見る思いである。

三方の出合いの儀式は、とくに新探題が公式に探題として初めて大講堂に上堂されることを意味している。したがって五巻日（中日）の夜儀である広学竪義は、新探題の会下にて厳修されることになるのである。

稚児番論義

「稚児番論義」とは、三方の出合いの儀により大講堂に入堂された天皇使（勅使）の御前にて、十論匠といわれる一〇名の童僧（明治以後は八名）によって行われる論義のことである。

今も小学校二年生から六年生ぐらいまでの得度まもない可愛い小僧さんによって、昔ながらの問答形式で天台宗の教えや比叡山の歴史が天皇使に披露されるが、その稚児僧の姿はいかにもほほえましく、大会中で最も人気の高い法要である。

2　法華大会の起源と元亀焼き討ち以前の歴史

法華大会は、高祖天台智者大師を慶讃するために伝教大師が始修した霜月法華会、および伝教大師一周忌に始められた六月法華会を起源とする。

まず伝教大師によって始められた霜月会については、『叡山大師伝』[1]によれば、延暦十七年（七九八）十一月に十講の法会を始立して恒例の行事としたこと、そして延暦二十年（八〇一）十一月中旬には、奈良の学僧一〇名を請じて法華経を講ぜしめたことが知られる。なお『天台座主記』[2]等によると、この延暦二十年の霜月会第五日には義真が竪義を遂業し、八年後の大同四年（八〇九）には義真が博士を勤め、竪者は円修であったと伝えている。

次に六月会の濫觴についても『叡山大師伝』[3]に述べられており、弘仁十四年（八二三）六月の伝教大師の一周忌にあたって、丹後守（たんごのかみ）であった浄野夏嗣（なつつぐ）が藤原三守（みもり）と大伴国道（くにみち）の延暦寺両別当（べっとう）とともに「先師（最澄）の芳跡を追尋し、弘通の鴻基（こうき）（基礎）を創（はじ）めんと欲して」法華会を始めたという。この時には義真・円澄・光定・円仁・仁忠など十数名の弟子たちが、講師や複講を代わるがわる勤めたのであった。

このようにして始修された両法華会には、竪義が付随して行われていたが、正式に「広学竪義」として勅許を得たのは、慈恵大僧正良源（九一二～九八五）の尽力によるものであった。聴許を得たのは良源が座主就任後まもない康保三年（九六六）十二月二十六日のことであり[4]、その二年後の康保五年（九六八）には、天台宗最初の探題に任ぜられた禅芸のもと、六月会に初めて広学竪義が執行されたのである。この時の竪者は覚円で、論題は業義（ごうぎ）が三観義、副義（そえぎ）が因明四相違であったと伝えている[5]。

かかる良源による広学竪義の制度確立以後、六月会と霜月会の夏冬両季の法華会は、いつの頃か「大会（だいえ）」と呼ばれるようになる。例えば文安元年（一四四四）重慶記の『大会探題記』[6]には、

天台法華会竪義探題の事
右大会探題とは、当山無双の重職、学導の英名なり。

とあり、またもう少しさかのぼった建保二年（一二一四）五月二十七日付の『天台座主記』にみられる六月会開闢の記述にも「大会参向の勅使なり」[7]などと記されていることから、両法華会は「大会」と称されていたことが知られる。

いま『天台座主記』の記事で紹介した建保二年の五月六日には、延暦寺の六月会をもって宮中の御斎会（みさいえ）に准ぜしめる宣旨を賜り、同年の六月会の大会には勅使権右中弁平経高（つねたか）朝臣の登山出仕があり、六月一日には勅使の前にて五双の「番論義（つがいろんぎ）」[8]がとり行われている。おそらく、これが大会における番論義の初見であり、その後、勅使の大会参向が恒例となったのであろう。一方、霜月会はやや下って嘉元元年（一三〇三）に御斎会に准ぜしめる宣旨[9]がおりている。

しかしながら元亀二年（一五七二）の信長焼き討ち以前における法華大会の実施状況や歴史については、史料が極めて少なく、『天台座主記』に十数回[10]の断片的記述がみられるのと、探題の記録等が数点現存する[11]程度であり、その全貌を明らかにすることは難しいといわなければならない。

3　元亀焼き討ち以後の法華大会実施状況

焼き討ち以後については、天正十二年（一五八四）十二月二日に大会再興の綸旨が下り、[12]その五年後の天正十七年（一五八九）九月十一日より二十日までの一〇日間にわたって、再興第一回目の法華大会広学竪義が行われた。それは永禄十二年（一五六九）七月の大会以来二〇年ぶりのことであったと伝えている。[13]この再興第一会以後、現在に至るまでの法華大会関係の文献は、叡山文庫等に成立年時の明らかな史料だけでも四〇〇点以上、年代の不明なものを含めると五〇〇点以上[14]にものぼっている。そこで、とりあえずこれら諸史料により、焼き討ち以後における執行年月日（開闢日）・隔年数・勅使・座主・探題・講師・擬講・会行事および竪者数を一覧表にして実施年譜を作成してみると、**表7-1**のごとくである。

表7-1　法華大会実施年譜（焼き討ち以後）

No.	執行年月日（開闢日）	隔年	勅使（天皇使）	座主	探題（㊓は新題者）	講師	擬講	会行事	竪者数
1	天正十七年（一五八九）九月十一日		中御門	青蓮院門跡 尊朝親王	正覚院豪盛　恵心院亮信 ㊓法園院存信	南光坊祐能	遍照院円智	（衆挙代）行光坊雄盛	9月13日（9）
2	慶長四年（一五九九）三月一日	10	日野	妙法院門跡 常胤親王	正覚院豪盛　正観院舜慶 行光坊雄盛　恵心院豪昇 ㊓南光坊祐能	遍照院円智	妙音院快舜	（衆挙代）	148

3	慶長九年（一六〇四）三月一日	5	小川城坊 俊昌	同右	正覚院豪盛　正観院舜慶 恵心院豪昇（新）西楽院円智	妙音院快舜	竹林坊賢盛	（衆挙代）	
4	慶長十五年（一六一〇）十月	6	万里小路 藤原孝房	同右	南光坊天海　正覚院豪海 恵心院良範（新）妙音院快舜	正観院久運	極楽坊亮尊	（衆挙代）	136
5	正保四年（一六四七）九月二十日	37	小川城坊 藤原俊広	竹内門跡 良尚親王	正覚院豪慶 （新）定泉坊良英	不動院最順	藤本坊尊賀	（会行事） 地福院円寿	139
6	慶安元年（一六四八）十月二十一日	1	甘露寺 藤原嗣長	同右	正覚院豪慶　恵心院等誉 定泉坊良英（新）総持坊周海	宝園院祐存 （正観院）	歓喜院亮雄	霊山坊祐昌	183
7	慶安二年（一六四九）八月二十八日	1	小川城坊 藤原俊広	同右	正覚院豪慶　恵心院等誉 総持坊周海　定泉坊良英 （新）正観院祐存	歓喜院亮雄	雞足院実応	光聚坊快盛	297
8	慶安三年（一六五〇）十月一日	1	万里小路 藤原雅方	梶井門跡 慈胤親王	正覚院豪慶　恵心院等誉 総持坊周海　正観院祐存 （新）歓喜院亮雄	雞足院実応	華蔵院実円	不動院最順	434
9	万治二年（一六五九）八月十九日	9	葉室 藤原頼孝	同右	正覚院豪親　総持坊周海 （新）恵心院実応	宝園院覚照 （然）	覚林坊幸憲	行光坊賢尊	237
10	寛文五年（一六六五）十月二日	6	柳原 藤原資廉	妙法院門跡 尭恕親王	正覚院豪親　総持坊周海 恵心院実応　正観院実円 （新）浄教坊実俊	理性院尭海	南松院一尭	吉祥院実隆	232
11	寛文十一年（一六七一）六月二日	6	裏松 藤原意光	青蓮院門跡 尊証親王	正覚院豪親　恵心院実応 住心院実俊 （新）日厳院尭憲	白毫院貞暁	宝園院秀算	五智院貞海	306

No.	執行年月日（開闢日）	隔年	勅使（天皇使）	座主	探題（(新)は新題者）	講師	擬講	会行事	竪者数
12	延宝三年（一六七五）十月二日	4	日野西 藤原国豊	梶井門跡 盛胤親王	正覚院豪親 住心院実俊 (新)恵心院貞暁	宝園院秀算	行光坊広海	宝乗院俊海	305
13	延宝七年（一六七九）十月一日	4	清閑寺 藤原熈定	同右	正覚院豪親 住心院実俊 (新)宝園院秀算	行光坊広海	長寿院乗存	仏乗院宥岳	274
14	貞享元年（一六八四）十月一日	5	小川城坊 藤原俊方	妙法院門跡 尭恕親王	正観院秀算 恵心院広海 長寿院乗存(新)双厳院義道	恵雲院章海	妙観院公憲	松林院澄親	316
15	元禄二年（一六八九）十月一日	5	甘露寺 藤原輔長	同右	正覚院豪鎮（広海）正観院秀算 本門寿院乗存(新)恵心院章海	霊山院元超	智光院快磐	三光院豪然	327
16	元禄六年（一六九三）十月一日	4	小川城坊 藤原俊清	輪王寺門跡 公弁親王	正覚院豪鎮 正観院秀算 恵心院章海(新)霊山院元超	智光院快磐	雞足院覚深	蓮華院最珍	359
17	元禄十年（一六九七）十月一日	4	日野 藤原輝光	妙法院門跡 尭延親王	正覚院豪鎮 正観院秀算 恵心院章海 法雲院元超 (新)蓮台院覚深	真蔵院玄海	浄国院普寂	玉泉院公純	367
18	元禄十三年（一七〇〇）十月一日	3	広橋 兼廉	同右	恵心院章海 法雲院元超 正覚院豪寛(新)功徳院玄海（覚深）	浄国院普寂	法曼院実延（舜延）	円竜院清海	265
19	宝永元年（一七〇四）十月一日	4	裏松 益光	同右	恵心院章海 正覚院豪寛 (新)正観院普寂	法曼院実延	浄教坊実観	延命院実運	397
20	宝永五年（一七〇八）十月一日	4	清閑寺 藤原治房	同右	恵心院章海 正観院普寂 実蔵坊実観(新)正覚院豪建（実延）	雞頭院厳覚	相住坊定厳	善学院実宣	432

21	正徳元年（一七一一）十月一日	3	烏丸 光　栄	梶井門跡 道仁親王	恵心院章海　正観院普寂 実蔵坊実観　正覚院豪建 ㊗雞頭院厳覚	相住坊定厳	徳王院亮潤	密厳院光盛	399
22	正徳五年（一七一五）十月一日	4	柳原 藤原資堯	青蓮院門跡 尊祐親王	正観院普寂　実蔵坊実観 正覚院豪建　恵心院厳覚 ㊗覚林坊定厳	徳王院亮潤	長寿院亮空	遺教院幸然	510
23	享保三年（一七一八）十月一日	3	小川城坊 藤原俊将	輪王寺門跡 公寛親王	実蔵坊実観　正覚院豪建 恵心院厳覚　覚林坊定厳 正観院亮空㊗宝園院亮潤	竹林院随真	恵雲院高岳	三光院義然	365
24	享保六年（一七二一）六月一日	3	日野西 兼　栄	梶井門跡 道仁親王	実蔵坊実観　正覚院豪禅（定厳） 宝園院亮潤　正観院亮空 竹林院随真㊗恵心院高岳	総持坊子暁	本覚院俊静	双厳院義伝	242
25	享保十年（一七二五）十月一日	4	中御門 藤原宣誠	青蓮院門跡 尊祐親王	実蔵坊実観　正覚院豪禅 正観院随真　恵心院高岳 宝園院亮潤㊗戒善院子暁	宝園院俊静	竹林院智厳	常智院慧照	308
26	享保十四年（一七二九）十月一日	4	万里小路 藤原植房（タネフサ）	同　右	実蔵坊実観　正覚院豪雲（亮潤） 恵心院高嶽　正観院子暁 行泉院徧空㊗海龍王院俊静	竹林院智厳	本性院徳潤	吉祥院義麟	313
27	享保十八年（一七三三）十月一日	4	広橋 藤原兼胤	同　右	実蔵坊実観　正覚院豪雲 恵心院高岳　真蔵院子暁 行泉院徧空　正観院俊静 ㊗覚林院徳潤	戒善院貫統	真蔵院亮顒	寿量院覚忍	327

No.	執行年月日（開闔日）	隔年	勅使（天皇使）	座主	探題（㊗は新題者）	講師	擬講	会行事	竪者数
28	元文二年（一七三七）十月一日	4	裏松 藤原祐光	妙法院門跡 尭恭親王	実蔵坊実観 正覚院豪雲 恵心院高嶽 正観院俊静 覚林坊徳潤 ㊗戒善院貫統	宝園院亮顒	総持坊韶真	善光院慈門	410
29	寛保元年（一七四一）十月一日	4	烏丸 藤原清胤	同右	正覚院豪雲 恵心院高岳 覚林坊徳潤 竹林院貫統 ㊗正観院亮顒	総持坊韶真	法曼院義空	善学院智川	533
30	延享二年（一七四五）十月一日	4	坊城 藤原俊逸	青蓮院門跡 尊祐親王	正覚院豪雲 恵心院高岳 覚林坊徳潤 正観院亮顒 ㊗総持坊韶真	法曼院義空	寿量院覚忍	松林院貫純	434
31	寛延二年（一七四九）十月一日	4	万里小路	妙法院門跡 尭恭親王	正覚院豪雲 恵心院高岳 覚林坊徳潤 正観院亮顒 総持坊韶真 松禅院光俊 ㊗法曼院義空	寿量院覚忍	龍城院忍達	光聚坊範溺	461
32	宝暦三年（一七五三）十月一日	4	万里小路 弁 殿	同右	正覚院豪真 瑞応院光俊 恵心院忍達 正蔵院継天 ㊗寿量院覚忍	薬樹院孝賢	双厳院智導	慈光院亮宥	397
33	宝暦七年（一七五七）十月一日	4	観修寺 敬 明	同右	正覚院豪真 瑞応院光俊 寿量院覚忍 恵心院忍達 正観院継天 ㊗薬樹院孝賢	双厳院智導	行光坊智観	光円院覚英	432
34	宝暦十一年（一七六一）十月一日	4	広橋 伊 光	同右	正覚院覚忍 恵心院忍達 凌雲院継天 偏明院孝賢 ㊗正観院智導	行光坊智観	法曼院真慶	円龍院貫剛	419

35	明和二年（一七六五）十月一日	4	烏丸光祖	青蓮院門跡尊真親王	正覚院豪覚　恵心院忍達 宝園院継天　薬樹院孝賢 正観院寂真（智導）	雞足院良諶	乗実院慈周	五智院海蔵	468
36	明和五年（一七六八）十月一日	3	同右	同右	正覚院豪覚　宝園院継天 正観院寂真　恵光院義遍 (新)恵心院良諶	乗実院慈周	習禅院韶俊	安禅院慈薫	258
37	明和八年（一七七一）六月一日	3	同右	同右	正覚院豪覚　宝園院継天 正観院寂真　恵光院義遍 恵心院良諶(新)住心院慈周	願王院韶順	清泉院徳広	行光坊尭真	325
38	安永四年（一七七五）十月一日	4	葉室頼熙	同右	正観院義遍　恵心院良諶 護心院韶順(新)正覚院豪靖 （徳広）	円龍院貫剛	恵光院海蔵	宝積院亮淹	433
39	安永八年（一七七九）十月一日	4	万里小路文房	同右	正観院義遍　恵心院良諶 正覚院豪靖(新)円龍院貫剛 覚林坊堯端	禅林院実乗	十妙院観道	光聚坊亮中	418
40	天明三年（一七八三）十月一日	4	坊城俊親	同右	正観院義偏　恵心院良諶 正覚院豪靖　円竜院貫剛 覚林坊尭端(新)禅林院実乗	法曼院観道	金光院栄範	安禅院亮岳	394
41	天明八年（一七八八）十月一日	5	広橋勝陳	妙法院門跡真仁親王	正観院義偏　恵心院良諶 正覚院豪靖　覚林坊尭端 竹林院実乗(新)金光院栄範	宝園院光賢	総持坊順性	相住坊淑徹	367
42	寛政四年（一七九二）十月一日	4	葉室頼寿	同右	恵心院良諶　正覚院豪靖 正観院尭端　竹林院実乗 金光院栄範(新)宝園院光賢	総持坊順性	行光坊恭副	歓喜院昌宗	408

No.	執行年月日(開闢日)	隔年	勅使(天皇使)	座主	探題((新)は新題者)	講師	擬講	会行事	竪者数
43	寛政八年(一七九六)十月一日	4	烏丸 藤原資薫	青蓮院門跡 尊真親王	恵心院良諶 正覚院豪靖 正観院尭端 竹林院実乗 宝園院光賢 金光院栄範 (新)総持坊順性	行光坊恭副	雞足院亮周	円龍院貫豪	451
44	寛政十二年(一八〇〇)十月一日	4	日野西 延光	同右	恵心院良諶 正観院尭端 正覚院豪恕 覚王院順性 真覚院孝覚 (新)雞足院亮周	習禅院韶胤	法曼院詮栄	慈栄院純昌	381
45	文化元年(一八〇四)十月一日	4	万里小路 建房	同右	正観院尭端 正覚院豪恕 恵心院亮周 覚林坊淑徽 (新)慈雲院詮栄	金勝院鎮祐	雞足院恵琳	行光坊恵含	389
46	文化五年(一八〇八)十月一日	4	中御門 経定	同右	正覚院豪恕 覚林坊淑徽 恵心院詮栄 (新)正観院鎮祐 円覚院貫豪	宝園院豪観	禅林院実融	妙音院恵顕	355
47	文化九年(一八一二)十月一日	4	勧修寺 経則	梶井門跡 承真親王	正覚院豪恕 覚林坊淑徽 恵心院詮栄 円覚院貫豪 (新)正観院豪観	禅林院実融	厳王院慈周	白毫院観洞	364
48	文化十二年(一八一五)十月一日	3		同右	正観院豪恕 恵心院詮栄 円覚院貫豪 正観院豪観 (新)仏頂院実融	維摩院慈映	法曼院真超	善学院真興	
49	文政元年(一八一八)十月一日	3	葉室 顕孝	同右	正覚院豪恕 円覚坊貫豪 正観院豪観 (新)維摩院慈映	法曼院真超	光聚坊忍袖	円教院快然	286

50	文政四年（一八二一） 六月一日	3	柳原 藤原隆光	同　右	正覚院豪恕　恵心院貫豪 正観院慈映(新)覚王院真超 光聚坊忍袖	恵恩院韶栄	総持坊徳弁	遺教院尭謙	327
51	文政八年（一八二五） 十月一日	4	万里小路 正　房	同　右	恵心院貫豪　正観院慈映 正覚院豪実　光聚坊忍袖 (新)恵恩院韶栄	総持坊徳弁	雞足院光璨	華王院孝憲	343
52	文政十二年（一八二九） 十月一日	4	烏丸 藤原光政	同　右	正観院慈映　正覚院豪実 光聚坊忍袖　恵恩院韶栄 (新)仏頂院徳弁　正教坊円如	恵心院光璨	本覚院孝謙	慈光院常観	375
53	天保四年（一八三三） 十月一日	4	裏松 藤原恭光	同　右	正観院慈映　正覚院豪敬（忍袖） 恵恩院韶栄　正教坊円如 (新)恵心院光璨	妙行院義弁	双厳院道龍	行光坊韶澄	388
54	天保八年（一八三七） 十月一日	4	坊城 藤原俊克	同　右	正覚院豪敬　恵恩院韶栄 正教坊円如　恵心院光璨 (新)正観院義弁	法曼院真純	遺教院順忍	龍城院尭海	233
55	天保十二年（一八四一） 十月一日	4	坊城	妙法院門跡 教仁親王	正覚院豪敬　正教坊円如 (新)正観院真純	四王院順忍	極楽坊貫海	白毫院覚洞	393
56	弘化二年（一八四五） 十月一日	4	藤原資宗	同　右	正覚院豪敬　正教坊円如 (新)恵心院順忍	極楽坊貫海	瑞雲院舜如	光聚坊忍継	413
57	嘉永二年（一八四九） 十月一日	4	広橋 藤原胤保	同　右	正覚院豪敬　正観院円如 恵心院順忍	白毫院覚洞	本覚院考忍	行光坊孝臻	412

No.	執行年月日(開闢日)	隔年	勅使(天皇使)	座主	探題(新は新題者)	講師	擬講	会行事	竪者数
58	嘉永六年(一八五三)十月一日	4	葉室 藤原長順	青蓮院門跡 尊融親王	正覚院順忍(新)本覚院考忍 覚林坊徧典	雞足院真洞	南楽坊長田	極楽坊信海	334
59	安政四年(一八五七)十月一日	4	中御門 藤原経之	同右	正覚院豪順 正観院考忍 恵心院真洞(新)雞足院光海	千葉院慈恔	行光坊道盈	薬樹院	361
60	文久二年(一八六二)十月一日	5	坊城	梶井門跡 昌仁親王	恵心院真洞 正覚院豪海(長田) 正観院慈恔(新)行光坊道盈 乗実院貫昌	延命院徳秀	大仙院光観	龍珠院孝忍	461
61	慶応二年(一八六六)十月一日	4	勘解由小路 藤原資生	同右	正覚院豪海 正観院慈恔 恵心院道盈(新)延命院徳秀	宝園院亮周	雞足院順性	行光坊韶舜	380
62	明治三年(一八七〇)十月一日	4	醍醐 藤原忠敬	久住豪海	正覚院豪海 正観院慈恔 恵心院道盈 延命院徳秀 雞足院順性(新)竹林院覚宝	吉祥院実源	金光院栄中	遺教院順恭	176
63	明治七年(一八七四)十月一日	4	(明治四年の勅会停廃令により中断)	同右	正覚院豪海 正観院慈恔 恵心院道盈 延命院徳秀 竹林院覚宝(新)南光坊実源 金光院栄中	金光院栄中	金勝院徳連	五智院晃順	77
64	明治十一年(一八七八)十月一日	4	(同右)	赤松光映	正覚院久住豪海 延命院田村徳秀 薬樹院大杉覚宝 南光坊三浦実源 金光院巌本栄中	金勝院 須摩徳連	明徳院 中山玄航	善光院 錦志道	竪義記録なし

65	明治十二年（一八七九）十月一日	1	（勅会再興）滋賀県令 籠手田安定	大椙覚宝	正覚院久住豪海 正観院慈校 延命院田村徳秀 南光坊三浦実源 (新)金勝院須摩徳連	明徳院 中山玄航	仏乗院 清見淑栄	行泉院 喜里山光灌	230
66	明治十六年（一八八三）十月一日	4	同右	同右	延暦寺大椙覚宝 延命院田村徳秀 南光坊三浦実源 金勝院須摩徳連 (新)明徳院中山玄航	行光坊 清見淑栄	五智院 東潤晃順	実蔵坊 坊城皎然	140
67	明治二十年（一八八七）十月一日	4	滋賀県書記官 園田安賢	同右	延暦寺大椙覚宝 南光坊三浦実源 (新)行光坊清見淑栄	実蔵坊 坊城皎然	円乗院 三津玄深	大林院 今出川行敬	158
68	明治二十四年（一八九一）十月一日	4	滋賀県書記官 寺原長輝	三浦実源	延暦寺三浦実源 曼殊院門跡石室孝暢 正覚院中山玄航 恵心院清見淑栄 (新)竹林院坊城皎然	青蓮院門跡 三津玄深	法曼院 山岡観澄	双厳院 福恵道貫	215
69	明治二十八年（一八九五）六月一日	4	同右	同右	妙法院門跡村田寂順 曼殊院門跡石室孝暢 毘沙門堂門跡中山玄航 竹林院坊城皎然 (新)青蓮院門跡三津玄深	法曼院 山岡観澄	雞足院 原田行慶	乗実院 高橋恵覚	250
70	明治三十二年（一八九九）十月一日	4	滋賀県書記官 榊原以徳	中山玄航	延暦寺中山玄航 滋賀院門跡坊城皎然 青蓮院門跡三津玄深 三千院門跡梅谷孝成 (新)法曼院山岡観澄	四天王寺 吉田源応	正教坊 小松澄真	寿量院 獅子王円純	221

No.	執行年月日（開闢日）	隔年	勅使（天皇使）	座主	探題（(新)は新題者）	講師	擬講	会行事	竪者数
71	明治三十六年（一九〇三）五月一日	4	滋賀県書記官 昌谷 彰	三津玄深	延暦寺三津玄深 三千院門跡梅谷孝成 法曼院山岡観澄 (新)四天王寺吉田源応	竹林院 不二門智光	地福院 光栄純映	雞頭院 吉村円俊	
72	明治四十年（一九〇七）十月一日	4	滋賀県知事 川嶋純幹	山岡観澄	延暦寺山岡観澄 三千院門跡梅谷孝成 青蓮院門跡三津玄深 四天王寺吉田源応 (新)竹林院不二門智光	日増院 中村勝契	瑞応院 石堂晃純	実蔵坊 坊城実皎	140
73	明治四十四年（一九一一）十月一日	4	同右	不二門智光	延暦寺不二門智光 青蓮院門跡三津玄深 四天王寺吉田源応 三千院門跡梅谷孝成 (新)曼殊院門跡中村勝契	善光寺 石堂晃純	妙法院門跡 薗 光轍	金台院 赤松円麟	
74	大正四年（一九一五）十月一日	4	滋賀県内務部長 堀田義次郎	同右	延暦寺不二門智光 青蓮院門跡三津玄深 四天王寺吉田源応 曼殊院門跡中村勝契 (新)善光寺石堂晃純	毘沙門堂門跡 稗貫亮算	妙法院門跡 薗 光轍	蓮華院 武田光俊	145
75	大正八年（一九一九）十月一日	4	滋賀県内務部長 嶋内三郎	吉田源応	延暦寺吉田源応 曼殊院門跡中村勝契 善光寺石堂晃純	同右	三千院門跡 梅谷孝永	雞頭院 渋谷慈鎧	243

76	大正十三年（一九二四） 六月一日	5	滋賀県知事 末松偕一郎	同右	延暦寺吉田源応 青蓮院門跡中村勝契 善光寺石堂晃純 (新)毘沙門堂門跡稗貫亮算	妙法院門跡 梅谷孝永	実蔵坊 坊城実皎	蓮華院 不二門光順	199
77	昭和三年（一九二八） 十月一日	4	滋賀県知事 堀田　鼎	同右	延暦寺梅谷孝永 (新)毘沙門堂門跡菊岡義衷	青蓮院門跡 今出川円俊	曼殊院門跡 久田全珖	中正院 真嶋全性	233
78	昭和七年（一九三二） 十月一日	4	滋賀県知事 伊藤武彦	同右	延暦寺梅谷孝永 毘沙門堂門跡菊岡義衷 (新)青蓮院門跡今出川円俊	曼殊院門跡 久田全珖	三千院門跡 堀　恵慶	理性院 即真周湛	151
79	昭和十一年（一九三六） 十月一日	4	滋賀県知事 平　敏孝	同右	延暦寺梅谷孝永 (新)三千院門跡堀恵慶	青蓮院門跡 赤松円麟	真正極楽寺 渋谷慈鎧	唯心院 渡辺恵章	188
80	昭和十五年（一九四〇） 十月一日	4	滋賀県知事 近藤壌太郎	同右	延暦寺梅谷孝永 (新)曼殊院門跡久田全珖	毘沙門堂 門跡 渋谷慈鎧	滋賀院門跡 井深観幢	大乗院 小森文諦	292
81	昭和二十二年（一九四七） 十月一日	7	元伯爵 庭田重行	渋谷慈鎧	延暦寺渋谷慈鎧 毘沙門堂門跡中山玄秀 (新)恵心院大森亮順	円乗院 渡辺恵章	双厳院 福恵道暢	金台院 赤松円瑞	249
82	昭和二十六年（一九五一） 十月一日	4	元子爵 唐橋在知	中山玄秀	延暦寺中山玄秀 (新)双厳院福恵道暢	滋賀院門跡 即真周湛	玉照院 叡南覚誠	松寿院 武　覚円	218
83	昭和三十年（一九五五） 十月一日	4	旧堂上華族 飛鳥井雅信	同右	延暦寺中山玄秀 (新)滋賀院門跡即真周湛	法曼院 叡南覚誠	竹林院 池田長田	円乗院 渡辺恵進	210

No.	執行年月日（開闢日）	隔年	勅使（天皇使）	座主	探題（(新)は新題者）	講師	擬講	会行事	竪者数
84	昭和三十四年（一九五九）十月一日	4	旧堂上華族 清岡長吉	同右	延暦寺中山玄秀 滋賀院門跡即真周湛 (新)恵光院叡南覚誠	竹林院 池田長田	日光輪王寺門跡 菅原栄海	真乗院 誉田玄昭	210
85	昭和三十八年（一九六三）十月一日	4	同右	即真周湛	延暦寺即真周湛 恵光院叡南覚誠 (新)日光輪王寺門跡菅原栄海	南光坊 塩入亮忠	松禅院 山田恵諦	星光院 小堀光詮	198
86	昭和四十二年（一九六七）十月一日	4	旧堂上華族 野西資忠	同右	延暦寺即真周湛 恵光院叡南覚誠 日光輪王寺門跡菅原栄海 (新)南光坊塩入亮忠	滋賀院門跡 山田恵諦	止観院 叡南祖賢	真蔵院 森川宏映	292
87	昭和四十六年（一九七一）十月一日	4	旧堂上華族 持明院元邦	菅原栄海	延暦寺菅原栄海 南光坊塩入亮忠 (新)恵心院山田恵諦	法曼院 中山玄雄	善光寺 都筑玄妙	十妙院 井深観譲	314
88	昭和五十年（一九七五）十月一日	4	旧堂上華族 冷泉為安	山田恵諦	延暦寺山田恵諦 (新)法曼院中山玄雄	善光寺 都筑玄妙	妙行院 梅山円了	玉蓮院 叡南覚範	369
89	昭和五十四年（一九七九）十月一日	4	同右	同右	延暦寺山田恵諦 (新)妙行院梅山円了	金光院 杉谷義周	華蔵院 森定慈紹	双厳院 福恵英善	333
90	昭和五十八年（一九八三）十月一日	4	旧堂上華族 葉室頼昭	同右	延暦寺山田恵諦 毘沙門堂門跡梅山円了 (新)三千院門跡森定慈紹	恵日院 柴田昌源	円乗院 渡辺恵進	観明院 福吉覚明	329

91	昭和六十二年(一九八七) 十月一日	4	同右	同右	延暦寺山田恵諦 毘沙門堂門跡梅山円了 三千院門跡森定慈紹 (新)日光輪王寺門跡柴田昌源	円乗院 渡辺恵進	教王院 千葉照源	大林院 今出川行雲	282
92	平成三年(一九九一) 十月一日	4	同右	同右	延暦寺山田恵諦 妙行院梅山円了 安祥院柴田昌源 (新)滋賀院門跡渡辺恵進	教王院 千葉照源	法曼院 誉田玄昭	無量院 赤松光真	310
93	平成七年(一九九五) 十月一日	4	旧堂上華族 久世業總	梅山円了	延暦寺梅山円了 滋賀院門跡渡辺恵進 (新)教王院千葉照源	毘沙門堂門跡 誉田玄昭	玉泉院 半田孝淳	松寿院 武　覚超	313
94	平成十一年(一九九九) 十月一日	4	同右	渡辺恵進	延暦寺渡辺恵進 (新)恵日院半田孝淳	三千院門跡 小堀光詮	妙法院門跡 大久保良順	蓮華院 山本光賢	342
95	平成十五年(二〇〇三) 十月一日	4	旧堂上華族 大宮司季	同右	延暦寺渡辺恵進 恵日院半田孝淳 (新)三千院門跡小堀光詮	毘沙門堂 門跡 森川宏映	金光院 大樹孝啓	護心院 横山照泰	325
96	平成十九年(二〇〇七) 十月一日	4	同右	半田孝淳	延暦寺半田孝淳 三千院門跡小堀光詮 (新)真蔵院森川宏映	金光院 大樹孝啓	毘沙門堂門跡 叡南覚範	双厳院 福恵善高	264

4　六月・霜月両法華会の併修と五年一会の執行

焼き討ち以後の大会は、いずれも六月会に引き続いて霜月会をあわせ行う形態であり、したがって「六月霜月法華会」「両法華会」「法華両会」などと称されている。もともと両会は、それぞれ六月と十一月との別々の時期に毎年実施されていたが、『天台座主記』の文明十一年[15]（一四七九）や同十三年[16]（一四八一）の大会の記事や『永正十八年（一五二一）法華会記[17]』などの記録によれば、五月二十六日ないし二十七日より六月十三日ないし十四日までの一定の期間中に両会を連続して執り行っており、すでに焼き討ち以前から両会併修の形態で実施されていたものとみられる。しかし、いつ頃から両会を併修することになったかは、今のところ明らかではない。

次に焼き討ち後の大会の実施月は、十月が最も多く七九回に及び、続いて六月が六回、三・八・九月が各二回ずつ、五・十一月が各一回ずつ行われている。とくに昭和以降は十月一日を開闢（かいびゃく）日（初日）とすることが定着している。期間は再興第一回からは十日間で出発し、明治以後は竪者数により五日間ないし七日間（五会〜七会）にわたり厳修されている。

次に焼き討ち後における大会の執行は「五年一会（いちえ）」と称し、満四年ごとに一度実施するものとされているが、焼き討ち後ちょうど百年目で伝教大師八百五十年忌に当たる寛文十一年（一六七一）の第十一会までは、叡山復興の当初である関係もあってか、隔年数は定めないで随時に行われていたことが知られる。しかし第十二会あたりからは、ほぼ五年一会に定着してくるようである。けれども必ずしも四年ごとではなく、例えば享保六年（一七二一）の伝教大師九百年（第二十四会）、明和八年（一七七一）の九百五十年（第三十七会）、文政四年（一八二一）の一千年（第五十会）遠忌には、それぞれの遠忌年に合わせて大会を執行するべく、三年ごとの開催として年度を調節したり、神仏分離による明治四年の勅会停止令が解除になった明治十二年（一八七九）第六十五会の勅会再興時の実施や、大正十三年（一九二四）第七十六会の関東大震災による半年の延期、昭和二十二年（一九四七）第八十一会のように第二次世界大戦による延期など、特別の事情に限って隔年数に若干の変動がみられる。

5　探題の補任

探題（たんだい）の補任については、先にもふれたように良源により広学竪義の勅許を得て、康保四年（九六七）天台宗最初の探題に補せられたのは禅芸[18]であった。その後、長元元年（一〇二八）には教円と遍救の両名が探題となり、一会に二口[19]の探題が認められた。さらに座主明雲の嘉応・承安（一一六九～七五）の頃、三口が定置[20]され、文治三年（一一八七）の座主全玄の時には、澄憲・源実・静厳・覚什の四口[21]となり、その後、室町時代の永享・嘉吉（一四二九～四四）の頃には、さらに一口を加えて五口[22]の探題が置かれることになったのである。

焼き討ち以後においては、竪者数の増加もあって復興第二十会の宝永五年（一七〇八）には、奏聞により二口の増員が認められ、七口の探題が聴許[23]となったのである。しかし実質的に七口の探題で広学竪義が実施されたのは、享保十八年（一七三三）第二十七会、寛延二年（一七四九）第三十一会、寛政八年（一七九六）第四十三会、明治七年（一八七四）第六十三会のわずか四会で、六口の探題で執行されたのは一三会に及んでいる。なお昭和以降においては二口ないし四口の探題で竪義の精義が行われている。

焼き討ち以前については不明な点が多いが、以後における探題（題者）は、望擬講→擬講→別請竪義の竪者→大会講師→別請竪義一ノ問という諸役の次第を経たのちに、ようやく天台宗の最高学階である新探題（新題者）に任ぜられることになっている。しかし病気や死亡等により欠員が生じた場合は、一ないし二の階梯を超越して探題に昇進することが多々みられる。また擬講や講師等の階梯をいっさい経ることなく探題に推挙される場合があり、これを「土立探題」と呼んでいる。土立探題は再興初期に多く、第四回の南光坊天海の例など江戸初期に一〇例余りみられ、その後、明治以前までに数例みることができる。[24]

6　竪者数の推移

竪者数について広学竪義の制度が確立した当初の平安期には一会一竪者と定められていた。その後、鎌倉期に入ると竪者の増員がなされ、一夜一竪者となり一会に数名の竪者が認められるようになる。このような一夜一竪者の形態は、永正十八年（一五二一）の六月霜月両会においても実施されているので、[25]おそらく焼き討ち直前までは一夜一竪者制であったであろうと思われる。ところが焼き討ち以後の竪者数について調査をしてみると、状況が一変することがわかってきたので、この点について取りあげてみたい。

焼き討ち後九六会のうち、慶長九年（一六〇四）第三会、文化十二年（一八一五）第四十八会、明治三十六年（一九〇三）第七十一会、明治四十四年（一九一一）第七十三会の四会の竪者数についてが不明であり、天正十七年（一五八九）の復興第一会は、第三日目の九月十三日の夜儀の竪者数九名のみが知られ、明治十一年（一八七六）の第六十四会は、勅会停止令の影響で竪義が行われなかったものと思われる。以上の六会を除いた九十会については、諸史料より竪者数を摘出することができたので、時代別に会数・竪者合計・一会平均竪者数を集計整理してみると

表7-2　竪者数の推移

時　　代	会　数	竪者合計（人）	一会平均竪者数（人）
江戸初期（1599～1697）	15会（不明２）	4,060	271
江戸中期（1700～1796）	26会	10,166	391
江戸後期（1800～1866）	17会（不明１）	6,195	364
江戸期（小計）	58会（不明３）	20,421	352
明治・大正（1870～1924）	12会（不明２）	2,194	183
昭和・平成（1928～2003）	20会	5,422	271
明治期より現在まで（小計）	32会（不明２）	7,616	238
江戸期より現在まで（総計）	90会（不明５）	28,037	312

表7-2のようになる。

とくに江戸時代は、五八会で二〇四二一名の竪者があり、平均すると一会三五二名という多数にのぼっている。最多では寛保元年（一七四一）第二十九会の五三三名、ついで正徳五年（一七一五）第二十二会の五一〇名などが全国各地の天台宗寺院から登叡遂業しており、当時の交通事情から考えると驚くべき数字であろう。もちろん焼き討ち後の広学竪義は、天台僧侶としての修学の最終課程を意味するだけでなく、享和二年（一八〇二）の『天台宗僧徒経歴選挙衣体之次第』（続々群書類従一二）の「天台宗帽子着用之事」の項において、

右唐土にては天台大師へ陳隋二帝より帽子を賜り、本朝にては伝教大師へ桓武帝より賜り候て、その後山門にて広学竪義の勅会仰ぎ出さる。当今に至るまで、右勅会の節、一宗の寺院、末々の僧にても能化分の者は一生涯に一度づつ山門へ登山、竪義の経歴あい勤め候えば、勅許に付、禁中にても帽子着用御免に候間、御城御礼の節も、天台宗は帽子着用御免の御事に候。(26)

とあるごとく、天台・伝教両大師の故事にならい帽子着用の許可を得るという権威あるものであった。しかし明治初年の神仏分離令に

よる廃仏毀釈以後、天台宗の教勢の衰退により竪者数はほぼ半減していたが、第八十六会の昭和四十二年以降の最近の一一会については、天台宗徒必須の経歴行階及び法階であることでもあり、平均三〇〇名を超える竪者が登山遂業するようになってきている。

以上のように、焼き討ち後は、その当初の再興第一会から焼き討ち以前のごとき竪者人数の制限はなく、全国の天台宗徒に開放されたものであった。この点について、慶長六年（一六〇一）に『大講堂三院衆議』として定めた三十六カ条のうちの第二十二条には、

若徒遂業の事は先徳の旧例を顧みず、かえって一宗の先途を軽ずるに似たるも、但、法を以て押すべからず。機たとい若年たりと雖も、その志深重なる者に於ては所立を遂げられ、暫く、抱谷の披露をせらるべき事。[27]

とあり、旧例を軽んずるに似るけれども、その志の深き者は、若輩といえど竪義の遂業を認めることを条文化している。かかる広学竪義の大衆化政策は、信長の焼き討ちによって壊滅的な打撃を被った比叡山延暦寺の再興を期しての、大会制度の大改革[28]であったと考えられるであろう。

7　広学竪義の変遷

広学竪義に関する焼き討ち以前の史料として現存する主要なものは、次の四点である。

(1)『探題記』天福元年（一二三三）雲快記（『門葉記』一五一・大正蔵図像一二・四一一中〜四一五上所収）
(2)『精義故実記』嘉暦三年（一三二八）承憲記（無動寺蔵・内典四三・六・八）
(3)『大会探題記』文安元年（一四四四）重慶記（同右・内典四三・一三）

(4)『探題愚記』文安二年（一四四五）実助記（叡山天海蔵・内典一六・四・一二五）

このうち(1)『探題記』は、探題の記録としては最古のもので、天福元年（一二三三）七月に雲快が探題に補任せられるに至る経過、および同年十一月に行われた霜月会の竪義の次第や内容が詳しく記されている。次に(2)『精義故実記』は承憲探題が一一五世慈道座主の命により、嘉暦三年（一三二八）十月に探題の精義（おしらべ）に関する故実を録したものであるが、広学竪義（大堂竪義）と御堂竪義（法成寺竪義）との得略の相違点などにもふれている。(3)『大会探題記』は、嘉吉三年（一四四三）十一月の霜月会竪義に重慶探題が精義登山した折の記録であり、(4)『探題愚記』は、文安二年（一四四五）十一月の霜月会竪義における実助探題の記録であるが、実助記は重慶記を参照し引用しつつまとめられていることが知られる。

焼き討ち以後においては、再興初会の記録である天正十七年（一五八九）の『天正大会記』（止観院蔵・法華九六三）や正保四年（一六四七）の『大会図記』（双厳院蔵・内典九・四三九）をはじめ多数の史料が現存するが、最も注目すべき文献は、万治二年（一六五九）の『講義要略』（南渓蔵・追①六・二、『大会新記』の名目でも流伝している）である。万治二年八月十九日には再興第九会の法華大会が執行されたが、この『講義要略』の冒頭の文によれば、「師家の伝説は多端にして法流の記文は一に非らず、ややもすれば人々異拠を存し、法会の儀則、一准ならざる」状態であったという。そこで万治二年中秋日に大講堂衆議が行われ、「諸衆、心を同じて各々の秘記を一所に集め、人人の家説を一味に融じて多義に順じ、正説に附して誌し定めしめ、かつまた真諦俗諦について新規の式目を加えた」と述べている。実はこの万治二年の大講堂衆議で定められた『講義要略』が現行の法華大会の行事の基礎をなしていると考えられるので、焼き討ち以前の記録である雲快の『探題記』や実助の『探題愚記』とも対比して、広学竪義の歴史的変遷について一瞥してみたいと思う。

表7-3　広学竪義（夜儀）対比

項目／史料（年号）	雲快『探題記』（一二三三年）	実助『探題愚記』（一四四五年）	『講義要略』（一六五九年）	現行（二〇〇七年）
夜儀初日				
第一反		巳刻（十時）大会始行	八講終わって時節を考え、会行事、番の鎰取を召して案内を仰ぐ	十時十分番の鎰取、初度案内申
出仕（第二反）	酉刻（十八時）出仕	午刻（十二時）維那、第二反の案内を申す	第二反の時出仕（探題上首）	第二反の案内の時（十時三十分）題者乗輿して出仕
行列	中間（三衣箱） 大童子（算箱） 輿力者・政所法師（香呂箱 草鞋） 上童・従僧三 中童子一・大童子二	力者二（松明）・長大童子一（松明）・従僧二（松明）・手輿八瀬童子一二・中童子・恪勤三・退紅仕丁一（唐笠）・供奉大衆		高張二・算木箱持（浄衣）一・小童子一・天上輿力者・手添・布衣（柳台持）一・退紅（朱傘持）一・供奉大衆
	題者、東妻戸より法華堂に参ず	同上	同上	題者、前唐院に参ず
	題者、正面にて一拝西座に著す	同上（正面の南、東向き）	同上（本尊の右方、東面）	同上（同上）
	従僧、算箱を座右に置き退下	同上	同上（封を探題の方に向ける）	弟子、算箱を座右に置き退出
	問者、入堂し東座に著す	同上	同上（南上西面題者に向かう）	同上（同上）
夢見の儀	算夢の事	夢見の儀	同上	同上
	問者退出	同上	五人の問者、下座より起ち常行堂の辺にて南上東面に列立す	問者、下座より出堂、南上東面に列立す

第三反

従僧、算箱を取り大童子に与う	従僧、算箱を取り大童（長童子）に渡す。大童、捧持し前行す	従僧、算箱を取り先進す（封を外向）	弟子、算箱を取り先進す（封を外向）
題者、起座退出	同上	同上	同上
	題者、法華堂より乗輿、常行堂東辺の問者に目くばせす	題者、常行堂の辺にて問者に目くばせす。問者、同時に揖す。乗輿	題者、問者に向かい目くばせす。問者、同時に一揖す。乗輿
	維那、第三反案内（松明を曳く）	番の鎰取、第三反案内	同上
	講堂辺にて下輿	下輿	下輿
	従僧、香呂を題者に進む		
上童、鼻荒を直して退出	悋勤所持の鼻高を大童子・長童子・中童子・従僧と渡し、題者に進む		小童子、鼻高を持ち輿の前に進んで之を置く
従僧、常行堂東北角辺にて算箱を会行事所司に与う	従僧、大童子所持の算箱を会行事に与う（封の方を身に向け）		
中間爰に留り、問者・扈従・鎰取二人、先行して算の前を進む	鎰取二人（退紅をつけ白長杖を持つ）算の前を進む		
	会行事、算箱を捧持して徐行（封の方身向）		

項目 ＼ 史料(年号)	雲快『探題記』(一二三三年)	実助『探題愚記』(一四四五年)	『講義要略』(一六五九年)	現行(二〇〇七年)
	会行事所司、箱を持ち仏前の後辺に置く	所司、算箱を持ち仏前の机上に置き、封を解き開いて退す	従儀師、堂内より後戸に出て算箱を請取り仏前の机に置く(封を身向)	従儀師、算箱を請取り正面の机に置く
	従僧、物具(居箱左・香呂箱右)を置き著座	中間所持の居筥を従僧に渡し、恪勤所持の香呂筥を大童子・長大童子・従僧と順次に渡す。従僧二人道具を持ち妻戸より入り題者の床座に置き退下	従僧二人、居・香炉筥を持ち進んで座の左右に置き、草座を敷いて退出	従僧二人、居筥・香炉筥を持ち題者所座の左右に置いて退出
	堅者、常行堂南橋下に立ち題者を遥拝す。題者、講堂石橋辺にて堅者に目くばせす	堅者、第三反案内に依り常行堂南面の階を下り庭中に参向し、遥に題者を拝す。題者、聊か目くばせす	堅者・注記、大堂後庭西の方に東面に列立して題者を拝す。題者聊か目くばせす	堅者・注記、講堂の後庭西の方に東面に列立して題者を拝す。題者之を目くばせす
夜儀入堂	題者入堂(従僧、草座を敷き著座)	同上(後戸西の妻戸より入り、車戻にて草鞋を履く)	五人の問者、探題の後に従い入堂着座	問者、題者の後に従い次第に入堂す
	問者、各床に著く			
	維那、注記を請じ、注記、西南の床に著す			
	磬を打ち堅者を呼び立つ	堅者入堂	西妻戸を開く時、堅者入堂す	従儀師、合図して戸を開き堅者入堂す
			従儀師、堅者の前に立ち「堅義者伝灯住位僧某甲天台宗専寺登高座」と唱えて堅者を導き、	同上(承仕、手燭を持ち堅者の左に従う)

		仏前の高机の前に至る	
		注記、尚戸外に在り、維那、注記入らせ給えと云う時、注記入り床に着く	同上
会行事所司、算箱を開き封を取り題者に進む 題者これを居箱に入れる	従儀師、算箱の封を取り題者に進む。題者、扇を以ってこれを請い披見の由を示して居箱に入れる	従儀師、算箱の封を切り扇にのせて題者に捧ぐ	同上
竪者、仏前に進み寄り礼盤前にて三礼	竪者礼仏	竪者、本尊に向かい立ち乍ら一拝	同上
竪者、高座辺に立ち揖す 題者、これを許す	竪者、題者の座前に帰向し蹲踞す。題者、目くばせして読算を許す	題者の方に向き遥に一揖	同上
竪者、還って仏前に参じ、仏前の算を読む	竪者、仏前に進み一〇題の算を読む	竪者、算箱の蓋を開け、算木の包紙を取り算箱の片隅に推入れて一〇題の算を読む	竪者、算箱の蓋を開き算木の包紙を取り、一〇題の算を読み畢って、算箱に入れ、算箱の蓋を覆う
会行事所司、算を取り題者に献ず。題者まず一算二枚を所司に与う。所司これを一ノ問に授く。次に二算二枚、次に三四五各二枚を所司に授く。所司次第に二の問以下四人にこ	従儀師、算札を扇に置いて献ず。題者、算札一〇枚を右手に一度に取り左手に渡し、札を取重ね突き調え、一算二枚を抜き取り従儀師に賜う（算の面を合わせて）。従儀師、一の	従儀師、算木を取り題者に捧ぐ。題者、一の算業副二枚を従儀師に賜う（その詞に「一の問」という。以下同じ）従儀師、これを一の問に賦す。 次に二の算以下一度にこれを	従儀師、算木を取り題者に捧ぐ。題者、一の算を従儀師に賜う。 従儀師これを一の問に賦す。 題者、二三四五の算木を従儀師に賜う。従儀師、五指の間に

項目 ＼ 史料(年号)	雲快『探題記』(一二三三年)	実助『探題愚記』(一四四五年)	『講義要略』(一六五九年)	現行(二〇〇七年)
	れを授く	問に賦す。この間に題者、二算以下を撰び調え、各左の指の間にはさみ、従儀師に二、三、四、五の算同時に次第に賜う。従儀師、二の問以下に各これを賦す。	賜い次第に賦す	挿み次第にこれを賦す
竪者登高座	竪者、登高座	同上	竪者、探題の座前に至り亦一揖して登高座	竪者、探題の座前に至って一揖して登高座
竪者表白	竪者表白	同上(二の算賦す時分)	竪者、如意を取り表白	竪者、如意を取り一礼して表白(表白の間承仕、手燭を捧ぐ)
問者一問	問疑五重	問者発音、五重にこれを疑う(題者初度の儀)	問者四重難	同上
問者表白		問者表白(題者初度の故)	問者表白	同上
注記読上	題者読み上げ、注記これを上る(…並重五得否)	題者「読み上げよ」と称す(指声にて聊か注記に目をかける体なり)。注記、読み上げ(先業義次副義)	題者、注記を仰ぐ	題者、注記を催す
題者取牒	題者、牒を取る「業義五重牒を取り、後副義五重牒を取る」	題者、牒を取る 先業義次副義「五重を合わせて四重に縮」	題者、香炉を持ち牒を取る	同上

題者表白	精義
題者、香呂を取り表白	題者、香呂を置き、まず業義を精し次に副義を精す。各三重の精義は共に竪者所立の牒を取りて精す
めて取る。結句には「五重の文理に渡ると雖も、事繁しと雖も大概此等に在る歟」と云う 題者、香呂を取り表白 問者の方へ聊か向かう体なり 香呂は聊かこれを鳴らす。表白の声は御斎会の開白の問者のごとし、大節ユリ下なり 表白は初度の精義のみに用う。よって後々は香呂を持たず居筥草座ばかりなり	初重の精義 　論義重難の指声 　自謙の句の心地 第二重の精義 　所立の初重の牒を取る。これ初度のみ、後々は所立の牒を取らず精して云く「牒を略して申せ」と云う。竪者、哀傷声をもってこれを立つ（世人、切音と
探題、表白を読む（手燭を献ず）	両科の精難あり、精義終わる時、「この度は牒を略して直言に立て申せ」と仰す。その時竪者直言の答えあり
同上	同上

史料（年号）＼項目	得略	注記	二問	三問	四問
雲快『探題記』（一二三三年）	第四重の精義にて得略を判ず		二問 精義二重	三問 精義二重	四問
実助『探題愚記』（一四四五年）	いう） 第三重の精義 第二重の答の牒を取らず。精べ懸て得略を判ず。 初度の精義は一の算四重を精べ第五重に於て得略を判ずるが故実なり	注記、この詞を写す	二算 問者の難は四重、これ題者初度の故なり。後々は只三重となすべしか 題者、難答三重の牒を取る 精一重（初度の議は精二重あるべし）して得略を判ず	三算 問者の難は三重 難答の牒を取る 精一重して得略を判ず	四算
『講義要略』（一六五九年）	題者、精義終わって得略を判ず	注記、その判語を移す	二問（題者、次の問を乞う） 三重の問答終わって題者、注記を乞う 牒を取る 両科の精べあり	三問 （二の問に同じ）	四問
現行（二〇〇七年）	題者、精義畢って得略を発す	注記、その判語を移す	二算 同上 同上 同上	三算 （二の問に同じ）	四算

	五問	退堂	五巻日夜儀式 第一反	先会新題者出仕
	五問 破文の後、読み上げて得略を判ず	退出　卯時(六時) 後戸にて竪者揖す。 大童子、従僧等松明を取り前行す		
問者の難は二重 難答の牒を取るも、 精義に及ばず得略を判ず (牒を取ること余の算に異なる)	五算 問者の重、算題ばかり。「読み上げよ」といい、注記読み上げる時分、苦しからざる様に静かに座を動き、腰を床に懸けて得略を判ず	退出　子の終刻(二時前) 従僧、大童子、松明を取ること前のごとし。但し、今度は算箱はこれなし		
(一、三の問に同じ)	五問 一問一答故に、題者注記を乞う。静かに座を動き、腰を床に懸けて得略を判ず(腰を床にかけるとは右へ)	打磬三音 竪者下座し後堂より退去す。注記も座を起ち、従儀師の床前を経て後堂より退出す	酉上刻(十八時)之を始む	先会の新題者出仕 行粧はこれなし。肩輿に乗り隠密に出仕す。袍裳納袈
問者の難は二重	五算 端文のみ	打磬三音 竪者、高座を下り、題者の座前に至って一揖し後堂より退出す	初反の案内を仰ぐ 新題者装束	先会の新題者の行列はなし出仕は袍裳・納袈裟

項目＼史料（年号）	雲快『探題記』（一一三三年）	実助『探題愚記』（一四四五年）	『講儀要略』（一六五九年）	現行（二〇〇七年）
			裟を着して即ち入堂して精義の座に着く	
第二反			会行事刻限を計って番の鎰取を召し、当会の新題者に案内を申さしむ 公家の鎰取を召し、勅使に案内を申さしむ	次第は初夜のごとし
新題者出仕			新題者の出仕次第、行粧等は例のごとし	
第三反			講堂の後庭に於て第三反の案内并びに祝言を申す時、前会の新題者は精義の座を起ち後戸に出る。当会の新題者は後戸より入って相い謁す。この時後戸を閉じ雑人を遣除す	新題者、第三反の案内の祝言を聞いて座を起ち後堂より入って先会の新題者に謁す。この時唐戸を閉め雑人を遣除す
			この間、五人の問者は後庭に列立（一の問は擬講なり）	同上
後堂相承			両師（先会新題者 当会新題者）後堂に於て相承（私に云く、後堂相承はこの職の秘曲なり）	両師相承

先会題者出堂			後戸を開き前題者出堂	唐戸を開き先会の題者出堂
問者入堂			五人の問者入堂（新題者に従うこと例のごとく着座す）	五人の問者入堂は前のごとし
				天皇使宿院に案内を仰ぐ
勅使出仕			勅使出仕 日吉社司二人烏帽子狩衣を着けて松明を乗る	天皇使出仕、歩行にて講堂の正面椽上に至れば正面の唐戸を開き会行事・会役者一名これを迎う
			勅使内陣に入り床に着す	天皇使入堂し内陣の床に着す 承仕紙燭を乗り案内す
竪義（初日のごとし）			竪義の次第は例のごとし。但し今夜の初竪者及び一両輩は別してその器を撰ぶべし 探題、一の問は並びに表白を読む。その儀は初日のごとし	四重の難畢って問者表白あり。題者牒を取り畢って表白を読む。初日と同じ
勅使退出			竪者一人終わる時、会行事勅使退去の儀を催し、勅使の前に参じ退去の由を申し退出	御聴聞の後、天皇使退出会行事案内

　この対比によっても明らかなごとく、広学竪義の次第については、最古の記録である雲快記以来、現在に至るまで、基本的にほとんど変わっていないことが知られる。ただし少々相違がみられるところは、夜儀入堂において題者、問者の後に注記が着床してから竪者入堂とする雲快記や重慶記の順序が、焼き討ち後の『講儀要略』では、竪

者入堂の後に注記が続いて入るというように定めたことなどである。

次に表示や役名等で異なるのは、初反・第二反・第三反の案内を申す役名が実助記では「維那（いな）」とあるのに対し、『講議要略』では「鎰取（かいどり）」となっていること。「夢見（ゆめみ）の儀」という表現を当初の雲快記では「算夢（さんむ）の事」と呼んでいること。夢見の儀は、現在は前唐院で行われるが、もとは法華堂でなされていたこと。夢見の儀の後の入堂時における算箱の扱いが、焼き討ち前は鎰取二人が算の前を先導し、会行事が算箱を持ち仏前に置いて封を解いていたのに対し、焼き討ち後は会行事に代わって従儀師がこれを取り扱っていることなどが挙げられる。

次に作法が簡略化されているのは、竪者が正面仏前にて礼仏の後、いったん題者の座前に参じて蹲踞し、算題を読むことの許しを求める所作を行っていたが、再興後の『講議要略』では、本尊正面にて題者の方を向いて遥かに一拝するのみとしている。

次に竪者が登高座して表白を読み終えると、いよいよ五人の問者より問疑の矢が放たれるのであるが、第一問の本算においては、雲快・実助両記ともに五重の問難がなされていたが、焼き討ち後は四重難の形式に定められていることが知られる。第一ノ問が終わって注記の読み上げ、題者の取牒・表白と次第し、探題の精義（おしらべ）となるが、ここにおいて雲快記では初重、第二重、第三重の精義は竪者所立（答釈）の牒を取って行い、第四重の精義にて得略を判定する形態であり、実助記においても「初度の精義は一の算四重を精べ第五重に於て得略を判ずるが故実なり」と述べている。かかる形式は、一会一竪者あるいは一夜一竪者で行われていた焼き討ち以前の広学竪義本来の精義の方法であったとみられるが、焼き討ち以後は一夜に数十名もの竪者が遂業するようになったことから、『講議要略』では業副（ごうそえ）両科の精難ののち、竪者の直言（じきごん）の答えを請い、その後、第二重の精義にて得略を判ずるという略儀に改めたのであろう。

なお焼き討ち前の雲快記のごとく、探題が三重の精義ののち、第四重の精義で得略を判ずるという形式は、「別請竪義」の一ノ問における題者の精義次第に受け継がれたものと考えられる。ちなみに現行の別請竪義の題者精義次第は、**表7-4**のごとくであり、中世の広学竪義の次第とおおむね一致している。

表7-4　広学竪義次第の比較

雲快『探題記』	実助『探題愚記』	平成十六年九月二十八日別請竪義題者精義次第
題者、香呂を置き、まず業義を精し、次に副義を精す 各三重の精義は共に竪者所立の牒を取りて精す 第四重の精義にて得略を判ず	初重の精義 論義重難の指声 自謙の句の心地 第二重の精義 所立の初重の牒を取る。これ初度のみ、後々は所立の牒を取らず、精して云く「牒を略して申せ」と云う。竪者、哀傷声をもってこれを立つ（世人、切音という） 第三重の精義 第二重の答の牒を取らず、精べ懸て得略を判ず。 初度の精義は一の算四重を精べ、第五重に於て得略を判ずるが故実なり	次題者ノ初重ノ精難（業副次第）此等ノ条々立申セ 次竪者ハ初重ノ精難ノ牒ヲ取ル（副業次第） 竪者ハ牒ヲ取リ了ラバ啼曲「御精事雖深……大概在之等歟ト」云ウ 次竪者ハ初重ノ精難ノ答ヲナス（業副次第） 次題者ハ初重ノ精難ノ答ノ牒ヲ不レ取ラ第二重ノ精難ノ終リニ「牒ヲ略シテ差切テ立申セト」云ウ 次竪者ハ此ノ二重ノ精難ノ牒ヲ不レ取ラ直ニ答ウ 次題者ハ第三重ノ精難ノ終リニ「牒ヲ略シテ直言ニ立申セト」云ウ 次竪者ハ直言デ第三重ノ答ヲナス 次題者ハ牒ヲ取ル 次題者ハ精義、得略

次に二ノ問（二ノ算）については、実助記によれば問者の難は、題者初度の時は四重としているが、『講儀要略』では三重と定めている。二ノ問の精義も、焼き討ち後は二重から一重とし、三ノ問以下についても簡略化がみられ

る。ちなみに現行の問者の問難は、初竪者においては、業副ともに本算四重、二算と三算が三重、四算が二重、五算は端文（はもん）のみとなっている。

叙上のごとく、焼き討ち再興後は、とくに竪者数の激増によって探題精義および問者問疑の簡略化が図られたのが万治二年（一六五九）の『講儀要略』であり、それ以後は、この大講堂衆議で定められた化儀次第を範として実施され、現在に至っていることが知られる。

なお**表7-4**によって明らかなように、焼き討ち前の雲快・実助らの両探題記と焼き討ち復興後とでは、所作次第において小異はみられるものの、中世以来の古儀をおおむね忠実に伝承しているといってよいであろう。

8　広学竪義の算題

広学竪義に出題される題目を「算ノ題（さんのだい）」（東塔東谷では〝さんだい〟と読む）と呼ぶが、大会の算題は宗要・義科のうち義科十六算と六算の合わせて二二算の中より探題（現行は新探題）が撰出することになっている。この義科二二算とその出典を掲げると次のようである。

十六算

(1)即身義（法華文句）　(2)三身義（法華文句）　(3)十二因縁義（法華玄義）
(4)仏土義（維摩経疏）　(5)十如是義（法華玄義）　(6)二諦義（法華玄義）
(7)三観義（摩訶止観）　(8)被接義（摩訶止観）　(9)六即義（摩訶止観）
(10)名別義通義（摩訶止観）　(11)四種三昧義（摩訶止観）　(12)教相義（法華玄義）

(13)眷属妙義（法華玄義）　(14)三周義（法華文句）　(15)嘱累義（法華文句）
(16)五味義（法華玄義）

六　算

(1)九品往生義（観経疏妙宗鈔）　(2)仏性義（涅槃経疏）　(3)十妙義（法華玄義）
(4)七聖義（四教義）　(5)菩薩義（四教義）　(6)一乗義（法華文句）

それでは実際にどのような算題が出題されてきたのであろうか。

焼き討ち以後の九六会のうち、調査により算題の確認ができなかった第二会・第三会・第四会・第二十七会・第三十会・第三十二会・第三十六会・第四十五会・第四十六会・第四十七会・第五十三会・第五十四会・第五十五会・第五十八会・第五十九会・第七十三会・第七十四会の一七会を除いた七九会分については算題が判明したので、集計して出題の傾向を一覧にしたのが次の**表7-5**である。

表7-5　広学竪義出題統計

算題		江戸	明治大正	昭和平成	小計	合計
六即義　元品能治	業	27	2	7	36	36
	副	0	0	0	0	
〃　一生妙覚	業	6	4	6	16	17
	副	1	0	0	1	
〃　草木成仏	業	11	2	2	15	15
	副	0	0	0	0	

算題		江戸	明治大正	昭和平成	小計	合計
〃　刹那一念	業	7	0	0	7	11
	副	4	0	0	4	
〃　如来蔵染浄	業	2	1	2	5	5
	副	0	0	0	0	
〃　分身即外用	業	0	2	3	5	5
	副	0	0	0	0	

算題		江戸	明治大正	昭和平成	小計	合計
〃 仏果空不空	業	3	0	0	3	3
	副	0	0	0	0	
〃 五品退不	業	1	0	0	1	2
	副	1	0	0	1	
〃 業・副小計	業	57	11	20	88	94
	副	6	0	0	6	
〃 合計		(63)	(11)	(20)	(94)	
三観義 三惑同断	業	15	2	5	22	26
	副	4	0	0	4	
〃 十行出仮	業	10	1	1	12	12
	副	0	0	0	0	
〃 爾前一心三観	業	4	3	4	11	11
	副	0	0	0	0	
〃 地上空仮	業	3	3	4	10	10
	副	0	0	0	0	
〃 次第観別円	業	1	4	3	8	8
	副	0	0	0	0	
〃 十行無作	業	1	0	1	2	3
	副	1	0	0	1	
〃 業・副小計	業	34	13	18	65	70
	副	5	0	0	5	

算題		江戸	明治大正	昭和平成	小計	合計
〃 合計		(39)	(13)	(18)	(70)	
被接義 一生破無明	業	13	6	10	29	36
	副	7	0	0	7	
〃 当通含中	業	17	5	10	32	32
	副	0	0	0	0	
〃 本教惑尽不	業	3	0	0	3	3
	副	0	0	0	0	
〃 業・副小計	業	33	11	20	64	71
	副	7	0	0	7	
〃 合計		(40)	(11)	(20)	(71)	
教相義 権乗下種	業	1	3	7	11	33
	副	21	1	0	22	
〃 八教摂不	業	2	1	5	8	24
	副	10	4	2	16	
〃 二経勝劣	業	5	0	0	5	10
	副	3	1	1	5	
〃 業・副小計	業	8	4	12	24	67
	副	34	6	3	43	
〃 合計		(42)	(10)	(15)	(67)	

	業	副	業	副	業	副	業	副	
十如是義　三諦勝劣	7	16	0	3	0	3	7	22	29
〃　十界互具	1	9	0	1	0	1	1	11	12
〃　仏果空不空	0	4	0	3	0	6	0	13	13
〃　十界真実	0	3	0	2	0	5	0	10	10
〃　業・副小計	8	32	0	9	0	15	8	56	64
〃　合計	(40)		(9)		(15)		(64)		
四種三昧義　弥陀報応	12	5	7	0	12	0	31	5	36
〃　二界増減	15	1	4	0	7	0	26	1	27
〃　業・副小計	27	6	11	0	19	0	57	6	63
〃　合計	(33)		(11)		(19)		(63)		
仏土義　自受用所居	5	29	0	4	0	9	5	42	47

	業	副	業	副	業	副	業	副	
〃　分段捨不捨	1	1	0	4	0	2	1	7	8
〃　業・副小計	6	30	0	8	0	11	6	49	55
〃　合計	(36)		(8)		(11)		(55)		
二諦義　俗諦常住	13	18	0	3	0	4	13	25	38
〃　十地虎狼	0	1	0	2	0	8	0	11	11
〃　業・副小計	13	19	0	5	0	12	13	36	49
〃　合計	(32)		(5)		(12)		(49)		
三身義　新成顕本	8	9	0	3	0	8	8	20	28
〃　爾前久遠	0	5	0	5	0	9	0	19	19
〃　自受用色相	1	1	0	0	0	0	1	1	2
〃　業・副小計	9	15	0	8	0	17	9	40	49

算題		江戸	明治大正	昭和平成	小計	合計
〃 合計		(24)	(8)	(17)	(49)	
五味義 法華教主	業	17	4	9	30	35
	副	3	0	2	5	
〃 時長華厳	業	5	4	2	11	11
	副	0	0	0	0	
〃 業・副小計	業	22	8	11	41	46
	副	3	0	2	5	
〃 合計		(25)	(8)	(13)	(46)	
即身義 竜女分極	業	6	0	0	6	37
	副	23	1	7	31	
〃 海中権実	業	1	0	0	1	1
	副	0	0	0	0	
〃 業・副小計	業	7	0	0	7	38
	副	23	1	7	31	
〃 合計		(30)	(1)	(7)	(38)	
三周義 決定在座	業	1	0	0	1	20
	副	7	5	7	19	
〃 三周証入	業	1	0	0	1	8
	副	5	1	1	7	

算題		江戸	明治大正	昭和平成	小計	合計
〃 無明厚薄	業	0	0	0	0	6
	副	6	0	0	6	
〃 住果声聞	業	0	0	0	0	3
	副	1	1	1	3	
〃 業・副小計	業	2	0	0	2	37
	副	19	7	9	35	
〃 合計		(21)	(7)	(9)	(37)	
眷属妙義 理性眷属	業	1	0	0	1	34
	副	17	6	10	33	
〃 一仏始終	業	0	0	0	0	1
	副	1	0	0	1	
〃 業・副小計	業	1	0	0	1	35
	副	18	6	10	34	
〃 合計		(19)	(6)	(10)	(35)	
仏性義 無性有情	業	0	0	0	0	28
	副	18	5	5	28	
九品往生義 五逆謗法	業	0	0	0	0	22
	副	9	5	8	22	

表7-5は、業義副義を合わせて出題の多い算題より順番に並べたものであるが、業義（ごうぎ）に用いられた算題は、六即義八八回・三観義六五回・被接義六四回・四種三昧義五七回・五味義四一回・教相義二四回・二諦義一三回・三身義九回、十如是義八回などであり、副義（そえぎ）は十如是義五六回・仏土義四九回・教相義四三回・三身義四〇回・二諦義三六回・三周義三五回・眷属妙義三四回・即身義三一回・仏性義二八回・九品往生義二二回などとなっている。なお義科二十二算のうち、広学竪義の算題に全く採用されなかった算題は、十六算では十二因縁義・名別義通義・嘱累義、六算では十妙義・七聖義・菩薩義・一乗義の六つの算であることが知られる。

註

（1）伝教大師全集五・附録七頁。
（2）『天台座主記』二頁。
（3）伝教大師全集五・附録四六～四七頁。
（4）『天台座主記』四二頁。
（5）同右四三頁、『扶桑略記』（史籍集覧一・二三八頁）。
（6）叡山文庫無動寺蔵・内典四三・一三。
（7）『天台座主記』一六〇頁。なお長元四年（一〇三一）の『慈慧大僧正伝』には、「始二広学竪義一屢設二無遮大会一以勧二学徒之研精一」（続天台宗全書史伝2・日本天台僧伝類Ⅰ・一九五上）とあり、大会の語がみられる。
（8）同右一六一頁。
（9）『釈家官班記』（群書類従二四・四七下）。
（10）承久三年（一二二一）、貞永元年（一二三二）、文永三年（一二六六）、文永五年（一二六八）、文永七年（一二七〇）、応永二十七年（一四二〇）、宝徳元年（一四四九）、宝徳二年（一四五〇）、文明十一年（一四七九）、文明十三年（一四八一）など。

(11) 最古の探題の記録として雲快の『探題記』一二三三年記（『門葉記』一五一・大正蔵図像部一二・四一一中～四一五上所収）があり、次いで重慶の『大会探題記』一四四四年記（叡山文庫叡山天海蔵・内典一六・四・二五など）、実助の『探題愚記』一四四五年記（叡山文庫無動寺蔵・内典四三・一三）、『探題故実記』（天台宗全書二〇）、『探題故実私記』（天台宗全書二〇）などが現存している。
(12) 『大会再興綸旨之写』（叡山文庫生源寺蔵・再追二五四六）。
(13) 『大会再興記』（叡山文庫理性院蔵・内典九・三一）ほか。
(14) 延暦寺編『叡山文庫文書絵図目録』（平成六年）より摘出。
(15) 『天台座主記』四四九頁。
(16) 同右四五〇頁。
(17) 叡山文庫止観院蔵・法華九六二。
(18) 天台宗探題の次第については『探題故実記』の「探題次第」の項（天台宗全書二〇・三〇三上～三〇四下）に初度の禅芸より十三世紀初期頃に至るまでの探題名が記されている。
(19) 雲快の『探題記』（『門葉記』一五一、大正蔵図像部一二・四一一中）。
(20) 『釈家官班記』（群書類従二四・四九下）。
(21) 『天台座主記』五四八頁。
(22) 重慶の『大会探題記』および実助の『探題愚記』。
(23) 『天台座主記』五四七頁。
(24) 『大会新記』（叡山文庫無動寺蔵・内典四七・一七・一七）、『両法華会記』（叡山文庫双厳院蔵・内典九・四八二）、『両法華会記』（叡山文庫止観院蔵・法華七一五）などの史料により検出したところ、第二会（一五九九年）の舜慶・雄盛・豪昇、第四会（一六一〇年）の天海、第五会（一六四七年）の良英・豪慶、第六回（一六四八年）の周海・等誉、第十会（一六六五年）の実後、第十一会（一六七一年）の尭憲、第十四会（一六八四年）の義道、第三十九会（一七七九年）の義遍・尭端、第四十四会（一八〇〇年）の孝覚、第四十五会（一八〇四年）の淑徹、第四十六会（一八〇八年）貫豪などが土立探題となっている。

(25)『永正十八年法華会記』(叡山文庫止観院蔵・法華九六二)。
(26)続々群書類従三・三六二下～三六三上。
(27)『大講堂三院衆議』(叡山文庫止観院蔵・会一)。
(28)尾上寛仲著『法華大会広学竪義』(一二九頁)によれば、記録の上で竪者数がみられるのは慶安元年(一六四八)の第六会からであり、天海大僧正の改革によって一会数人とする室町方式の制限を撤廃したとあるが、調査の結果、新たな史料の発見等により慶長九年の第三会を除いては竪者数がほぼ判明し、天正十七年(一五八九)九月の焼き討ち後の再興第一会より既に人数制限の撤廃が行われていたことがわかってきた。

八　灌頂三摩耶戒儀

1　五大院門人玄静記『入曼荼羅受菩薩戒行儀胎蔵界金剛界』

(1)　胎・金両部三摩耶戒の戒相

五大院安然（八四一〜九〇二〜?）の門弟である水尾玄静には、胎蔵界・金剛界各別の三摩耶戒儀としては、わが国で最古のものと考えられる『入曼荼羅受菩薩戒行儀胎蔵界金剛界』二巻（以下『玄静戒儀』[1]）が現存している。かかる玄静の胎蔵界三摩耶戒儀と金剛界三摩耶戒儀との次第を対応してみると次のようである。

〈胎蔵界〉	〈金剛界〉
作梵音	
神分表白	
（礼　仏）――――	礼　仏（乞　戒）

①読縁起（説法開導）
②教彼三帰
③懺悔先罪
④発菩提心
⑤運心供養
⑥問　遮　難
⑦請　戒　師
⑧羯磨授戒
⑨求聖加護
⑩〔戒説相〕
説十戒相
説三世無障礙智戒
説四重禁戒
授四不壊戒
発根本三帰依心
説十重禁戒
⑪発願回向
⑫与五供養法

（三摩耶戒縁起）
①浄除三業
②帰命啓請
③運心供養
④発露懺悔
⑤帰依三宝
⑥発菩提心
⑦問　遮　難
⑧奉請戒師
⑨羯磨授戒
⑩求聖加護
⑪修四摂行
⑫明十善法戒
授与塗香
「加塗香塗弟子掌

唱浄三業
護　身
加持塗香授弟子掌
加持白華授之
加持香炉薫弟子双手
加持灯令弟子視之
⑬授与歯木
⑭授与金剛水
⑮作金剛線法

加香白華授之
持香炉加持薫弟子双手
加灯令弟子視之
授歯木
（授与金剛水）

すなわち組織においては、おおむね共通しているが、異なるところは胎蔵界が②教彼三帰、③懺悔先罪、④発菩提心、⑤運心供養と次第するのに対して金剛界は③運心供養、④発露懺悔、⑤帰依三宝、⑥発菩提心の順序となっていること、またとくに胎蔵界戒儀の中心部分である「十戒相」「三世無障礙智戒」「四重禁戒」「四不壊戒」「根本三帰依心」「十重禁戒」と、金剛界で説かれる「四摂行」「十善法戒」とは、大きく項目を異にするものといわなければならない。

そこで玄静の胎・金両三摩耶戒儀は何故に戒相を異にしているのか、その根拠を明らかにし、両戒儀がどのようにして成立したかについて検討してみたいと思う。

(2)　胎蔵界三摩耶戒儀の成立

胎蔵界の『玄静戒儀』については、とくに五大院安然撰『観中院撰定事業灌頂具足支分』（以下『具支灌頂』）十巻との関連が密接にみられるので、この点について取りあげてみよう。

安然との関係は、『玄静戒儀』の撰号が「五大院門人玄静記」とあり、また真言宗全書二七所収の『玄静戒儀』の裏紙表には、

受明灌頂作法等六帖。禅念阿闍梨弟子水尾玄静作……於東密者禅念受法之人。於台密者安然受法之人。[2]

とあって、玄静は最初東密の宗叡や禅念から受法したが、のちに叡山の五大院安然に師事して両部大法を修学した[3]ことが知られる。したがって安然の『玄静戒儀』への影響は当然予測されるところであろう。

そこで安然撰『具支灌頂』に説かれる三摩耶戒と『玄静戒儀』との関係をみていくことにしよう。まず胎蔵界の組織が『玄静戒儀』において、①説法開導、②教彼三帰、③懺悔先罪、④発菩提心、⑤運心供養と次第するのは、『具支灌頂』に「今拠義釈及瞿醯文於第六日護持建立弟子方便有十四法。[4]」として、㈠素弁人物、㈡奉請供養、㈢説法開道、㈣教彼三帰、㈤懺悔先罪、㈥発菩提心、㈦運心供養、㈧授律儀戒等を掲げるうち、㈢説法開道以下の次第を採用したのであろう。ここで安然が『大日経義釈』に拠ったと述べるように、胎蔵界三摩耶戒儀の組織次第については、『大日経義釈』第四入漫荼羅具縁真言品の次の文に根拠を求めることができると考えられる。

次当為諸弟子随順説法開導其心。教彼三帰依懺悔先罪。既懺悔已身心清浄猶如明珠堪能真正発心。是故次令発菩提心。皆如供養法中所説。次当授与塗香・華等教令運心供養諸尊。然後為受三世無障礙智戒。此受菩薩戒法別有行儀也。[5]

『玄静戒儀』の⑥問遮難については、その全文を掲げると、

諸戒儀中皆問二七遮一。而今拠二義釈一唯示二四遮一。如二三昧耶四重禁戒中第四文云一。此是四摂相違法。四摂是菩薩具戒中四依。初受戒時先当レ開二示此遮一。若能奉行者。方為レ受レ之。不レ能二奉行一則非二摩訶薩埵一。不レ得二為受一云云。其四摂法者。所謂布施・愛語・利行・同事。為レ欲下調二伏無始慳貧一。及饒中益有情上故。応レ行二布施一。汝等能行レ之否答能行下同。為レ欲下調二伏瞋恚憍慢煩悩一。及利中益友情上故。応レ行二愛語一。汝等能行レ之否。為レ欲下饒二益有情一。及満中本願上故。応レ修二利行一。汝等能行レ之否。為レ欲下親二近善知識一。及令中善心無間断上故。応レ行二同事一。汝等能行レ之否。如レ是四法是修行処。是事如レ是持。

とあるが、このうち冒頭の諸戒儀中以下の傍線部分は、安然の『具支灌頂』の説をそのまま引用したものであり、諸戒儀においては『梵網経』の七遮(6)を問うのに対し、この胎蔵界戒儀では『大日経義釈』(7)によって四遮を示すというのである。四遮とは具縁品の三昧耶四重禁戒（第一不応捨正法、第二捨離菩提心、第三慳悋一切法、第四不利衆生行）のうち第四不利衆生行のことで、四摂（布施・愛語・利行・同事）相違法を遮すということである。

次に⑧羯磨授戒の内容については、順序は不同ながら、安然の『具支灌頂』の第八授律儀戒で説かれる文をそのまま依用していることが次の対応文によって知られる。

安然撰『具支灌頂』

八者授律儀戒……又秘密法品義釈云。入曼荼羅有二三昧耶偈一可レ有二十四五偈一。即是与二弟子一受二菩薩具戒一。及教二授教誡要誓之言一。此土未レ伝耳云云受方

『玄静戒儀』（胎蔵界）

八羯磨授戒

経云。金剛手。今説二善巧修行道一。若菩薩摩訶薩住二於此一者。当下於二大乗一而得中通達上。秘密主。菩薩持二

便学処品義釈云。此経十万偈大本具有下授二此戒一等方便上。今未レ致二此土一。然金剛頂中自有二授法一与レ彼不レ殊当レ出レ之耳云云(8)

……（中略）……

今授二六戒一。自有二六法一。一者方便学処五戒十善。其品義釈云。仏前説入二曼荼羅一時。為二弟子一授レ戒時即合レ説二此戒法一。要先受二此戒一已住二斯学処一。然後合レ聞二如来秘密之行一。此戒未レ造二曼荼羅一前即合二為説一也云云又云。菩薩戒略有二二種一。一在家。二出家。此二家中復有二二種戒一。一自性修行。二是制戒。今此十戒是菩薩修行戒也。以二是善性一故一切菩薩法応レ行レ之。又一切世間諸天輪王外道二乗皆有二十善一。若菩薩不レ持者彼生二軽慢一。将二護彼意一故須レ持也。二仏所制戒即是自具二方便一也。以レ有二善巧方便一故今此十善戒不共戒。不下与二声聞外道一等共上云云然其戒相云何。

経云。金剛手。今説二善巧修行道一。若菩薩摩訶薩住二於此一者。当下於二大乗一而得中通達上。秘密主。菩薩持二

不奪生命戒一所レ不レ応レ為持二不与取及欲心邪行虚誑麁悪語両舌語無義語戒一。貪欲瞋恚邪見等皆所レ不レ応レ作。秘密主。如レ是所二修学一句。菩薩随レ所二修学一則与二正等覚世尊及諸菩薩一同学応二如レ是学一云云　汝等応二当依レ教奉行一。

従二今身至二仏身一於二其中間一不レ得レ犯能持否三説　義釈云。仏前説二入曼荼羅一時。為二弟子一授レ戒時即為令レ説二此戒要法一。先受二此戒一已住二斯学処一。然後令レ同二如来秘密主行一。此戒未レ造二曼荼羅一前即令二為説一也云云又云。菩薩戒略有二二種戒一。在家。二出家。此二衆中復有二二種戒一。一自性修行。二是仏制戒。今此十戒是菩薩修行戒也。以二是善性一故一切菩薩法応レ行レ之。又一切世間諸天輪王外道二乗皆有二十善戒一。菩薩不レ持レ之者彼生二軽慢一。将二護彼意一故須レ持也。二仏所制戒即是自具二方便一也。以レ有二善巧方便一故今此十善戒不共戒。不下与二声聞外道一等上。故経云二善巧修行一也。

此経十万偈大本具有下授二此戒一等方便上。今未レ致二此

不奪生命戒二所レ不レ応レ為持二不与取及欲心邪行虚誑語麁悪語両舌語無義語戒一。貪欲瞋恚邪見等皆不レ応レ作。秘密主。如レ是所二修学一句。菩薩随レ所レ学則与二正等覚世尊及諸菩薩一同行応二如レ是学一云云

……（中略）……

既授二三帰一了。阿闍梨次当丁勧二発其心一令丙生二決定大誓一受乙此十無尽蔵甲。還三遍授レ之。受已令二彼表白一。我某甲今依二十方諸仏及阿闍梨辺一受二得此戒一竟。今日今時我某甲得三名為二菩薩一也。此戒無レ有二時節一。乃至尽形受レ之。尽二未来際一無レ有二捨義一也。(9)

土一。然金剛頂中自有二授法一与レ彼不レ殊当二出取一レ之耳云云　私依此文先彼文中処々即引二彼行儀文一足レ之矣

阿闍梨次当丁勧二発其心一令丙生二決定大誓一受乙此十無尽蔵戒甲。還三遍誓受レ之云云汝等能生二決定大誓一能持二此如来十無尽戒一否三説答能持受已令二彼表白一。我某甲等今依二十方諸仏及阿闍梨辺一受二得此戒一竟。今時某甲得三名為二菩薩一也。此戒無レ有二時節一。乃至尽形寿受レ之。尽二未来際一無レ有二捨義一也云云

ここで『玄静戒儀』「羯磨授戒」の冒頭にみられる「経に云く」の文章は『大日経』受方便学処品(10)に示される真言菩薩の十善戒（不奪生命・不与取・不欲邪行・不虚誑語〈または不妄語〉・不麁悪罵語・不両舌語・不無義語〈または不綺語〉・不貪欲・不瞋恚・不邪見）であり、阿闍梨はその文を読み上げ白四羯磨を行うのである。その後『大日経義釈』(11)によって十善戒を広釈し、菩薩に出家と在家の二種があること、あるいは声聞や外道とは不共の戒であることなどを述べている。さらに『具支灌頂』にみられない菩薩の三聚浄戒を求むべきことも説いているが(12)、これは円仁の『灌頂三昧耶戒』第七羯磨授戒(13)の影響があったことを窺わせるものであろう。

次に⑩応戒説相においては、次のような順序で説かれている。

1十戒相　2三世無障礙智戒　3四重禁戒　4四不壊戒　5根本三帰依心　6十重禁戒

この『玄静戒儀』の組織については、やはり安然の『具支灌頂』に、

> 然則大悲胎蔵入曼荼羅之前有二七種戒一。一者受方便学処五戒十善法戒。二者三世無障礙智三平等戒。三者真言門行菩薩根本四重禁戒。四者真言門行菩薩十重禁戒。五者入三昧耶耳語一偈戒。六者四波羅夷三昧耶戒。七者持明禁戒。⑭

とあるうち、㈠十善法戒、㈡三世無障礙智戒、㈢四重禁戒、㈣十重禁戒までの次第に拠っている。しかしながら㈤入三昧耶耳語一偈戒、㈥四波羅夷三昧耶戒などは、何故に『玄静戒儀』（胎蔵界）に説かれないのであろうか。これについては『具支灌頂』に、

> 諸戒儀中或説二四重一不レ依二本教一。如下用二耳語三昧耶偈根本四重一為中四重禁上。或説二十重一不レ依二本教一。如丁用二禅要菩薩十重一而未丙曾説乙十種方便学処甲。⑮

とあり、安然は、「本教に依らず」として、具縁品の耳語三昧耶偈の四重禁⑯ならびに『無畏三蔵禅要』の十重⑰は依用しないと述べている。さらに続けて、

> 拠二方便学処品釈一自有二此教菩薩四重一。不レ捨二三宝及菩提心一是為レ四也。亦有二十重一。四外更加二後六重禁一。五不レ応レ謗二三乗経法一。六不レ応レ慳二悋於一切法一。七不レ得二邪見一。八発二大心一人不レ令二退息一。九小乗人前不レ説二大法一。大根人前不レ説二小法一。十常当レ行レ施。不レ施二他人害レ物之具一。⑱

と説き、みずからは『大日経義釈』方便学処品に説く「不捨三宝及菩提心」⑲の四重、および十重に拠ることを明らかにしている。

このような安然の説を受けて方便学処品の所説に基づいて、十戒、三世無障礙智戒、四重禁戒、十重禁戒などの戒相を示したのが『玄静戒儀』（胎蔵界）であるとみられる。

A　十戒相については、前述の羯磨授戒において示した十善戒を再び出し、方便学処品を引証しつつ論じている。[20]

B　三世無障礙智戒については『入漫荼羅具縁真言品義釈』に説かれる三世無障礙の名の由来を引用して白四羯磨している。

C　四重禁戒については、『方便学処品義釈』の、

如二前三世無障礙戒一於レ中先令レ不レ捨二三宝一。又令レ不レ捨二菩提之心一。此即菩薩真四重禁也云云[21]

の文を引用して前の三世無障礙智戒の内容は、「不捨三宝及菩提心」の四重禁戒であることを説示したのち、この菩薩の四重禁戒を白四羯磨により得戒せしむるのである。

D　四不壊戒として、続いて仏・法・僧・戒の四に帰依して壊すべからざることを示す。

また仏・法・僧への帰依により菩薩三聚浄戒を求受せんことを願うというE根本三帰依心を説いたのち、F「十重禁戒」が説示される。この十重禁戒は、前に安然が『具支灌頂』で指摘しているように『無畏三蔵禅要』の菩薩十重ではなく、『方便学処品義釈』に説かれる十重であり、C「不捨三宝及菩提心」の四重に六重を加えたもので、『玄静戒儀』はその全文を『方便学処品義釈』の引用に拠って説示し、白四羯磨得戒して説戒相を竟（おわ）っている。

(3)　金剛界三摩耶戒儀の成立

叙上のごとく胎蔵界の『玄静戒儀』が安然の『具支灌頂』に拠っているのに対し、ここで取りあげる金剛界の

『玄静戒儀』は、円仁の『灌頂三昧耶戒』（以下『円仁戒儀』）からの影響が顕著にみられるので、とくにこの点について胎蔵界の戒儀と対比しつつ検討を加えてみようと思う。

まず組織についてては①浄除三業、②帰命啓請、③運心供養、④発露懺悔、⑤帰依三宝、⑥発菩提心の次第が胎蔵界戒儀と異なっている。胎蔵界戒儀が『具支灌頂』の次第に基づいているのに対し、金剛界戒儀では『円仁戒儀』(22)の⑴応帰命、⑵応供養、⑶応懺悔、⑷帰依三宝、⑸発菩提心の順序によっているが、これは『無畏三蔵禅要』(23)や不空の『受菩提心戒儀』(24)の次第を継承したものであると考えられる。

⑦問遮難についてては『玄静戒儀』の胎蔵界と金剛界とは、それぞれ立場を異にしているのが注目される。前に取りあげた胎蔵界戒儀が『入漫荼羅具縁真言品義釈』によって四摂相違法を四遮として問うのに対し、金剛界戒儀では、

諸仏子汝等。従生已来不殺父否。不殺母否。不出仏身血否。不殺阿羅漢否。不殺和尚否。不殺阿闍梨否。不破和合僧否。汝等若犯如上七逆罪者。応可対衆発露懺悔。不得覆蔵。或依勝義諦観罪性。不内不外不在両間空無自性了不可得。本来清浮。如是観已了一切法無自性。故離諸妄念永断相続。方名清浄。是為殊勝懺悔。能除一切重罪。諸仏子等応当如是修学（已上出菩提心戒）

とあって、『無畏三蔵禅要』に依用されている『梵網経』の七遮(25)（殺父・殺母・出仏身皿・殺阿羅漢・殺和尚・殺阿闍梨・破和合僧）を問うのである。

⑨羯磨授戒についてては、前の胎蔵界戒儀では『具支灌頂』の説により、方便学処品の十善戒を中心とするものであったのに対してこの金剛界戒儀では、

諸仏子。三聚浄戒者所謂摂律儀戒。摂善法戒。饒益有情戒。此三聚浄戒三世諸仏依此得阿耨多羅三藐三菩

提。故汝等応当依教奉行。如諸仏所説汝今亦如是持説

諸仏子。汝今已受三世諸仏三聚浄戒竟。

とあり、摂津儀戒・摂善法戒・饒益有情戒の三聚浄戒を授ける。これは『無畏三蔵禅要』[26]ならびに『円仁戒儀』[27]を継承したものであるとみられる。

次に金剛界戒儀の戒相として説かれるのが⑪四摂行と⑫十善法戒とである。『玄静戒儀』ではこれを説くについて、

諸仏子等如上発菩提心受菩薩戒竟。然応修四摂法及持十善法戒。

と述べ、すでに菩提心を発し、菩薩戒（三聚浄戒）を受け竟ったので、ここで四摂法と十善法戒を修持すべきとしている。かかる『玄静戒儀』の所説は、『無畏三蔵禅要』の第十四摂門[28]および『円仁戒儀』[29]の文章をそのまま引用したものであり、四摂行（布施・愛語・利行・同事）の具体的な説示も、その後に説かれる十善法戒の内容も、全く『無畏三蔵禅要』に拠ったものであることが知られる。『玄静戒儀』にいう十善法戒は『無畏三蔵禅要』では十重戒と称し、『円仁戒儀』は十戒または十重と呼んでいるが内容は同じである。『無畏三蔵禅要』によって組織づけられた十重戒[30]を列挙すると次のようである。

一者不応退菩提心。妨成仏故。

二者不応捨三宝帰依外道。是邪法故。

三者不応毀謗三宝及三乗教典。背仏性故。四者於甚深大典経典不通解処。不応生疑惑。非凡夫境故。

五者若有衆生已発菩提心者。不応説如是法令退菩提心趣向二乗。断三宝種故。

六者未発菩提心者。亦不応説如是法令彼発於二乗之心。違本願故。

七者対小乗人及邪見人前。不応輒説深妙大乗。恐彼生謗獲大殃故。

八者不応発起諸邪見等法。令断善根故。

九者於外道前。不応自説我具無上菩提妙戒。令彼以瞋恨心求如是物。不能弁得令退菩提心。二俱有損故。

十者但於一切衆生。有所損害及無利益。皆不応作。及教人作見作随喜。於利他法及慈悲心相違背故。


以上の十善法戒を受戒せしめたのち、『玄静戒儀』（金剛界）には、

諸仏子。汝等已受三世諸仏菩提心戒及三聚浄戒・十善法戒竟。身心清浄堪受観智秘要禅定瑜伽法門。

とあり、十重戒・発菩提心戒と並んで『無畏三蔵禅要』の十重戒は金剛界『玄静戒儀』の中核をなすものであることが知られる。

2　灌頂三摩耶戒儀の成立

(1)　延暦寺現行の灌頂三摩耶戒儀

現在、延暦寺伝法灌頂は、法曼流の東塔無動寺谷法曼院灌室、三昧流の東塔南谷南光坊灌室、穴太流の東塔東谷正覚院灌室、東塔北谷総持坊灌室および横川兜率谷雞足院灌室が毎年輪次に当番となり、執行されている。また地

方においても、茨木教区千妙寺金剛寿院灌室で三昧流、東海教区密蔵院灌室で葉上流の伝法灌頂が、それぞれ執り行われている。これら灌頂で修される実際の作法等については、各流灌室により種々の口伝の相違はあるものの、今回取りあげる三摩耶戒儀に関しては、その内容はほとんど同一であることが比較対照によって知られる。そこで穴太流、三昧流、法曼流の三摩耶戒儀について、その奥書をみると、

穴太流（奥書）建長三年（一二五一）十月十一日草了（承澄撰『阿娑縛抄』七所収）

三昧流（奥書）右私記以二慈鎮和尚御手記一為レ本加二私潤色一貞和三年（一三四七）丁亥九月廿五日和尚聖忌於二東坂本大和荘実成坊一記レ之　天台前座主三部伝法阿闍梨二品尊円親王春秋五十夏臈廿九……庚寅季（一八三〇）夏　実満（南渓蔵）

法曼流（奥書）文永七年（一二七〇）四月廿三日賜二師御本一敬書二写之一畢 ……寛政十一年（一七九九）真超記（無動寺蔵）

とあって、現行の戒儀は、鎌倉時代の十三世紀中頃にはすでに確立していたことが知られる。また胎蔵界と金剛界の両仏号を唱えることからもわかるように、胎・金合行の三摩耶戒儀である。

かかる現行の三摩耶戒儀がどのようにして成立したのかについて調査していくうちに、皇慶（九七七〜一〇四九）撰『胎蔵界三昧耶戒随要記』『金剛界三昧耶戒随要記』や五大院門人玄静記『胎蔵界入曼荼羅受菩薩戒行儀』『金剛界入曼荼羅受菩薩戒行儀』など、胎・金各別の三摩耶戒儀があることが知られた。さらにまた、これら胎・金各別の戒儀に先行する善無畏（六三七〜七三五）造『無畏三蔵禅要』、不空（七〇五〜七七四）訳『受菩提心戒儀』、円仁（七九四〜八六四）『灌頂三昧耶戒』などとも密接な関連がみられることから、上記諸戒儀の相互関係を対比によって明らかにしつつ、現行の『三摩耶戒儀』の形成過程を探っていきたいと思う。

(2)　対比総括表の諸戒儀

(ア)『無畏三蔵禅要』(無畏三蔵受戒懺悔文及禅門要法)一巻　善無畏述西明寺慧警撰集[31]

(イ)『受菩提心戒儀』一巻　不空訳[32]

(ウ)『灌頂三昧耶戒』仁之本一巻[33]

(奥書)本云応徳三年(一〇八六)九月二日以二唐院本一写了　預大法師　良祐

本書については、中国成立説もあるが、序文に最澄の四宗相承の影響がみられること、円仁将来の不空訳六巻本『略出経』の引用があること、安然の『観中院撰定事業灌頂具足支分』に引用されていること、伝統的に円仁撰として伝承していることなどから、円仁の真撰とみられており(苫米地誠一「円仁撰『灌頂三昧耶戒』について」〈塩入良道先生追悼論文集『天台思想と東アジア文化の研究』所収〉)、日本天台における三昧耶戒儀としては最も古いものとみてよいであろう。

(エ)『入曼荼羅受菩薩戒行儀胎蔵界金剛界』二巻　五大院門人玄静記

(奥書)安然闍梨説玄静記……治暦四年(一〇六八)六月僧都長宴判……宝暦四年(一七五四)四月　実霊

(比叡山南渓蔵)

なお、真言宗全書二七所収の当書は、底本高野山大学図書館蔵、金剛三昧院寄托室町古写本であり、その裏紙表によれば「禅念阿闍梨弟子水尾玄静作……於東密者禅念受法之人。於台密者安然受法之人」とある。禅遍(一一八四～一二五五)の『両部大教伝来要文』(建保二年〈一二一四〉稿、寛喜元年〈一二二九〉再治、大日本仏教全書六七・二七二a)下巻によると、玄静は最初、宗叡に従って金剛界大法を受け、のち禅念から胎蔵界大法を授かった。その後禅念の許可を得て叡山の五大院安然に両部大法を修学し、師安然の遺誡により最円より蘇悉地大法、伝法印信を受けたと伝えている。いずれにせよ、本書は胎・金各別の三摩耶戒儀としては、最古のものであろう。

(オ)『胎蔵界金剛界三昧耶戒随要記』一巻(奥書)延暦寺遍照金剛撰谷阿闍梨皇慶也
依㆓後来正刪文㆒処々潤色後資知㆑之耳　金剛薬仁記㆑之云云……文化十一年(一八一四)三月勝林院法印宗淵
(比叡山南渓蔵)

『阿娑縛抄』第八「三摩耶戒儀」の項によれば、胎・金両三摩耶戒随要記の組織を示したのち、「三昧阿闍梨受㆓灌頂㆒時三戒随要記　二界共一日読灌頂二夜受㆑之」(大日本仏教全書五七・四五上)とあり、三昧阿闍梨良祐(?～一〇四六～一〇六七～?)の時には、すでに皇慶の本書が用いられていたことが知られる。

(3) 灌頂三摩耶戒儀の成立

三摩耶戒儀の起源については(ア)『無畏三蔵禅要』が「受戒懺悔文」と「禅門要法」とに分かたれるなか、前半の受戒懺悔文の十一門組織にさかのぼることができる。十一門は㈠発心門、㈡供養門、㈢懺悔門、㈣帰依門、㈤発菩提心門、㈥問遮難門、㈦請師門、㈧羯磨門、㈨結戒門、㈩四摂門、(十一)十重戒門から成っているが、その偈文をはじめ、ほとんどの文章が以後の諸戒儀に引き継がれ、依用されていくのである。

(イ)不空訳『受菩提心戒儀』についてみると、菩提心戒であるから『無畏三蔵禅要』の第五発菩提心門までの五門のみであるが、それぞれの偈文のあとに真言が付加されてくるのが特徴であり、この形式は玄静記(エ)『入曼荼羅受菩薩戒行儀』以下の三昧耶戒儀に採用されていく。この『受菩提心戒儀』の真言をそのまま用いたところは、第三懺悔門の「唵薩嚩跛波捺賀引曩嚩曰囉二合野引娑嚩二合引賀引」、第四帰依門の「唵步引欠」、第五発菩提心門の「唵冐地唧多母怛波二合那野引弥」の三箇所であり、偈文に関しては『無畏三蔵禅要』とほぼ一致している。ただし『受菩提心戒儀』が玄静や皇慶らの、のちの戒儀に明確に採用された箇所は、発菩提心で唱える五大願第五句目の「無上菩提誓願成」の偈文であり、善無畏の「無上仏道誓願成」の偈文は用いられていない。

(ウ)円仁撰『灌頂三昧耶戒』は、『無畏三蔵禅要』の十一門を骨格として組織づけられているとともに、それ以後の玄静、皇慶の胎・金両戒儀、さらには現行の合行『三摩耶戒儀』の基本をなすものでもあったとみられる。

(エ)玄静記『入曼荼羅受菩薩戒行儀』(胎蔵界・金剛界)と(オ)皇慶撰『三昧耶戒随要記』(胎蔵界・金剛界)との関係については、胎・金ともに皇慶の『三昧耶戒随要記』は『玄静戒儀』をほぼそのまま継承しているといってもよい。しかるに『三昧耶戒随要記』になると『玄静戒儀』には示されていなかった「堂荘厳」「参堂」「阿闍梨登高座」「讃衆重行道」「振鈴」「随喜功徳」「回向発願」などが付加され、より完全な戒儀として整備されている。また胎蔵界の「浄除四障」「修四律儀」については、『円仁戒儀』から新たにこれを添加している。

現行の『三摩耶戒儀』は、皇慶の『胎蔵界三昧耶戒随要記』と『金剛界三昧耶戒随要記』とを一つにまとめた形態であり、まさに合行の戒儀といえる。例えば「仏号」においては、先に胎蔵界の礼仏をし、次に金剛界の礼仏を行うというものであり、「前方便」においても胎・金両方が記されている。一方『三昧耶戒随要記』においては、『玄静戒儀』と内容的に相違するところは、「三摩耶戒縁起(説法開導)」の一段である。『三昧耶戒随要記』における『玄静戒儀』の文をほぼそのまま引き継いでいるが、胎蔵界縁起については一行の『大日経義釈』や円仁の『蘇悉地羯羅経略疏』第七「本尊灌頂品」等をもとに作られており、金剛界に関しては、『金剛頂瑜伽略出念誦経』や円仁の『金剛頂経疏』さらには安然の『具足支分』の一節などを参照依用しつつ縁起がまとめられている。これに対して合行の『三摩耶戒儀』の縁起は、円仁の『灌頂三昧耶戒』に示された縁起の文章をそのまま依用したものであることが知られた。このように『円仁戒儀』を直接採用したところは、三摩耶戒の中心部分である「修四摂行」「除四障」「修四律儀」「説四波羅夷」「十善戒」の次第、およびその内容に関しても指摘することができ、現行『三摩耶戒儀』の基本が『円仁戒儀』に置かれていたとみることができるであろう。

なお、本章は三摩耶戒に関する諸戒儀の対比により、現行『三摩耶戒儀』成立に至る経過の概要と諸戒儀相互関係の特徴を指摘したものであるが、戒儀の内容などについての詳細な研究は後日の課題である。

註

（1）『入曼荼羅受菩薩戒行儀胎蔵界金剛界』（比叡山南渓蔵）の奥書には、

安然闍梨説玄静記非二伝法灌頂闍梨一勿二輒開一焉　治暦四年六月僧都長宴判
以二栂尾山法鼓台本一写レ之
宝永六年丑三月廿有三日住五智山沙門慧旭曇寂
享保三年戊戌十月廿三日写校了　天台沙門慈泉
四年己亥八月十六日以右本令人写自校　前大僧正実観
六年辛丑孟秋以右本自写了　守中
明年壬寅五月以二守中之本一写校了
台嶺無量院遮那末裔知心子万谷
宝暦四甲戌歳四月五日以二延暦寺開山堂之本一写願生々世々奉行
天台山東塔南澗吉祥院般若金剛実霊

とあり、宝暦四年（一七五四）東塔南渓吉祥院実霊の写本が現存。また叡山文庫無動寺蔵本もまた南渓蔵本と同様の伝承が記されているが、最終奥書は、

文化九年壬申十二月以二浄土院蔵本一令レ書二写之一了

台嶽法曼院大僧都真超

とあり、無動寺谷法曼院真超の写本が現存している。また真言宗全書二七にも本書が所収され、底本は高野山大学図書館蔵、金剛三昧院寄托室町古写本である。

（2）真言宗全書二七・二〇上以下。

（3）禅遍（一一八四～一二五五）の『両部大教伝来要文』（大日本仏教全書六七・二七二上）には玄静の経歴について次のように述べられている。

又云。或血脈云。玄静闍梨随二宗叡僧正一学二金剛界大法一。後日請欲レ学二胎蔵大法一。僧正云。重病不レ堪二自授一云云。仍作二教書一送二禅念律師所一。律師依二教書旨一授二胎蔵大法一。後日玄静語二律師一云。吾欲レ学二叡山真言一。許否。律師許レ之云云。依レ此往二五大院安然阿闍梨所一漸々学二両部法一。但首尾不レ堪レ授二蘇悉地大法職位灌頂印信等一。吾師最円阿闍梨。能知二事意一。汝付二彼闍梨一可二学了一云云。已遷化了後。依二然闍梨遺誡一。随二最円闍梨一学二蘇悉地大法一。伝法印信等了云云。

（4）大正蔵七五・二三二中～下。

（5）続天台宗全書・密教一・一二四下～一二五上。

（6）大正蔵二四・一〇〇八下。

（7）続天台宗全書・密教一・二三六上。

（8）大正蔵七五・二三三下。

（9）大正蔵七五・二三六上～下。

（10）大正蔵一八・三九上。

（11）続天台宗全書・密教一・五七六下、なおこの『大日経義釈』による十善戒の広釈以下の箇所については、真言宗全書二七所収『玄静戒儀』（胎蔵界）には欠落している。

（12）「今於二我所一発二菩提心一求二受菩薩三聚浄戒一」とある。

（13）大日本仏教全書四一・一七七下。

(14) 大正蔵七五・二三五上。
(15) 大正蔵七五・二三四下。
(16) 大正蔵一八・一二中。
(17) 大正蔵一八・九四三下~九四四上。
(18) 大正蔵七五・二三四下。
(19) 続天台宗全書・密教一・五七七上。
(20) 続天台宗全書・密教一・一二五上。
(21) 続天台宗全書・密教一・五七七上。
(22) 増補改訂日本大蔵経七九・二三七上~二三八上。
(23) 大正蔵一八・九四二下。
(24) 大正蔵一八・九一六上~中。
(25) 大正蔵二四・一〇〇八下。
(26) 大正蔵一八・九四三中。
(27) 増補改訂日本大蔵経七九・二三九下~二四〇上。
(28) 大正蔵一八・九四三下。
(29) 増補改訂日本大蔵経七九・二三九下~二四〇上。
(30) 大正蔵一八・九四三下~九四四上。
(31) 大正蔵一八・九四二中~九四六上。
(32) 大正蔵一八・九四〇中~九四一中。
(33) 増補改訂日本大蔵経七九・二三七上~二四二上。

付録

一　『天台大師和讃』

1　恵心僧都撰述説について

『天台大師和讃』は恵心僧都源信（九四二～一〇一七）の作とされるが、撰者を源信とする史料は、室町初期の仙波第六世隠海（一三三九～一四一四）の『天台大師和讃註』(1)（以下『和讃註』と略す）が最古のものであるとみられる。すなわち『和讃註』の冒頭に、

尋曰、此和讃誰人作耶。答、大師讃有二本一。一画讃、二和讃也。画讃大唐国光禄大夫守太子大師顔魯公述也。和讃日本国比叡山延暦寺首楞厳院源信僧都作也。

とあり、大唐国顔真卿撰の『天台大師画讃』と相対して『天台大師和讃』を取りあげ、延暦寺首楞厳院源信の作であることを述べている。ついで仙波仏蔵坊第一四世実海が永正十年（一五一三）十一月に講談した『天台大師和讃聞書』(2)や、宝暦二年（一七五二）十一月、東総荻原行元禅寺第二九世覚胤述の『天台智者大師和讃荻原鈔』(3)もまた恵心僧都源信の作に従っている。その後、江戸末期の文久二年（一八六二）慈本追補の『天台霞標』第四編之三には、『天台大師和讃』を収録して「慧心僧都依顔真卿作大師画讃而作大師和讃」(4)と述べ、源信が『天台大師画讃』に拠って『天台大師和讃』を述作したとしている。

また『天台大師和讃』は、治承三年（一一七九）後白河法皇撰になる『梁塵秘抄』に、その一節が次のごとく引用されている。

『梁塵秘抄』

天台大師は能化の主、眉は八字に生ひ分かれ、法の使に世に出でて、殆ど仏に近かりき[5]（二九六番）

白道猷が旧き室、王子晋が故の跡、一一巡りて見たまふに、昔の夢に異ならず[6]（二二四番）

柴の庵に聖在す、天魔は様々に悩ませど、明星漸く出づる程、終には従ひ奉る[7]（三〇三番）

現行『天台大師和讃』

天台大師は能化の主、仏の使いと世に出でて、一乗妙法宣べ給う。眉は八字に相分かれ、目には重瞳相浮み、妙慧深禅身を厳り、仏にほとんど近かりき

白道猷が古き室、王子晋が旧の跡、一々めぐりて見給うに、昔の夢に異ならず

木をうえ菴を造りてぞ、始て宴坐し給いし。…天魔は種々悩ませど、降伏し給い終りにき、明星漸く出づるほど[8]

このほか嘉元三年（一三〇五）七月無住道暁著になる『雑談集』[9]巻第六には、

『雑談集』

因ニ天台大師ノ和讃モ人アシク誦ス。

瑞朝亘三百里、渠梁合テ六十所、一時ニ法流ハ成テコ

現行『天台大師和讃』

湍潮亘りて三百里、簄梁合せて六十所、一時に法流と成てこそ、流水品をば講ぜしに

ソ、流水品ヲソ説給ヘ。亘リテト誦スルハ誤也、亘（ワタリ）ト誦スヘシ。……（中略）……

又斎ノ庭ニ数フレバト云事、人分明ニ知ラザル歟。……斎ト云ハ大斎ヲ御忌日ニシケル千僧供ナリ、知ラザル僧一人有リケル事也…。

斎の庭にて数うれば、千に一人ぞ余りにき

と、『天台大師和讃』の名を挙げて引用し、本文の読み方の問題や内容についての解説がなされており、すでに平安末から鎌倉期にかけて『天台大師和讃』は、かなり流布し諷誦されていたことが窺われる。

しかしながら、先に取りあげたように、室町初期の隠海撰『天台大師和讃註』以前に、『天台大師和讃』の作者を恵心僧都とする文献は今のところ見当たらず[10]、源信の真撰を裏づける決め手に欠いているのが実情であろう。

2　『天台大師和讃』諸本の対校

『天台大師和讃』の現存するものは、ほとんどが近世の写本または刊本であり、これら諸本の本文異同について初めて対校を試みたのは、昭和十五年に天台宗稀籍刊行会編（森観濤師担当）より出版された『天台智者大師和讃』[11]である。それは和讃の底本を比叡山浄土院蔵版本とし、対校本として、⑴享保十二年（一七二七）霜月什善坊重華寄附本、⑵宝暦九歳（一七五九）暮秋日写本、⑶東叡山勧学寮蔵板本、⑷文久三年（一八六三）覚譲写本の四本が用いられている。その後、武石彰夫氏[12]は『天台霞標』所収の和讃を底本とし、天文九年（一五四〇）庚子十一月十七日の奥書を有する現存最古の写本[13]とみられるものなど数点を用いて対校し、かなりの本文異同があることを指摘している。

そこで今回は、現在天台宗などで広く用いられている『台宗課誦』所収の『天台大師和讃』を底本として諸本を対校し、和讃の読み方にどのような変遷があり、かつまた現行本がいずれの本に拠ったものであるのかなどについて検討してみたいと思う。底本に用いた現行『台宗課誦』は、昭和六十年に伝教大師比叡山開創一千二百年を記念して延暦寺学問所より改訂出版したものを使用し、対校本は年代順に次の八本を取りあげた。

①仙波第六世隠海（一三三九～一四一四）撰『天台大師和讃註[14]』の和讃本文
②仙波仏蔵坊第一四世実海、永正十年（一五一三）撰『天台大師和讃聞書[15]』の和讃本文
③寛文七年（一六六七）長谷川市郎兵衛開板『天台大師和讃[16]』
④比叡山東塔南谷実蔵坊第二世実俊（一六一八～一七〇二）書写本[17]
⑤東総荻原行元禅寺第二九世覚胤、宝暦二年（一七五二）撰『天台智者大師和讃荻原鈔[18]』の和讃本文
⑥慈本校訂嘉永元年（一八四八）開版、比叡山浄土院蔵版『天台大師和讃[19]』
⑦文久二年（一八六二）慈本追補『天台霞標』所載『天台大師和讃[20]』
⑧東叡山勧学寮蔵板『天台大師和讃[21]』年代不詳

表6-1　『天台大師和讃』諸本の対校

	現行台宗課誦	隠海（一三三九～一四一四）註	実海聞書 一五一三	寛文七年（一六六七）板	実俊（一六一八～一七〇二）写本	荻原鈔 一七五三	浄土院版 一八四八	霞標本 一八六三	東叡山勧学寮板
1	帰命頂礼大唐国(きみょうちょうらいだいとうこく)								
2	天台大師(てんだいだいし)は能化(のうけ)の主(しゅ)								「は」ナシ
3	仏(ほとけ)の使(つか)いと世(よ)に出(い)でて								
4	一乗妙法(いちじょうみょうほう)宣べ給(たも)う。								
5	眉(まゆ)は八字(はちじ)に相分(あいわ)かれ					八采			八采
6	目(め)には重瞳相浮(ちょうどうあいうか)み	ひ			ひ	ひ			ひ
7	妙慧(みょうえ)深禅(じんぜん)身(み)を厳(かざ)り	恵、飾	飾	恵	恵	飾		飾	飾
8	仏(ほとけ)にほとんど近(ちか)かりき。								
9	嬰児(ように)の間(あいだ)の瑞相(ずいそう)も								
10	人(ひと)より異(こと)にましまして	殊			殊				
11	臥(ふ)しては必(かなら)ず合掌(がっしょう)し								
12	居(い)ては定(さだ)んで西(にし)に向(む)く。					坐			坐
13	生年七歳(しょうねんしちさい)なりし時(とき)								
14	好(この)んで寺(てら)に詣(もう)ずれば		で						
15	諸僧口(しょうそうくち)に授(さず)けしに								
16	普門品(ふもんぼん)をぞ以(もっ)てせし。			でし		を、てし			を、てし

	現行台宗課誦	隠海(一三三九〜一四〇四)註	実海聞書(一五一三)	寛文七年(一六六七)板	実俊(一六一八〜一七〇三)写本	荻原鈔(一七五三)	浄土院版(一八四八)	霞標本(一八六三)	東叡山勧学寮板
17	一度(ひとたび)聴くこと得(え)てしかば		聞		聞				
18	永(なが)く忘(わす)れずなりにけり								
19	残(のこ)りは教(おし)ゆる人(ひと)なくて					誨			誨
20	独(ひと)り諳(そら)にぞ悟(さと)りにき。	暗、し		暗、し	暗、解	暗、了			暗、了
21	長沙(ちょうじゃ)の仏(ほとけ)の御前(みまえ)にて								
22	大弘願(だいぐがん)を発(おこ)してぞ								
23	比丘(びく)と成(な)っては正法(しょうぼう)を				成て	なりて			なりて
24	荷負(かぶ)せんとは誓(ちか)いてし。					「は」ナシ		「は」ナシ	「は」ナシ
25	仏(ほとけ)を礼拝(らいはい)せしほどに								
26	ほのかに夢(ゆめ)の如(ごと)くにて	悦に			纔かに	風かに		風かに	風かに
27	定光菩薩(じょうこうぼさつ)招(まね)いてぞ								
28	向後(ゆくすえ)鑒(かが)みて教(おし)えける。	てし			てし				
29	年(とし)これ十八(じゅうはち)なりし時(とき)								
30	果願寺(かがんじ)にて出家(しゅっけ)し	にして			にして				
31	二十歳(にじっさい)にいたりてぞ								
32	具足戒(ぐそくかい)を受(う)け給(たま)う。	をば		をば	をば	をば			をば
33	禅慧(ぜんね)心(こころ)に深(ふか)く染(そ)み	悦		恵	悦	悦			悦

34	師友を尋ね訪うと								
35	大蘇山に攀じ登り								
36	南岳大師に見えしに。	親し			親し				
37	昔は霊山浄土にて					「は」ナシ			「は」ナシ
38	同じく法華を聴きしかば	聞	聞		聞				
39	宿　縁朽ちせず此にまた								
40	来たれるなりとぞ宣べ給う。	と	と			と		と	と
41	即ち普賢行法を								
42	教えて修せしめ給いしに								
43	二七日にいたりてぞ								
44	法華三昧得給いし。	花							
45	受法の大師に相代り								
46	金字の大品講ぜしに								
47	三三昧と三観智								
48	是れ計りをぞ問い受けし。								
49	文字の法師百千万	法師は		法師は	法師は				
50	力を合せて尋ぬとも	れば		れば	れば	るに			るに
51	弁才海は尽きもせず					渇、じ			渇、じ
52	説法最も第一なり。	勝たり							

	現行台宗課誦	隠海(一三三九～一四一四)註	実海聞書(一五三三)	寛文七年(一六六七)板	実俊(一六一八～一七〇二)写本	荻原鈔(一七五二)	浄土院版(一八四八)	霞標本(一八六三)	東叡山勧学寮板
53	昼夜に流瀉し給いて			ふに	ふに	ふに			ふに
54	瓦官寺にして八箇年					て			て
	「大智度論を講演し 次第禅門説き給う。」	ナシ	ナシ	ナシ	ナシ	ナシ	ナシ	ナシ	ナシ
55	法華を弘宣し給うに	「を」ナシ							
56	梁 陳旧徳皆来たる								
57	一日朝儀を停めてぞ		留	義	義、留				
58	王侯相 将 集まりて。				き				
59	語黙の益を蒙る者		被						
60	済済として有りしかど	斉斉、ば	斉斉、ば	ば	ば	ば			ば
61	徒衆転た多くして								
62	自行に障りを成せしかば。	を成す故に				の、となりければ			の、となりければ
63	陳の大建七年に								
64	生年三十八にして								
65	宣帝留め給えども				止				
66	天台山に入り給う。	にぞ	にぞ	にぞ	にぞ	にぞ			にぞ
67	其の山険しく高くして								

68	一万八千丈余（いちまんはっせんじょうよ）なり								
69	周（めぐ）りは八百余里（はっぴゃくより）にして		回		廻				
70	八（や）重（かさ）ね一（ひと）つが如（ごと）くなり。								
71	東（ひがし）は滄海（そうかい）はるかにて								
72	蓬莱方丈（ほうらいほうじょう）　遠（とお）からず								
73	西（にし）には重山（じょうざん）連（つら）なりて	長山	長山	長山	長山			長山	
74	人無（ひとな）き境（さかい）に入（い）りにけり。	給ふ	給ふ		給ふ			給ふ	
75	石　橋（しゃっきょう）　渡（わた）りて虹（にじ）の如（ごと）く	亘				亘			亘
76	瀧水落（ろうすいお）ちて布（ぬの）を引（ひ）く	曳く			引き	ひく			ひく
77	鳳鳥（ほうちょう）　鸞鳥（らんちょう）　飛翔（とびかけ）り								
78	銀地金地（ぎんちきんち）に分（わか）れたり。								
79	白道猷（びゃくどうゆう）が古（ふる）き室（むろ）	旧		旧		旧			旧
80	王子晋（おうじしん）が旧（もと）の跡（あと）	孫興公、本の	本の	もとの	孫興公、本の	故き		本の	故の
81	一一（いちいち）めぐりて見給（みたま）うに								
82	昔（むかし）の夢（ゆめ）に異（こと）ならず。								
83	即（すなわ）ち定光菩薩（じょうこうぼさつ）の								
84	室（むろ）より北（きた）に地（ち）をしめて					庵			菴
85	木（き）をうえ菴（いおり）を造（つく）りてぞ	樹、作	作			樹、庵			樹

	現行台宗課誦	隠海(一三三九～一四〇四)註	実海聞書(一五三三)	寛文七年(一六六七)板	実俊(一六一八～一七〇二)写本	荻原鈔(一七五三)	浄土院版(一八四八)	霞標本(一八六三)	東叡山勧学寮板
86	始て宴坐し給いし。	初	初					初	
87	其の後華頂峯にして	花							
88	後夜に坐禅し給うに								
89	天魔は種種悩ませど		し		し	「は」ナシ			「は」ナシ
90	降伏し給い終りにき。				竟	竟			竟
91	明 星 漸く出づるほど					とき			とき
92	胡僧形を現じてぞ								
93	自行化他に今よりは								
94	影向せんとは誓いてし。				ぞ	影響、「は」ナシ			影響、「は」ナシ
95	其の時菜色 相現じ	其年				其後			其後
96	僧衆縁にしたがえば								
97	宣帝是れを聞こしめし								
98	勅命俄に下りてぞ。	降りてぞ	降りてぞ		下してぞ	下してぞ		下りて	下してぞ
99	始豊県の貢をば	調	御貢	御調	調	調			調
100	衆の費に充て給う	宛		宛	宛	ひ			ひ
101	両戸の民を除いてぞ	蠲			蠲				
102	薪水に役し給いける。								

103	浄名経を講ぜしに								
104	砌の前に山現じ				には				
105	嶺には瑠璃すきとおり（映徹）								
106	澗には琳瑯布き満てり。		谷、敷		洞			敷	
107	梵僧数十手ごとに								
108	香爐を擎げて出で来たる	捧	捧	捧	捧	捧			捧
109	子雄奔林なりしかば			雌雄本林	雌雄本琳				
110	講堂改め造りにき。	てき			てき				
111	山の麓の巨海に				基				
112	黎民漁り繁ければ	捕				多			多
113	髗骨積りて岳となる					り			り
114	蝿蛆の鳴く声雷同じ。	声雷をなす			音雷同じ				
115	水性 哀れむのみならず								
116	船人危ぶみ多ければ					舟			舟
117	慈悲を回らし給いてぞ	廻		廻		廻			廻
118	衣物を捨てて買取りし。	捨ては		「を」ナシ	「を」ナシ、捨ては				
119	湍潮 亘りて三百里			渡りて			亘り		
120	簄梁 合せて六十所	処		虹梁	処				

	現行台宗課誦	隠海(一三三九～一四一四)註	実海聞書(一五三三)	寛文七年(一六六七)板	実俊(一六一八～一七〇二)写本	荻原鈔(一七五三)	浄土院版(一八四八)	霞標本(一八六三)	東叡山勧学寮板
121	一時に法流と成てこそ					法池			法池
122	流水品をば講ぜしに。一下	をば講ぜしが				をぞ講じける			をぞ講じける
123	財施法施の功徳の								
124	限り有ること無ければ								
125	昔の野生池よりも			地					
126	是れをぞ勝れて念しける。	思しける	覚しける		覚けれ	覚へける			覚へける
127	陳の太子永陽王								
128	狩して馬より落ち給う		猟	猟	猟	墜		猟	墜
129	殆ど絶ゆるに及ぶほど								
130	観音懺を行ぜしに。								
131	梵僧眼に見えしかば	ければ			ければ	ければ			ければ
132	痛む処も息みにけり		所	止	所				
133	茲れに因りて生生に								
134	大師に仕えんとは云いし。	言			言				
135	太極殿の内にして		裏			裏		裏	裏
136	仁王般若を講ぜしに								
137	諸僧勅を蒙りてぞ					被			被

138	激難鉾をば競いける。					を			を
139	論議は冬の氷にて								
140	峨峨と結んで堅けれど			ば					
141	解くこと夏の日に似てぞ								
142	赫赫として消えにける。			り	滅				
143	主上讃啼し給いて	潜涕、給に		讃滞	讃滞	潜涕			潜涕
144	起居に三度ぞ礼しける				給ふ	起て			起て
145	大師の名誉は是れよりぞ					「は」ナシ			「は」ナシ
146	彌天下に充満てり。	る			る	る			る
147	隋帝斎会を設けてぞ								
148	菩薩戒を受け給う	をば	をば	をば	をば	給ひ		をば	給ひ
149	御号を大師にたてまつる	諡	美名を	諡を	諡名を	徽号を		美名を	徽号を
150	智者とは是れより申すなり。					此			此
151	所有の施物六十種								
152	一つも留め給わずて					して			して
153	悲田敬田二つにぞ								
154	分ちて廻し給いける。	帰り、り	還し	かえり	還し	還り		還し	還り
155	生年五十七にして	季							
156	摩訶止観を説き給う	「を」ナシ		「を」ナシ	「を」ナシ				

	現行台宗課誦	隠海(一三三九～一四一四)註	実海聞書(一五三)	寛文七年(一六六七)板	実俊(一六一八～一七〇二)写本	荻原鈔(一七五三)	浄土院版(一八四八)	霞標本(一八六二)	東叡山勧学寮板
157	一夏(いちげ)の間(あいだ)に敷揚(ふよう)し								
158	朝暮(ちょうぼ)二時(にじ)に慈霔(じちゅう)す。				座				
159	止観(しかん)一部(いちぶ)は大師(だいし)の								
160	己心中(こしんじゅう)の法(ほう)なれば					にして			にして
161	法華(ほっけ)を人(ひと)に知(し)らせんと	花							
162	名字(みょうじ)を替(かえ)て説(と)けるなり。	説給ふ			説給ふ	易、説玉ふ			易、説玉ふ
163	大師(だいし)は素(もと)より泉石(せんせき)を	本、仙跡		本	本、仙跡	「は」ナシ、雅			「は」ナシ、雅
164	好(この)んで隠居(いんきょ)し給(たま)えど	ば			ば				
165	陳隋(ちんずい)二帝(にてい)相(あい)つづき	二代、次で	続き	続き	二代、続き			続き	
166	請(しょう)じ下(くだ)したてまつる。								
167	凡(およ)そ十二年(じゅうにねん)を経(へ)て								
168	旧居(きゅうこ)に帰(かえ)り給(たも)うほど					還、にぞ			還、にぞ
169	人跡(じんせき)久(ひさ)しく絶(た)えてこそ								
170	竹樹林(ちくじゅりん)とは成(な)りにけれ。	る		る	る				
171	山(やま)の半(なか)ばにいたるほど								
172	俄(にわ)かに沙門(しゃもん)相逢(あいあ)えり			還	値	遇			遇
173	眉髪鬢(まゆかみひげ)も白(しろ)くして	髭、皓	髭	鬢	鬢、皓			髭	

174	逡巡（たちもとお）りてぞ隠（かく）れにき。	にし		立、にし	にし	ける			ける
175	一時月（あるときつき）の夜（よ）静（しず）かにて								
176	人（ひと）と語（かた）らう気色（けしき）あり								
177	胡僧（こそう）二度（ふたたび）現（げん）じてぞ			再び	形を	再び		「ぞ」ナシ	再び
178	終（おわ）りを告（つ）ぐるに成（な）りにける。		り					り	
179	隋帝（ずいてい）頻（しき）りに請（しょう）ぜしに	敦請せしにより			敦請せしにより	切りに請ずれば			切りに請ずれば
180	山（やま）より下（くだ）り給（たも）うほど					ひつつ			ひつつ
181	石城寺（せきじょうじ）にいたりてぞ						「ぞ」ナシ		
182	遷化（せんげ）の庭（にわ）とは宣（の）べ給（たも）う。					場と			場と
183	最後（さいご）の説法（せっぽう）し給（たも）うに								
184	弁才（べんざい）常（つね）より妙（たえ）にして					恒			恒
185	聞（き）く者（もの）涙（なみだ）を流（なが）してぞ		聴		泪			聴	
186	憂（うれ）いの海（うみ）には沈（しず）みける。一下					に			に
187	十如不生十法界（じゅうにょふしょうじっぽうかい）	方		方		方			方
188	四教（しきょう）三観（さんがん）四悉檀（ししつだん）	旦		旦	旦				
189	四諦（したい）六度（ろくど）十二縁（じゅうにえん）								
190	一一法門（いちいちほうもん）相摂（あいせつ）す。	接							
191	智朗禅師（ちろうぜんじ）が問（と）いしかば								

	現行台宗課誦	隠海(一三三九～一四一四)註	実海聞書(一五一三)	寛文七年(一六六七)板	実俊(一六六八～一七〇三)写本	荻原鈔(一七五三)	浄土院版(一八四八)	霞標本(一八六三)	東叡山勧学寮板
192	位は第五品にして								
193	観音来迎し給えば								
194	浄土へ行くとぞ宣べ給う。	往とぞ			往とぞ	往と		往とぞ	往と
195	其の年生 年六十歳			時	時	時			時
196	隋の開皇十 七年								
197	仲 冬二十四日の								
198	未の刻にぞ失せ給う。	羊の時にぞ滅		未の剋にぞ滅	未の時にぞ滅	未の時に滅			未の時に滅
199	其の時風雲相噪ぎ	当時、雨、騒ぎ	騒ぎ	躁ぎ	当初	さはぎ		騒ぎ	さはぎ
200	草木うなだれ水咽び				ぶ				
201	沙羅双樹の昔にも								
202	相劣らじとぞ悲しみし。		みて			「ぞ」ナシ			「ぞ」ナシ
203	龕より外の十日は	に			に				
204	道俗拝みたてまつる		礼し						
205	容顔変ずることなくて								
206	身より汗をぞ流しける。								
207	遠忌にいたる時ごとに								
208	龕を開いて拝すれば				礼				

209	尭眉舜目うるわしく								
210	鬚髪生いてぞましましき。	てぞ坐せし	髭	鬢	鬒	て在しき		髭	て在しき
211	斎の庭にて数うれば	場			の場	の場			の場
212	千に一人ぞ余りにき	賸りにし	独	余りにし	余りにし				
213	名字を呼んで点ずれば								
214	本の数に異ならず。								
215	凡そ大師の一生の								
216	所作の行業多ければ		ど					ど	
217	多くの功徳の其の中に								
218	少しの功徳をこれ言えば。			「を」ナシ		「を」ナシ			「を」ナシ
219	造れる寺は三十五								
220	写せる経は十五蔵								
221	金檀絵像十万軀								
222	度せる僧衆は四千人。	渡				「は」ナシ			「は」ナシ
223	伝教学士は三十人	伝業、三十二		「は」ナシ	「は」ナシ、三十二	「は」ナシ			「は」ナシ
224	修禅学士は充満てり	習、「は」ナシ、盈		「は」ナシ	習、「は」ナシ	「は」ナシ			「は」ナシ
225	凡そ五十余州の	に			惣じて				
226	道俗其の数知りがたし。								

現行台宗課誦	隠海(一三三九〜一四一四)註	実海聞書(一五一三)	寛文七年(一六六七)板	実俊(一六一八〜一七〇二)写本	荻原鈔(一七五三)	浄土院版(一八四八)	霞標本(一八六三)	東叡山勧学寮板
227 大師の徳行計りなし	量	量	徳業	量	徳業、量		量	徳業、量
228 心も語もおよばれず	詞	詞	言	言	言		詞	言
229 一言讃るを縁として								
230 三会に必ず値遇せん。一下								

以上のように『天台大師和讃』の諸本を校合したところ、現行『台宗課誦』と字句の相違がみられるのは二三二句のうち一四一句にも及んでおり、『天台大師和讃』における本文異同がいかに多数みられるかが知られる。本文異同は漢字や語句に関するもの、および助詞や助動詞などの附属語に関するものがある。

付属語に関する異同については、2「天台大師は能化の主[22]」にみられるごとき係助詞「は」の有無が最も多く一四カ所に及び、ついで16「普門品をぞ以てせし」のごとき係助詞「ぞ」の有無が九カ所、138「激難鉾をば競いける」のごとき係助詞「ば」の有無が三カ所、118「衣物を捨てて」のごとき格助詞「を」の有無三カ所、60「有りしかど」と「有りしかば」のごとき接続助詞に関する異同が四カ所みられる。このほか動詞や助動詞の活用形使用に関するものとして、51「尽きもせず」と「尽きもせじ」、100「給う」と「給ひ」、170「成りにけれ」と「成りにける」、174「隠れにき」と「隠れにし」と「隠れける」、200「水咽び」と「水咽ぶ」などの異同もみられる。

漢字の異同については、7「慧」と「恵」、「厳」と「飾」、10「異」と「殊」、17 38 185「聞」と「聴」、19「教」と「誨」、20「諳」と「暗」、「悟」と「了」、26「怳か」と「風か」、36「見し」と「親し」、44 87 161「華」と「花」、51「尽」と「渇」、57「儀」と「義」、「停」と「留」、59 137「蒙」と「被」、60「済済」と「斉斉」、65「留」と

「止」、69 117「周」と「回」と「廻」、75 119「渡」と「亘」、76「曳」と「引」、79「古」と「旧」、80「旧」と「本」と「故」、84「室」と「庵」と「菴」、85「木」と「樹」、「造」と「作」、86「始」と「初」、90「終」と「竟」、94「影向」と「影響」、98「下」と「降」、99「貢」と「調」、100「充」と「宛」、101「除」と「蠲」、106「澗」と「谷」と「洞」、「布」と「敷」、108「擎」と「捧」、111「麓」と「基」、112「繁」と「多」、114「声」と「音」、116「船」と「舟」、120 132「所」と「処」、126「念」と「覚」と「思」、128「狩」と「猟」、「落」と「墜」、132「息」と「止」、134「云」と「言」、135「内」と「裏」、142「消」と「滅」、143「啼」と「涕」と「渧」、150「是」と「此」、154 168「廻」と「帰」と「還」、155「年」と「季」、162「替」と「易」、163「素」と「本」と「雅」、165「次」と「続」、172「逢」と「値」と「遇」、173 210「鬚」と「髭」と「鬢」と「鬒」、173「白」と「皓」、174「逡」と「立」、177「二度」と「再び」、179「頻」と「切」、182 211「庭」と「場」、184「常」と「恒」、185「涙」と「泪」、190「摂」と「接」、194「行」と「往」、198「未」と「羊」、「失」と「滅」、199「噪」と「騒」、204 208「拝」と「礼」、212「一人」と「独」、「余」と「賸」、222「度」と「渡」、224「修」と「習」、「充」と「盈」、227「行」と「業」、「計」と「量」、228「語」と「詞」と「言」などのごとく、同義異字の漢字使用が極めて多くみられる。また同意趣で語句表現が異なるものとしては、26「ほのかに」と「纔(わず)かに」、62「成せしかば」と「なりければ」、149「御号」と「諡」と「美名」と「諡名」と「徽号」、158「二時」と「二座」、165「二帝」と「二代」、179「頻りに請ぜしに」と「敦請せしにより」、199「其の時」と「当時」、225「凡そ」と「惣じて」などがある。

次に語句の異同によって意味内容が違ってくるとみられるものは、5「八字」と「八采」、12「坐」と「居」、33「禅慧」と「禅悦」、73「長山」と「重山」、80「王子晋」と「孫興公」、109「子雄奔林」と「雌雄本林」と「雌雄本琳」、120「篭梁」と「虹梁」、121「法流」と「法池」、163「泉石」と「仙跡」、187「十法界」と「十方界」、199「風雲」と「風雨」などである。

5「眉は八字に相分かれ」の「八字」を「八采」とするのは『荻原鈔』と『東叡山勧学寮板』であるが、『荻原鈔』では『事類後集』等の中に「八字眉」も説くが、「是只通相異 相ニアラザレバ自重瞳対ニナラズ」といい、『淮南子』『周礼』などの典拠を挙げて「八采」（八つの彩色）が正しいと論じている。この点について『天台大師和讃』が参照したとみられる顔真卿の『天台山国清寺智者大師伝』にも「師、眉に八彩あり、眼に重瞳あり(23)」とあるのによれば、あるいは「八采」のほうがよいかもしれない。

12「居ては定んで西に向く」は、5と同様に『荻原鈔』と『東叡山勧学寮板』は、「坐しては」としている。これは典拠となった『唐高僧伝』巻第十七の智顗伝に「臥しては便ち合掌し、坐しては必ず西を面く(24)」とあるのに基づけば、「坐しては」としたほうが厳密かと思われる。

73「西には重山連なりて」は、『荻原鈔』以後になって「重山」としているようであり、それまでの『隠海註』『実海聞書』『寛文七年板』『実俊写本』はいずれも「長山」としている。これについては、崔尚の『唐天台山新桐柏観頌幷序』と『天台大師和讃』との次の関連が注目される。

『唐天台山新桐柏観頌幷序』	**現行『天台大師和讃』**
東則亜入滄海	東は滄海はるかにて
不遠蓬萊	蓬萊方丈遠からず
西則浩然長山	西には重山連なりて
無復人境(25)	人無き境に入りにけり

すなわち和讃は明らかに『唐天台山新桐柏観頌幷序』に基づいて作成されたことが知られ、したがって「長山」

とする古来の説に従うべきであろう。

80「王子晋が旧の跡」については『隠海註』と『実俊写本』とが「孫興公」としているが、これに関して『隠海註』には、「孫興公者周霊王太子王子晋也」とあり、王子晋と孫興公とを同一人物とみなしている。しかしこれは明らかな誤りで、孫興公とは『遊天台山賦』の作者である孫綽（三二〇～三七七）のことで、字は興公（晋書巻第五六『孫楚伝』）といった。孫興公は『遊天台山賦』の中で、天台山は「玄聖の遊化する所、霊仙の窟宅する所なり。……（中略）……王喬（王子晋）は鶴を控いて以って天に沖す[26]とあり、天台山を神仙境とみなし、王子晋が鶴をひいて天に登ったことを述べている。ここで孫興公は王子晋のことを賦の中で扱っているにすぎず、孫興公と王子晋とを同一人と考えることはできない。したがって孫興公は誤りであり、「王子晋が旧の跡」とするのを正解としなければならない。

109「子雄奔林」は、『隋天台智者大師別伝』（以下『智者別伝』）の「陳郡の袁子雄あり、奔林百里なり[27]」から採ったもので、「雌雄本林」「雌雄本琳」のいずれも誤字であろう。

120「篭梁」と「虹梁」については、『智者別伝』に「湍潮綿亘して三百余里、江滬渓梁[28]合して六十処」とあり「篭梁」とすべきであり、163「泉石」と「仙跡」については、『智者別伝』に「智者雅より泉石を好み杖を負いて閑遊す[29]」とあることから、「大師は雅より泉石を」と読むべきであろう。また199「風雲」と「風雨」に関しては、『智者別伝』に「纔に泥洹の轝を動かすに手に応じて雲開き、風惨み松悲しみ泉奔り水咽ぶ[30]」とあるのを略叙したものとみられるから「風雲」とするのが正しいであろう。

121「法流」と「法池」とについては、伝教大師将来『天台霊応図本伝集』所収の『智者別伝』に従えば「法流[31]」であり、大正大蔵経所収の『智者別伝』によれば「法池[32]」となる。

187「十法界」と「十方界」は、『智者別伝』に「十如・四不生・十法界・三観・四教・四無量心・四悉檀・四諦・十二因縁・六波羅蜜を説く[33]」とあるに従って、「十法界」と読むべきであろう。

『天台大師和讃』諸本の関係を先の対校によりみると、(一)現行『台宗課誦』は『浄土院版』に拠っていること、(二)『荻原鈔』と『東叡山勧学寮板』とは同系統のものとみられることが、特徴的な点として挙げられる。

(一)現行『台宗課誦』と『浄土院版』との関係については、54「瓦官寺にして八箇年」の次にある「大智度論を講演し、次第禅門説き給う」の二句が現行『台宗課誦』に入っていることが大きな差異であるが、この二句は『浄土院版』のみならず、現行『台宗課誦』以外のいずれの諸本にもなく、近年になって『智者別伝』の記述に基づき誰かの手によって加筆挿入[34]されたものであることが知られる。かかる二句以外には、附属語の差異がわずか二カ所(119・181)あるのみで、その他二二八句は全く同一の本文を有するものである。また『浄土院版』は、巻末の前大僧正孝順の跋文によれば慈本の校訂によるものであり、慈本追補の『霞標本』とも同系統であることが知られる。

(二)『荻原鈔』と『東叡山勧学寮板』との関連については、両者の相違点もわずか二カ所(84・85)と極めて少なく、本文はよく一致している。とくに他の諸本にはなく、この両本のみに共通しているところが四二カ所にも及んでいて、その密接な関係が窺える。『東叡山勧学寮板』の開板年代は不明であるが、おそらく宝暦二年(一七五二)十一月、東総荻原行元禅寺にて覚胤によって講述された『荻原鈔』の和讃本文を底本として開板したのが『東叡山勧学寮板』であったと推測される。『荻原鈔』には「流布本ノ天仁於波(てにおは)ノ謬リ多シ。仙波実海(『天台大師和讃聞書』)ノ抄本モ善ヲ尽サズ。況ヤ抄釈モ邪観アリ、閑釈アリ。近来改正ノ何レモ善本トスルニタラズ。」と当時の流伝本の誤りや不備を厳しく批判しており、独自の立場に立って校訂を加えていることが窺われる。その他の諸本についても『隠海註』と『実俊写本』、『実海聞書』と『霞標本』、『寛文板』と『実俊写本』などとの相互関連や共通点が多少みられ、それぞれ先行本が参照されていることを物語っている。

以上のごとく諸本の対校によって、各本の関係等を考察してきたが、なにぶんにも原本はもちろんのこと、平安・鎌倉時代の古写本すら現存していないので、本文異同の是非を論ずることは難しいけれども、『智者別伝』をはじめとする和讃本文の典拠となった文章を参照しつつ、『天台大師和讃』のより良い底本を模索すべきであろう。

3　『天台大師和讃』の典拠と『天台大師画讃』との関連

前項でふれたごとく、『天台大師和讃』は、顔真卿撰『天台大師画讃』に拠って述作されたと伝えているので、『画讃』との関連にも注目しつつ、『和讃』本文の典拠を明らかにし、『和讃』にみられる天台大師讃仰の特長を検討してみたいと思う。

そこで『天台大師和讃』の典拠と『天台大師画讃』との関連を整理すると次のようである。

凡例

(1)上段の顔真卿撰『天台大師画讃』は『天台大師画讃註』[35]の本文によった。『画讃』八八句に番号を付し、『和讃』との関連をみるため『画讃』の句の一部の順序を入れ替えた。

(2)中段の『天台大師和讃』は現行『台宗課誦』所収のものを用いた。

(3)下段の『天台大師和讃』の典拠の書名については次の略号を用いた。

隋天台智者大師別伝[36]→別伝（数字は清田寂雲編『天台大師別伝略註』昭和六十三年、叡山学院刊の頁数）

続高僧伝[37]→唐伝

国清百録(38)→百録

摩訶止観序(39)→止観序

(4)『天台大師和讃』と『天台大師画讃』の句を結ぶ線（—）は『和讃』が参照したであろう『画讃』の句、または両書の関連を示す。

『天台大師画讃』	『天台大師和讃』	『和讃』本文の典拠
①天台大師俗姓陳	①帰命 頂 礼大唐国	
②其名智顗華容人	②天台大師は能化の主	
	③仏の使いと世に出でて	
	④一乗 妙 法宣べ給う。	
⑦尭眉舜目凞若レ春	⑤眉は八字に相分かれ	
⑦尭眉舜目凞若レ春	⑥目には重瞳相浮み	眼有二重瞳一、父母蔵護不レ欲二人知一而人知レ之矣。（『別伝』四）
⑧禅慧悲智厳二其身一	⑦妙慧深禅身を厳り	
	⑧仏にほとんど近かりき。	
⑤師初孕育霊異頻 ⑥綵烟浮レ空光照レ隣	⑨嬰児の間の瑞相も ⑩人より異にましまして	至二於載誕夜一現二神光一棟宇煥然、兼輝二隣室一。（『別伝』三）

⑰居常面レ西化在レ東

⑪臥ては必ず合掌し
⑫居ては定んで西に向く。

臥便合掌、坐必面レ西。（『唐伝』大正蔵五〇・五六四中）

⑬生　年七歳なりし時
⑭好んで寺に詣ずれば
⑮諸僧口に授けしに
⑯普門品をぞ以てせし。
⑰一度聴くこと得てしかば
⑱永く忘れずなりにけり
⑲残りは教ゆる人なくて
⑳独り諳にぞ悟りにき。

至二年七歳一喜往二伽藍一、諸僧口二授普門品一。初啓一偏即得。……毎存二理所誦一而惆二悵未聞一、奄忽自然能通二其余文句一。後以レ経験無レ所二遺失一。（『別伝』四～五）

⑨長沙仏前発二弘誓一

㉑長　沙の仏の御前にて
㉒大弘願を発してぞ
㉓比丘と成ては正法を
㉔荷負せんとは誓いてし。

於二長沙像前一発二弘大願一、誓作二沙門一、荷二負正法一為二己重任一。（『別伝』六）

⑩定光菩薩示二冥契一

㉕仏を礼拝せしほどに
㉖ほのかに夢の如くにて

当二拝レ仏時一挙レ身投レ地、恍焉如レ夢見下極高山臨二於大海一、澄渟蓊欝、更相顕映上。山頂有レ僧、招手喚上。須臾申レ臂至二于山麓一摂引令レ登入二一

⑪悦如三登レ山臨二海際一
⑫上指二伽藍一畢二身世一
⑬東謁二大蘇一求二真諦一
⑭智同二霊鷲聴法偈一
⑮得二宿命通一弁無礙
⑯旋陀羅尼華三昧

㉗定光菩薩招いてぞ
㉘向後鑒みて教えける。
㉙年これ十八なりし時
㉚果願寺にて出家し
㉛二十歳にいたりてぞ
㉜具足戒を受け給う。
㉝禅慧心に深く染み
㉞師友を尋ね訪うと
㉟大蘇山に攀じ登り
㊱南岳大師に見えしに。
㊲昔は霊山浄土にて
㊳同じく法華を聴きしかば
㊴宿縁朽ちせず此にまた
㊵来たれるなりとぞ宣べ給う。
㊶即ち普賢行法を
㊷教えて修せしめ給いしに

伽藍一。……申レ臂僧挙レ手指レ像而復語云、汝当レ居レ此、汝当レ終レ此。（『別伝』七〜九）

年十有八、投二湘州果願寺沙門法緒一而出家焉。（『別伝』一一）

逮レ受二具足一律蔵精通。（『別伝』一二）

時有二慧思禅師一……意期二衡岳一以希二棲遁一、権止二光州大蘇山一。先師遥飡二風徳一、如二飢渇一矣。其地乃是陳斉辺境、兵刃所レ衝而能軽二於生一重二於法一、忽二夕死一貴二朝聞一、渉レ険而去。初獲二頂拝一、思曰、昔共霊山同聴二法華一、宿縁所レ追今復来矣。（『別伝』一四）

即示二普賢道場一為説二四安楽行一。於レ是昏暁苦到如レ教研レ心。……経二二七日一誦至二薬王品諸仏同讃、是真精進、是名真法供養一到二此一句一身心豁然、寂而入レ定、持因レ静発、照二了法華一若三高暉之臨二幽谷一、達二諸法相一似三長風之遊二大虚一。……思師歎曰、非レ尓不レ感、非レ我莫レ識。所レ入定法華三

⑱八載瓦官闡二玄風一

⑲敷演智度一発二禅蒙一

⑳梁陳旧徳皆仰宗

㊸二七日にいたりてぞ
㊹法華三昧得給いし。

味前方便也。所レ発持者、初旋陀羅尼也。（『別伝』一七～一八）

㊺受法の大師に相代り
㊻金字の大品講ぜしに
㊼三三昧と三観智
㊽是れ計りをぞ問い受けし。

思師造二金字大品一竟、自開二玄義一命令二代講一。是以、智方二日月一弁類二江河一。巻舒称会有二理存一焉。唯三三昧及三観智用以諮審余悉自裁。（『別伝』二一～二二）

㊾文字の法師百千万
㊿力を合せて尋ぬとも
(51)弁才海は尽きもせず
(52)説法最も第一なり。

縦令文字之師、千群万衆、尋二汝之弁一不レ可レ窮矣。於二説法人中一最為二第一一。（『別伝』一八）

(53)昼夜に流瀉し給いて
(54)瓦官寺にして八箇年
「大智度論を講演し
次第禅門説き給う。」

先師善二於将レ衆、調御得レ所。停二瓦官一八載、講二大智度論一説二次第禅門一。（『別伝』三四）

(55)法華を弘宣し給うに
(56)梁陳 旧徳 皆来たる

儀同沈君理、請住二瓦官一、開二法華経題一。勅一日停二朝事一、群公畢集。（『別伝』二九）

㉑遂入二天台華頂中一

57 一日朝儀を停めてぞ
58 王侯相将集まりて。
59 語黙の益を蒙る者
60 済済として有りしかど
61 徒衆転た多くして
62 自行に障りを成せしかば。

初瓦官四十人共坐出二二十人得法一。次年百余人共坐、二十人得法。次二百人共坐、減十得法。其後徒衆転多、得法転少。妨二我自行一、化導可レ知。(『別伝』三七～三八)

63 陳の大建七年に
64 生年三十八にして
65 宣帝留め給えども
66 天台山に入り給う。

陳宣帝有レ勅留連。徐僕射潜涕勧請。匪レ従二物議一、直指二東川一。即大建七年秋九月、初入二天台一歴二遊山水一。(『別伝』三九)

67 其の山険しく高くして
68 一万八千丈余なり
69 周りは八百余里にして
70 八重ね一つが如くなり。
71 東は滄海はるかにて
72 蓬萊方丈遠からず

桐柏山高万八千丈
周旋八百里
其山八重四面如レ一(中略)
東則亜入二滄海一
西則浩然長山
不レ遠二蓬萊一
無二復人一境
(『唐天台山新桐柏観頌并序』全唐文巻二〇四・七～八)

㉒因見定光符昔夢

㊸西には重山連なりて
㊹人無き境に入りにけり。
㊺石橋渡りて虹の如く
㊻瀧水落て布を引く
㊼鳳鳥鸞鳥飛翔り
㊽銀地金地に分れたり。
㊾白道猷が古き室
㊿王子晋が旧の跡
81一一めぐりて見給うに
82昔の夢に異ならず。
83即ち定光菩薩の
84室より北に地をしめて
85木をうえ菴を造りてぞ
86始て宴坐し給いし。
87其の後華頂峯にして
88後夜に坐禅し給うに

石橋色皆清……上有両澗合流、従橋下過泄、為瀑布、西流出剡県界、従下仰視、若晴虹之飲澗……（『天台山記』大正蔵五一・一〇五五上）

定光和上曰、此是金地、吾居転北銀地、汝当居之。（『行歴抄』智証大師全集下・一二三〇上）

聞天台地記称有仙宮、白道猷所見者信矣。山賦用比蓬萊。孫興公之言得矣。（『別伝』三八）

中有洞天号金庭宮、即中右弼王喬子晋之所処也。（『唐天台山新桐柏観頌幷序』全唐文三〇四・七）

仍於光所住之北、建創伽藍、樹植松菓、引流繞堦。瞻望寺所、全如昔夢、無毫差也。（『別伝』四二～四三）

寺北別峰呼為華頂。登眺不見群山、暄涼永異余処。先師捨衆独往頭陀。忽於後夜大風抜木、雷震動山、魑魅千群、一形百状、或頭載竜

㉓降魔制レ敵為二法雄一
㉔胡僧開レ道精感通
㉕又有三聖賢垂二秘旨一
㉖時平国清即名レ寺

⑧⑨天魔は種種悩ませど
⑨⓪降伏し給い終りにき。
⑨①明星漸く出づるほど
⑨②胡僧形を現じてぞ
⑨③自行化他に今よりは
⑨④影向せんとは誓いてし。
⑨⑤其の時菜色相現じ
⑨⑥僧衆縁にしたがえば
⑨⑦宣帝是れを聞こしめし
⑨⑧勅命俄に下りてぞ。
⑨⑨始豊県の貢をば
⑩⓪衆の費に充て給う
⑩①両戸の民を除いてぞ
⑩②薪水に役し給いける。
⑩③浄名経を講ぜしに
⑩④砌の前に山現じ

飈一、或口出二星火一。形如二黒雲一、声如二礔礰一。倐忽転変不レ可二称言一。図画所レ写降魔変等蓋小小耳。逼迫之可レ畏之相、復過レ是。而能安忍湛然空寂。境、自然散失。又作二父母師僧之形一、乍枕乍抱、悲咽流レ涕。亦深念二本際一、達二虚無一、憂苦之相、尋復消滅。強軟二縁所レ不レ能レ動。明星出時、胡僧現曰、制レ敵勝レ怨、乃可レ為レ勇。能過二斯難一、無二如レ汝者一。……即便問曰、大聖是何法門、当云何学云何弘宣。答、此名二一実諦一。学レ之以二般若一、宣レ之以二大悲一。従レ今已後、若自兼レ人、吾皆影響。（『別伝』四三～四六）

然仏隴艱阻舟車不レ至、年既失レ稔僧衆随レ縁。師共二慧綽一種レ苣拾レ橡安レ貧無レ感。俄而陳宣帝詔云、禅師仏法雄傑、時匠所レ宗、訓兼二道俗一、国之望也。宜割二始豊県調一以充二衆費一、蠲二両戸民一用供二薪水一。（『別伝』四六～四七）

㉗贖二得魚梁五百里一

⑩⑤嶺には瑠璃すきとおり
⑩⑥澗には琳瑯布き満てり。
⑩⑦梵僧数十手ごとに
⑩⑧香爐を擎げて出で来たる
⑩⑨子雄奔林なりしかば
⑪⓪講堂改め造りにき。
⑪①山の麓の巨海に
⑪②黎民漁り繁ければ
⑪③髑骨積りて岳となる
⑪④蝿蛆の鳴く声雷同じ。
⑪⑤水性哀れむのみならず
⑪⑥船人危ぶみ多ければ
⑪⑦慈悲を回らし給いてぞ
⑪⑧衣物を捨てて買取りし。
⑪⑨湍潮亘りて三百里
⑫⓪簄梁合せて六十所

有二陳郡袁子雄、奔林百里一。又新野庾崇、斂二民三課一。両人登レ山値レ講二浄名一、遂斎戒連辰、専心聴レ法。雄見下堂前有二山瑠璃映徹、山陰曲澗琳瑯布レ底、跨以二虹橋一、填以二宝飾一、胡僧数十人、皆手擎二香炉一従レ山而出、登レ橋入上レ堂。威儀溢レ目、香煙洞レ鼻。雄以告レ崇、崇称レ不レ見。並レ席天乖其在レ此矣。雄因発心改二造講堂一。此事非レ遠、堂今見存。（『別伝』四七～四九）

但天台基二圧巨海之上一、黎民漁捕為レ業。為レ梁者断レ谿、為レ滬者蓄レ海。秋水一漲巨細塡レ梁、昼夜二潮、嗽吸満レ滬。髑髏成レ岳蝿蛆若レ雷。非二但水性可一レ悲、亦痛二舟人濫殞一。先師為レ此而運二普慈一自捨二身衣一、並二諸勧助一、贖二滬一所一永為二放生池一。于時許詡臨レ郡請レ講二金光一。済レ物無レ偏、宝冥出レ窟。以レ慈修レ身、見者歓喜。以レ慈修レ口、聞レ声発レ心。善誘殷勤導二達因果一。闔境漁人、改レ悪従善好レ生去レ殺。湍潮綿亘二三百余里、江滬渓梁、合六十処、同時永捨、倶成二法流一。一日所レ済、巨億万

㉘其中放生講二流水一

121 一時に法流と成てこそ
122 流水品をば講ぜしに。一下

数、何止十千而已哉。方二舟江上一講二流水品一、又散二粳粮一為二財法二施一。（『別伝』四九～五一）

123 財施法施の功徳の
124 限り有ること無ければ
125 昔の野生池よりも

見レ有二大池一、名曰二野生一。其水将レ尽。於二此池中一多有二衆魚一。流水見已生二大悲心一。（『金光明最勝王経』長者子流水品　大正蔵一六・四四九上）

126 是れをぞ勝れて念しける。
127 陳の太子永陽王
128 狩して馬より落ち給う
129 殆ど絶ゆるに及ぶほど
130 観音懺を行ぜしに。
131 梵僧眼に見えしかば
132 痛む処も息みにけり
133 茲れに因りて生生に
134 大師に仕えんとは云いし。

陳文帝皇太子永陽王、出二撫干甌越一。累レ信慇懃、仍赴二禹穴一……王後出遊、堕レ馬将レ絶……先師躬自帥レ衆、作二観音懺法一、整レ心専レ志。王覚二小醒一、憑レ几而坐。王見下一梵僧擎二香炉一直進上。問レ王曰、疾勢何如。王流レ汗無レ答。僧乃遶レ王一帀、香気亦徘徊右旋。即覚二豁然一、痛悩都釈。戒慧先染二其心一、霊験次悦二其目一。不レ欲レ生レ信詎可レ得乎。其願文云……願　生生世世、値二天台闍梨一、恒修二供養一、如三智積奉二智勝如来一、若三薬王観二雷音正覚一。安養兜率倶蕩二一乗一云云。（『別伝』五四～五九）

135 太極殿の内にして
136 仁王般若を講ぜしに

俄而王因二出猟一堕レ馬将レ絶。時乃悟レ意、躬自率

㉙後主三礼彤庭裏
㉚請為二菩薩戒弟子一

㉛煬皇出鎮臨二江涘一
㉜金城設レ会求二制止一
③隋煬皇帝崇二明因一
④号為二智者一誠敬申

⑬⑦諸僧勅を蒙りてぞ
⑬⑧激難鉾をば競いける。
⑬⑨論議は冬の氷にて
⑭⓪峨峨と結んで堅けれど
⑭①解くこと夏の日に似てぞ
⑭②赫赫として消えにける。

⑭③主上讃啼し給いて
⑭④起居に三度ぞ礼しける
⑭⑤大師の名誉は是れよりぞ
⑭⑥彌　天下に充満てり。

⑭⑦隋帝斎会を設けてぞ
⑭⑧菩薩戒を受け給う
⑭⑨御号を大師にたてまつる
⑮⓪智者とは是れより申すなり。
⑮①所有の施物六十種
⑮②一つも留め給わずて

レ衆作二観音懺法一。（『唐伝』大正蔵五〇・五六五中）

立二禅衆於霊曜一、講二釈論於大極一。又講二仁王般若一、百座居レ左五等在レ右。陳主親レ筵聴レ法。僧正慧晅、僧都慧曠、長干慧弁、皆奉レ勅撃揚。難似二冬氷一峨峨若レ結、解猶二夏日一赫赫能消。天子欣然百僚尽敬。（『別伝』六二～六三）

又講二仁王般若一。叙レ経纔訖、陳主於二大衆内一起礼三拝。俯仰慇懃、以彰二敬重一。（『別伝』六六）

請戒文曰……今開皇十一年十一月二十三日、於二総管金城一、設二千僧会一、屈レ師受二菩薩戒一……王曰、大師伝二仏法灯一称　為二智者一所レ獲檀儭合六十種、一時廻二施悲敬両田一、使二福徳　増多一以資二家国一。（『別伝』七五～八〇）

㉝香火事訖廼西旋
㉞渚宮聴衆踰二五千一
㉟建二立精舎一名二玉泉一
㊱横亘二万里一皆稟縁
㊲煬皇啓請迴二法船一
㊳非レ禅不レ智求二弘宣一
㊴遂著二浄名一精義伝
㊵因令三徐柳参二其玄一
㊶帝既西朝趁二象魏一
㊷師因東還遂二初志一
㊸半山忽与二沙門一値

⑮悲田敬田二つにぞ
⑮分ちて廻し給いける。

⑮生年五十七にして
⑮摩訶止観を説き給う
⑮一夏の間に敷揚し
⑮朝暮二時に慈霔す。

止観明静前代未レ聞。智者、大隋開皇十四年四月二十六日、於二荊州玉泉寺一、一夏敷揚二時慈霔。（『止観序』大正蔵四六・一上）

⑮止観一部は大師の
⑯己心中の法なれば
⑯法華を人に知らせんと
⑯名字を替て説けるなり。

此之止観天台智者、説二己心中所行法門一。（『止観序』大正蔵四六・一中）

⑯大師は素より泉石を
⑯好んで隠居し給えど

智者雅好二泉石一、負レ杖閑遊。沈吟歎曰、雖レ在二人間一、弗レ忘二山野一、幽幽深谷、愉愉静夜、澄レ神自照、豈不レ楽哉。（『別伝』九一～九二）

⑯陳隋二帝相つづき
⑯請じ下したてまつる。
⑯凡そ十二年を経て
⑯旧居に帰り給うほど

㊹俄頃逡巡復韜秘

㊺一時月夜如二論議一

㊻初夢二塔壊一胡僧至

㊼又為二南嶽一説二三智一

㊽自言必当レ終二此地一

㊾帝十七年帰二江都一

㊿遣レ使奉迎師北徂

(51)山下規画為二寺図一

(52)王家所レ弁事不レ孤

(53)石城天台西門樞

(54)正好二修観一形勝殊

(169)人跡久しく絶えてこそ

(170)竹樹林とは成りにけれ。

(171)山の半ばにいたるほど

(172)俄かに沙門相逢えり

(173)眉髪鬚も白くして

(174)逡巡りてぞ隠れにき。

(175)一時月の夜静かにて

(176)人と語らう気色あり

(177)胡僧二度現じてぞ

(178)終りを告ぐるに成りにける。

(179)隋帝頻りに請ぜしに

(180)山より下り給うほど

(181)石城寺にいたりてぞ

(182)遷化の庭とは宣べ給う。

(183)最後の説法し給うに

(184)弁才常より妙にして

自二旧所荒廃一凡十二載、人蹤久断竹樹成レ林。還届二半山一忽見二沙門眉髪皓然秉レ錫当一レ路。道俗共観、行次漸近逡巡韜秘。聖猶尚候、況人情乎。（『別伝』九一）

後時一夜、皎月映レ牀独坐説レ法。連綿良久如二人問難一。侍者智晞、明旦啓曰、未審、昨夜是何因縁。答曰、吾初夢、大風忽起吹二壊宝塔一。次胡僧謂レ我云、機縁如レ薪、照用如レ火、傍助如レ風。三種備矣、化導則行。華頂之夜、許二相影響一。機用時尽、傍助亦息、故来相告耳。……吾悟二小時之夢一当レ終二此地一。所以毎欣レ帰レ山。今奉二冥告一、勢当レ不レ久。（『別伝』九二～九四）

其冬十月、皇上帰レ蕃、遣二行参軍高孝信一入レ山奉迎。……標二寺基一已随レ信出レ山。行至二石城一仍云レ有レ疾。謂二智越一云、大王欲レ使二吾来一、不レ負二言来一也。吾知二命在一レ此、是故不レ須二強前進一。石城是天台西門、大仏是当来霊像、処所既好、宜二最後用心一。（『別伝』九五～九八）

55 像前羯磨依二昔府一
56 寄二帝如意花香炉一
57 第五法師階位絶
58 観音下迎彰二記莂一
59 万行千宗最後説
60 跏趺不レ動帰二寂滅一
61 天雲泱漭風惨烈
62 草木佤垂水嗚咽

185 聞く者涙を流してぞ
186 憂いの海には沈みける。
187 十如不生十法界
188 四教 三観四悉檀
189 四諦六度十二縁
190 一一法門相摂す。
191 智朗禅師が問いしかば
192 位は第五品にして
193 観音来迎し給えば
194 浄土へ行くとぞ宣べ給う。
195 其の年生 年六十歳
196 隋の開皇十七年
197 仲冬二十四日の
198 未の刻にぞ失せ給う。
199 其の時風雲相噪ぎ
200 草木うなだれ水咽び

唱レ経竟索二香湯一漱レ口、説二十如・四不生・十法界・三観・四教・四無量心・四悉檀・四諦・十二因縁・六波羅蜜一。一一法門摂二一切法一皆能通レ心到二清涼池一。（『別伝』一〇三）

智朗請云、伏願慈留、賜レ釈二余疑一。不審何位。没レ此何生。誰可二宗仰一。報曰、汝等懶レ種二善根一、問二他功徳一。如二盲問レ乳、蹶者訪レ路。告レ実何益。……吾今不レ久。当下為二此輩一破中除疑謗上。観心論已解、今更答レ汝。吾不レ領レ衆必浄二六根一。為レ他損レ己、唯是五品位耳。汝問二何生一。吾諸師友侍二観世音一、皆来迎レ我。……（『別伝』一〇三～一〇五）

以下大隋開皇十七年、歳次二丁巳一十一月二十四日未時上入レ滅。春秋六十、僧夏四十。（『別伝』一〇八）

(63)十日容顔殊不レ別
(64)遍身流レ汗彰二異節一
(65)欲レ帰二仏隴西南峯一
(66)泥濘載レ塗那可レ従
(67)門人瀝懇祝二晬容一
(68)応レ手雲開山翠濃
(69)于嗟此地瘞二僧龍一
(70)空余二白塔一間二青松一
(71)毎レ至二忌辰一因命重
(72)何時道俗不二憧憧一
(73)歳歳開レ龕儼二容質一
(74)最後如何忽忘失
(75)斎場数レ僧千賸レ一
(76)呼レ名点レ之又如レ実
(77)受レ湌行レ嚫還復溢
(78)明知神霊亘二談悉一

(201)沙羅双樹の昔にも
(202)相劣らじとぞ悲しみし。
(203)龕より外の十日は
(204)道俗拝みたてまつる
(205)容顔変ずることなくて
(206)身より汗をぞ流しける。
(207)遠忌にいたる時ごとに
(208)龕を開いて拝すれば
(209)尭眉舜目うるわしく
(210)鬚髪生いてぞましましき。
(211)斎の庭にて数うれば
(212)千に一人ぞ余りにき
(213)名字を呼んで点ずれば
(214)本の数に異ならず。
(215)凡そ大師の一生の
(216)所作の行業多ければ

至二于子時一頂上猶煖。雖三復不レ許二哀号一門人哽恋心没二憂海一、不レ能二自喩一。日隠舟沈永無二憑仰一。跏趺安坐在レ外十日、道俗奔赴、焼香散華号遶泣拝。過二十日一已殮入二禅龕之内一、則流レ汗遍レ身、綿帛掩拭沾濡若レ浣。……纔動二泥洹之轝一、応レ手雲開風惨松悲泉奔水咽。（『別伝』一〇八～一〇九）

至二於涅槃一坐二於石室一容範不レ変。我以二仁寿元年一遣二張乾威一往看、儼然如レ旧。（『百録』勅報百司上表賀口勅、大正蔵四六・八一六下）

又法会千僧各有二簿籍一、造レ斎点定忽盈二一人一。有司再巡還満二千数一。及レ臨レ斎受レ嚫、復成二千一一。執事驚愕出没難レ弁。豈非三先師化レ身来受二国供一。（『百録』勅造国清寺碑文、大正蔵四六・八一八下）

⑲千変万化難レ致レ詰
⑳若欲レ書レ之無二終畢一
㉑止観大師名法源
㉒親事二左渓一弘度門
㉓二威灌頂誦二師言一
㉔同稟二思文龍樹尊一
㉕写照随形殊好存
㉖源公瞻礼心益敦
㉗俾二余讃述斯討論一
㉘庶幾億載垂二後昆一

㉑⑦多くの功徳の其の中に
㉑⑧少しの功徳をこれ言えば。
㉑⑨造れる寺は三十五
㉒⓪写せる経は十五蔵
㉒①金檀絵像　十万軀
㉒②度せる僧衆は四千人。
㉒③伝教学士は三十人
㉒④修禅学士は充満てり
㉒⑤凡そ五十余州の
㉒⑥道俗其の数知りがたし。
㉒⑦大師の徳行　計りなし
㉒⑧心も語もおよばれず
㉒⑨一言讃るを縁として
㉓⓪三会に必ず値遇せん一下

所レ造大寺三十五所。手度僧衆四千余人。写経一十五蔵。金檀画像十万許躯。五十余州道俗受二菩薩戒一者、不レ可二称紀一。伝業学士三十二人。習禅学士散二流江漢一莫レ限二其数一。（『唐伝』大正蔵五〇・五六八上）

叙上の『天台大師和讃』本文の典拠を整理すると、

『智者大師別伝』……………一七一句
『続高僧伝』……………一一句
『国清百録』……………八句
『摩訶止観序』……………八句
『唐天台山新桐柏観頌幷序』………八句
『天台大師画讃』……………八句

となり、『和讃』本文二三二句のうち一七一句、七三・七パーセントが灌頂の『智者大師別伝』の文章に拠っていることが知られる。そのほか、大師の行業功徳などの一一句（⑪⑫(128)(219)〜(226)）については『続高僧伝』の文に基づき、大師入滅後の霊異に関する八句（(207)〜(214)）は『国清百録』の「勅報百司上表賀口勅」および「勅造国清寺碑文」に拠っている。また『摩訶止観』講説の八句（(155)〜(162)）については、灌頂の『摩訶止観序』の記述を参照し、天台山の描写に関しては、崔尚の『唐天台山新桐柏観頌幷序』[40]の文をほぼそのまま依用した八句（(67)〜(74)）をはじめ、徐霊府撰『天台山記』[41]や円珍撰『行歴抄』[42]、義浄訳『金光明最勝王経』[43]長者子流水品第二十五などの文献を参照したとみられる箇所もある。

　なお『天台大師画讃』との関係について、江戸末期の文久二年（一八六二）慈本追補になる『天台霞標』第四編之三には『天台大師画讃』を収録して「慧心僧都は顔真卿作の大師画讃に依って大師和讃を作れり」[44]と述べ、『天台大師画讃』によって『和讃』が述作されたごとくに書かれている。しかし今回の典拠調査の結果、『画讃』を直接参照して作られたとみられるのは、⑤⑥⑦⑫(211)〜(214)の八句のみであり、その他については、大師伝の共通事項として『和讃』と『画讃』の関連性が指摘できるにすぎないものと思われる。

4 『天台大師和讃』における天台大師讃仰

『天台大師和讃』における天台大師讃仰の特長をみるために、『和讃』に取りあげられた天台大師伝の事項を整理し、『天台大師画讃』との対比をしたのが、次の**表6-2**である。

表6-2

天台大師伝　事項		天台大師和讃	天台大師画讃
誕生より受具まで（一〜二十歳）	瑞相	六句	四句
	普門品暗誦	八句	
	長沙寺弘願	八句	四句
	出家受具	四句	
小計		二六句（二一・一％）	八句（九・一％）
大蘇山修学期（二十〜三十一歳）	南岳師事	八句	四句（南岳師事・法華三昧行・般若経代講）
	法華三昧行	四句	
	般若経代講	八句	
小計		二〇句（八・六％）	四句（四・五％）
金陵瓦官寺活躍期（三十一〜三十八歳）		一二句（五・二％）	三句（三・四％）
	天台山	一四句	

天台隠棲期（三十八～四十八歳）		
天台入山	一〇句	二句
聖賢予言（国清）		二句
華頂証悟	八句	二句
宣帝勅	八句	
浄名経講説	八句	
放生会	一六句	二句
観音懺法	八句	
小計	七二句（三一％）	八句（九・一％）
三大部講説期（四十八～五十八歳）		
陳大極殿講説	八句	
陳主三拝	四句	二句
隋晋王菩薩戒	八句	四句
玉泉寺造営		四句
止観講説	八句	
浄名疏述作		四句
小計	二八句（一二・一％）	一四句（一五・九％）
晩年期（五十八～六十歳）		
天台帰山	八句	四句
入滅	二八句	一八句
小計	三六句（一五・六％）	二二句（二五％）
入滅後霊異	一二句（五・二％）	一八句（二〇・五％）

業績徳行	一四句（六％）	
その他	一二句	一一句
総　計	二三二句	八八句

全体の傾向をみると、『和讃』では三十八歳から四十八歳に至る天台山隠棲修行期に関する事項が七二句、三一パーセントと最も重視され、次いで天台山西門石城寺での大師入滅に関する事項が三六句、一五・六パーセントを占め、大師の徳行を偲ぶよすがとしている。一方『画讃』では、天台山隠棲期は八句、九・一パーセントと割合少ないのに対し、入滅に関する事項二二句、二五パーセント、入滅後の霊異一八句、二〇・五パーセントと最も力点がおかれて、大師の神秘化が図られている点に特色がみられる。

天台山隠棲以前の前期時代（一～三十八歳）については、『和讃』五八句、二五パーセント、『画讃』一五句、一七パーセントと、『和讃』よりも『画讃』の方が注目度がやや低いといえる。また後期時代の活躍を示す三大部講説期（四十八～五十八歳）については、『和讃』は三大部のうち止観の講説についてのみ取りあげているが、『画讃』に至っては三大部の講説に関しては全くふれるところがない。むしろ陳の少主叔宝の三拝帰依のことや、隋の晋王広の菩薩戒授受のことが『和讃』『画讃』ともに強調されており、『画讃』では玉泉寺造営のことや晋王広の要請による『浄名経疏』述作のことも取りあげている。そこで陳隋二帝の帰依や密接な関係を取り扱った句を挙げると、『和讃』は三二句、一四パーセント、『画讃』は一六句、一八パーセントに及んでおり、大師讃仰の大きな要素となっていることが知られる。

註

(1) 叡山文庫多紀蔵・内典七・三四・一〇三五。
(2) 大谷大学図書館、余小一一二、寛文七年（一六六七）正月、長谷川市郎兵衛開板。
(3) 大谷大学図書館、余大二五二〇、宝暦五年（一七五五）正月、空門子明脱謹校、上総国荻原郷行元寺覚胤蔵板。
(4) 大日本仏教全書四一・三九〇上。
(5) 日本古典文学大系七三・三九六頁。
(6) 同右・三八四頁。
(7) 同右・三九八頁。
(8) 現行『台宗課誦』所収。
(9) 大谷大学図書館、余大六九〇、延宝七年（一六七九）、永田長兵衛開板。
(10) 例えば永超の『東域伝灯目録』（一〇九四年撰）などにも『天台大師和讃』の名はみられない。
(11) 叡山文庫延暦寺蔵・内典七・九・一二七七。
(12) 武石彰夫氏「天台大師和讃の作者と本文」（『大東文化大学紀要』第五号、昭和四十一年十二月）
(13) 同右において、天文九年の写本を紹介され、写本の表紙裏に「武州川越小久保郷長栄山妙光寺良学院什物」と記され、また俊誉坊の写になる旨が記されているというが、所蔵不明。
(14) 註(1)と同じ。ただし原本ではなく江戸期の写本とみられるが、書写年代は不明。
(15) 註(2)と同じ。
(16) 叡山文庫生源寺蔵・内典七・三二・三三三二。
(17) 叡山文庫真如蔵・内典二六・二一・一〇八二。
(18) 註(3)と同じ。
(19) 叡山文庫池田史宗蔵・内典七・九〇・一四二七。
(20) 大日本仏教全書四一・三八八〜三九〇。
(21) 叡山文庫多紀蔵・内典七・二七六・三三三四。

(22) 和讃の冒頭部分にある「帰命頂礼大唐国、天台大師は能化の主」の句について、帰命頂礼は天台大師にかかるべきものであるが、「は」を読めば大唐国にかかってしまうので、『東叡山勧学寮板』の読み方が正解ではなかろうか。
(23) 伝教大師全集四・二〇六頁(『天台霊応図本伝集』所収)。
(24) 大正蔵五〇・五六四中。
(25) 全唐文巻三〇四。
(26) 伝教大師全集四・一六五・一七〇頁(『天台霊応図本伝集』所収)。
(27) 伝教大師全集四・一八三~一八四頁(『天台霊応図本伝集』所収)。
(28) 同右・一八四頁、ただし大正蔵本(五〇・一九三下)には「江谿簄梁合六十三所」とある。
(29) 同右四・一九四頁(『天台霊応図本伝集』所収)。
(30) 同右・一九九頁。
(31) 同右・一八四頁。
(32) 大正蔵五〇・一九三下。
(33) 伝教大師全集四・一九七頁。
(34) もともと『天台大師和讃』は二三〇句であったが、四句一章に統一するために、この二句を加えて、五八章二三二句としたのではないかといわれているが、多屋頼俊著『和讃史概説』(『多屋頼俊著作集』第一巻、平成四年、法藏館)第二章和讃の形式の項(二九~四三頁)によれば、和讃は四句一章の部分ははなはだ多いが、四句一章という原則が存するものではないと述べ、諸例を挙げて論及されている。とくに『天台大師和讃』と同様に源信僧都作とされる『極楽六時讃』(晨朝一九〇句、日中一九八句、日没二〇二句、初夜四六句、中夜二〇四句、後夜三八句、計八七八句)や千観(九一八~九八三)の『極楽国弥陀和讃』等においても四句ずつに句切ることはできないとしている。したがって、現行本のごとく四句一章に整えるために、安易に二句を挿入することには問題があろう。
(35) 恵心僧都全集二・六一三~六四八頁、なお『天台大師画讃註』については次章の「『天台大師画讃註』の研究」(一三四頁以下)を参照のこと。
(36) 伝教大師全集四(一七二~二〇四頁)『天台霊応図本伝集』所収、大正蔵四六(一九一~一九七頁)。

(37)　大正蔵五〇・五六四上〜五六八上。
(38)　大正蔵四六・七九三上〜八二三下。
(39)　大正蔵四六・一上〜中。
(40)　全唐文巻三〇四。
(41)　大正蔵五一・一〇五五上。
(42)　智証大師全集下・一二三〇上。
(43)　大正蔵一六・四四九上。
(44)　大日本仏教全書四一・三九〇上。

二　『天台大師画讃註』

1　『天台大師画讃註』の撰者

『天台大師画讃註』一巻は、顔真卿（七〇九〜七八五）作詩の『天台大師画讃』七言八八句に註釈を加えたものであるが、この『画讃註』の撰者については、恵心僧都撰述説と智証大師撰述説の二説が行われているので、その真偽について検討を加えてみたいと思う。

まず恵心僧都撰述説については、『大日本続蔵経』第一輯第二編乙第七套（三二八下〜三二九下）所収の魯国公顔真卿撰『天台智者大師画讃』の本文に続いて、前天台座主二品親王盛胤が『画讃』の後に書した延宝丁巳（一六七七）四月の識語を収録しているが、その冒頭に、

顔真卿所《ノ》レ撰《スル》天台大師画讃九十句、声明家流習《イテ》二于歌讃《ヲ》一尚《シトス》矣。盛嘗《テ》披二閲《スルニ》群書《ヲ》一会二得《シテ》恵心師《ノ》注本《ヲ》一与レ此讎挍《シテ》頗《ル》正《セリ》二差謬《ヲ》一焉。其《ノ》註本則《チ》毎レ韻各八句、凡《ソ》十一韻八十八句、無二荊渓妙楽間生孫、広述祖教補乾坤《ノ》二句一。盛竊《カニ》謂此二句必《ズ》出二於杜撰《ニ》一非《ザル》二顔氏之真手《ニ》一也。而其《ノ》故有レ六焉。……

とあり、声明家流に行われている『天台大師画讃』九〇句のうちの「荊渓妙楽間生孫」と「広述祖教補乾坤」の二句は、顔真卿の真作ではなく後人の挿入であることを述べているが、そのことを証する大きな根拠として「恵心師

注本」を挙げている。この「恵心師注本」とは『天台大師画讃註』であることは明らかであり、盛胤は恵心僧都撰述説をとっていることが知られる。このほかに恵心僧都説をとる史料としては、目録類では『釈教諸師製作目録』[1]（一五四八～一六六七年頃成立）、『諸師製作目録』[2]、『本朝台祖撰述密部書目』[3]（一七一六年以後成立）、竜堂編『山家祖徳撰述篇目集』[4]、敬雄編慈本補『天台霞標』[5]四編之三などがある。最近では多屋頼俊博士（『和讃史概説』平成四年三月、法藏館）や天納傳中教授（天台学会編「天台大師御影供について」『天台大師研究』所収、平成九年三月）も恵心僧都撰述説に従っている。

一方、智証大師撰述説は、天台寺門派の尊通（一四二七～一五一六）撰の『智証大師年譜』にみられる。すなわち、

元慶六年壬寅、師六十九歳……十二月二十日作レリ二天台大師画讃註ヲ一。経テ二五日ヲ一而成ル。（智証大師全集下・一三九二下）

とあって、智証大師六十九歳の元慶六年（八八二）十二月二十日に作られたもので、五日間でこれを完成したと具体的に記している。また目録類では、古くは建長四年（一二五二）の奥書を有する慈胤の『山家諸祖撰述目録』[6]をはじめ、尊通撰『帙外新定智証大師書録』[7]や謙順（一七四〇～一八一二）集『増補諸宗章疏録』[8]、敬光撰『智証大師撰述目録』[9]（一七六七年成立）などが『画讃』の作者を智証大師として取り扱っている。

以上のように『天台大師画讃註』の撰者については、恵心僧都説と智証大師説の二説がみられるが、いずれも鎌倉時代以後の伝承であり、これだけでは撰者を確定することはできない。そこで『画讃註』の内容を検討してみたところ、智証大師入唐求法の記録と極めてよく一致する点がみられることなどから、智証大師の撰述に間違いないであろうとの確信を得たので、いささか論拠を示して考察してみることにしたい。

智証大師の入唐求法は、唐大中七年（八五三）八月十五日、四十歳の時、唐商人欽良暉らの貿易船に便乗して福州連江県に着岸して以来、大中十二年（八五八）六月八日、商人李延孝の交易船にて台州を辞して帰途につくまで

の、およそ五カ年に及ぶものであった。その間、かつて慈覚大師入唐の折にも従者であったベテラン丁勝雄満を訳語として従え、また途中、在唐一六年という巡礼僧田口円覚のよき案内者を得て、福州、天台山、越州、蘇州、長安、洛陽などを求法巡礼した。その旅行記としては『行歴記』三巻があったと伝えるが散逸して現存していないので、残念ながら詳細な記録は不明であるが、その抄出文（一一九四年頼覚抄記）である『行歴抄』一巻や、現存する旅行証明書類などの文書類、あるいは三善清行（八四七〜九一八）撰『天台宗延暦寺座主円珍伝』などによって入唐中の足跡のほぼ概略は窺うことができる。そこで智証大師の入唐行歴を念頭に置きながら、『天台大師画讃註』の記述を読んでいくと、極めて密接な関連が見出せるので、対応して検討してみよう。

第一に『天台大師画讃』にみられる天台大師の放生に関する「贖得魚梁五百里　其中放生講流水」の二句についての『註』を取りあげてみると、

僧伝云、往居臨海也（台州）。民以滬魚為業。罾網相連　四百余里、江滬渓梁六十余所。顗惻隠貫心、彼此相害。勧捨罪業教化福縁。所得金帛、乃成山聚。即以買斯海曲為放生之池……已上。本伝云、贖滬一所永為放生之池。于時許詡臨海郡内史、請講金光明経。済物無偏、以慈修身。見者歓喜、聞声発心。善誘懇懃、導達因果。合境漁人、改悪従善、湍潮緜亘　三百余里、同時永捨、倶成法池。一日所済巨億万数、何止十千而已哉。方舟江上講流水品。又散粳糧為財法二施……已上。五百・四百・三百余里、其数不同。応此録者随聞頗異。凡彼土多用小尺即八寸尺也。小尺五百里即大尺四百里。今伝三百余里与四百里近。余親見此放生池実三百余里。源従国清乾派　終于海口鎮。鎮臨海頭故云海口鎮、有五百里矣。台州此八疊館、以此至于国清西北山口村来並是山渓似□。従州前至鎮頭並如江。其間稍長遠　二百余許里。従国清迄州前百二十里焉。方舟江上合此州前已東。若山潭間不可双、左右岸上、往々累石為塔作信。総将此渓稍大為放生池厳禁殺生。令其中水性、昼夜常免畏故名放生池。池名准流水長者済魚池耳。(10)

とあり、天台大師が放生池となした魚梁を五百里とする『画讃』の説については、諸説があるので、この点について論及している。まず道宣の『続高僧伝』にみられる智顗伝を「僧伝に云く」として引用して、「四百余里」とあることを出し、次に灌頂の『智者大師別伝』を「本伝に云く」として引き、その中には「三百余里」とあることを示したのち、唐土では多く八寸の小尺を用うるから、小尺五百里は大尺の四百里にあたり、また三百余里は四百余里と近い数字だと『画讃』および『続高僧伝』『智者大師別伝』の三説について苦しい会通をしている。しかしながらその後に、みずからの目で親しく放生池を見学したところ、源流は国清寺の乾（北西）より始まり海口鎮（鎮、海頭に臨む）に終わるものであり、実は三百余里であると自信を持って断定しているのは、実際に放生池を見聞した者のみが書き得る表現といわなければならないであろう。さらに台州より国清寺までは百二十里の山渓であり、また台州より海口鎮までは入江のごとくであって、二百余里の距離があるなど、放生池の景観について極めて具体的な記述がなされている。

　これらを裏づける『行歴抄』の一節を掲げると、

十二月九日、五更、乗潮上発行。元璋闍梨相領入舡一切勾当。都五箇日、従渓而上、水浅石多、非常難行。此山渓者、天台大師放生之池云云。在後貞観・儀鳳之中、勅下禁断、不教漁捕。永為放生之地。拆寺已後、却如往時、滬梁満江渓、煞生過億万。今上御宇、仏日再中、僧徒知帰、俗再聞鐘、新置国清興大師教。惟幻・清観両箇禅伯、道心堅固、慈悲広深。頂鉢拄錫従五峯出、尋到長安、進状捉匭、奏請鴻鍾。人願天従、感得天恩便蒙賜給在神策鍾。兼得一本大蔵経教論。得十里之松門、免脱

百姓斫伐。放生之池、再帰旧制、梁笱之業、永改悪因。一大師之願力、二両師之妙計。不々可々思々議々。(11)

とあり、智証大師は海口鎮から台州を経て唐興（天台）県に至る行程をとっており、大中七年（八五三）十二月九日、上げ潮に乗じて舡にて霊江および始豊渓をさかのぼり、都合五日間であったことが、『行歴抄』によって知られる。しかもそこには天台大師放生池のことが取りあげられている。すなわちこの山渓は、大師滅後の貞観（六二七～六四九）、儀鳳（六七六～六七八）年間にも勅が下り、永く放生の地としていたが、会昌の破仏後は、往時のごとく放生はすたれ滬梁が江渓に満ち殺生が億万を超える状態であった。しかし今上（宣宗）の治世となり再び仏教が復興されて、新たに国清寺が置かれ、大師の教も興隆することとなった。ことに惟幻・清観両師の尽力により、大蔵経論を得、十里にわたる松並樹も百姓の伐採を免れただけでなく放生池も再び旧制に復すことができたと述べており、会昌破仏直後の放生池再興の状況を知る記録としても貴重なものである。

次に『画讃』の「長沙仏前発弘誓　定光菩薩示冥契」の二句の『註』の中の次の文が注目される。

其智者宅在荊州。天台□在台州。玄序云、荊揚往復、途将万里、已上。其一行程、即□□里。今見従揚州今国州元名也南行台山路、経六州国・常・蘇・杭・越・台。若従午向十日。台・越・杭・蘇・常・国、其程近二千里。若単取之、荊台相阻七千許里也。蒙昧未得分明。故云冥契。(12)

ここで荊州長沙寺と台州天台山との距離について七千里にも及んでいることを述べているが、とくに台州・越州・杭州・蘇州・常州・揚州（または国州）の六州を経る南北の道は午（馬）にて十日間の行程であり、その距離は二千里に近いものであるとの記述がみられる。ここにも「今揚州より南行の台山路を見るに」など、みずから歩き見聞したことを裏づける表現がなされている。そこで智証大師が実際に歩いた行程を『行歴抄』等によってみると、大中七年（八五三）八月十五日、福州連江県に着岸したのち、温州を経由して台州に入り、十二月九日台州より始豊渓を経て唐興県（天台）に至り、天台山国清寺で年を越し、翌年の大中八年（八五四）九月七日、国清寺を発して越州へ向かい、越州開元寺に滞在ののち、大中九年（八五五）三月下旬に越州より蘇州に向かった。蘇州では病気によりしばらく静養したが、四月二十五日に都長安へ向けて出発したという。その後、五月二十一日長安城に達して以来約六カ月の在京ののち、大中十年（八五六）正月十五日には洛陽へ出、さらに鄭州より汴州（大梁）、

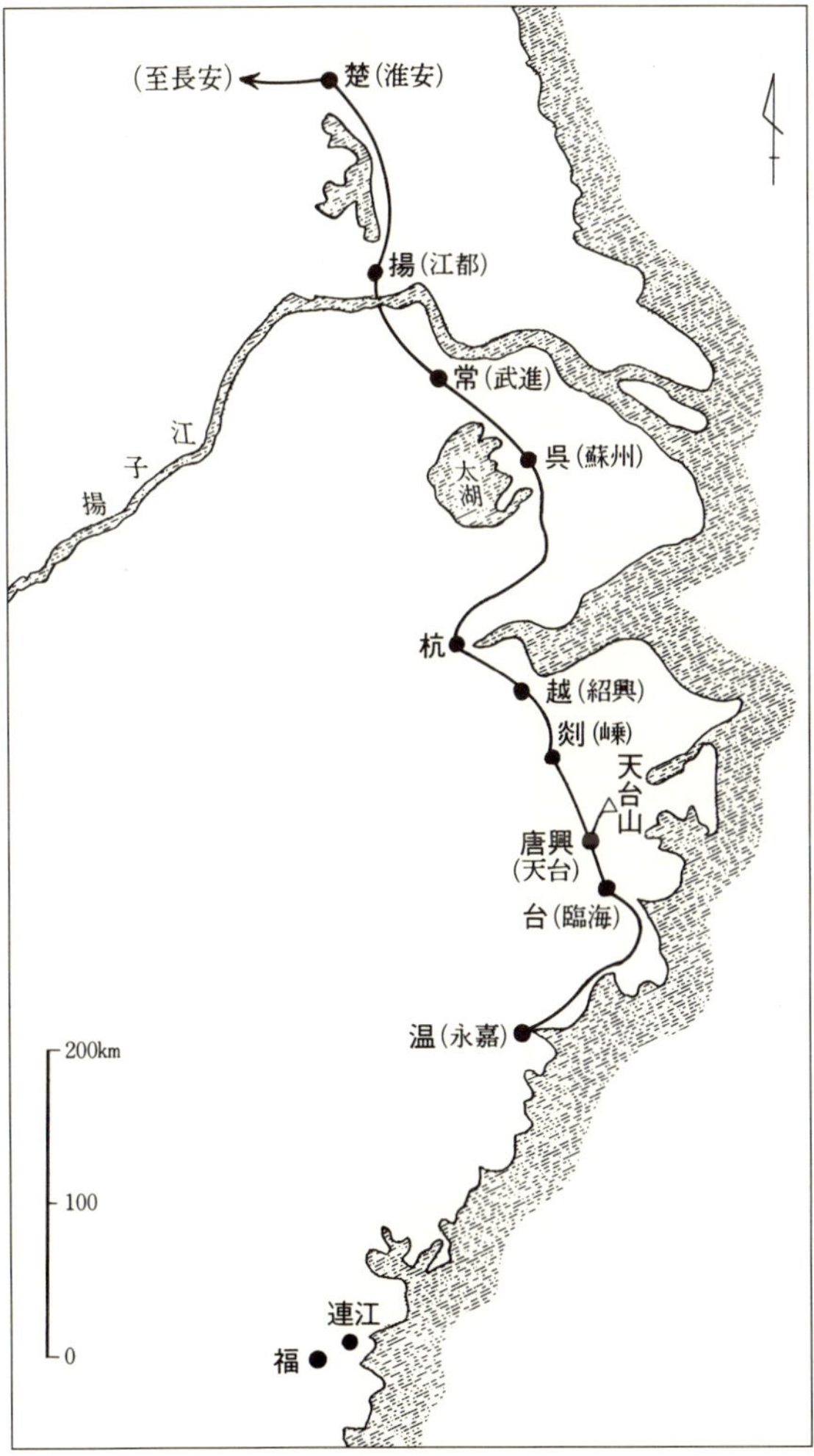

智証大師の行程

泗州を経て、五月には蘇州、越州を経由し、六月四日、天台山国清寺に再び戻ったのである。その行程は右図のごとくであり、『画讃註』に取りあげた国・常・蘇・杭・越・台は、まさしく智証大師が天台山から長安への往復に通った道であることが知られ、智証大師撰述を裏づける大きな論拠の一つとなるであろう。

次に智証大師は、大中七年（八五三）十二月十三日より翌年の九月七日に至る約九カ月間にわたり天台山国清寺に滞在しているが、大中八年（八五四）二月には、天台山仏隴峯の禅林寺と智者大師の墳墓、華頂峯や石橋などを訪ねている。『画讃註』には天台山仏隴峯の描写が三カ所に見られ、『行歴抄』等の記述と密接な関連が窺われるので、両書を対比してみると、

欲帰仏隴西南峯　泥濘載塗那可従
本伝云、既而帰仏隴、而連雨不休。已上文　縁雨沼深、行李難従、故言那可従。隴坤峯者、生日所指如上已出。地牢竹深、松園薜垂。只入禅林之路、西寺乃在墳、墳様似竈。形勝之極、計難有之。濘者与泥同音。奴計反、陥也。
（『天台大師画讃註』、恵心僧都全集二・六四二〜六四三）

于嗟此地瘞僧竜　空余白塔間青松
本伝云、道俗弟子、侍従霊儀、還遺嘱之地。已上

九日斎後、珍領徒入山。国清東北名霊芝峯、巌峻難行。宛如延暦葛阪。行十八許里、山路地黄同一金色。行尽此地路辺有墳。右題晞禅師墳、左無其題。相伝云、第六祖荊渓大師墳。並頂拝礼訖。転向路行、更有一墳、題揚州延光寺琮禅師墳。更行一許里、有幢題曰智者大師之墳。珍遥望見、心神驚動、感慕非常。即脱旧衣着勅賜紫衣引徒履階、上到墳前三遍唱名。頂拝既畢。更称釈迦仏号三度礼。次称大師号十度頂礼、三匝墳塔。方開外門見内無声。転看右柱碑文。与

指前西南峯、為遺嘱之地、遺属頂尊者。植松遶坎、其事在前。墳西松東路由其間。今時無塔。恐時淹久、末人不修乎。白塔出上文。間者間雑也。僧竜者、義取竜象。可見宗輪記　（同右・六四三）

半山忽与沙門値　俄頃逡巡復韜秘

本伝云、旧所荒廃　凡十二載。人蹤久断、竹樹成林還届半山、忽見沙門眉髪皓白　秉錫当路。衆咸共覩、行次漸近、逡巡韜秘。聖猶尚候、況人情乎。智者雅好泉石。負杖閑遊。沈吟歎曰、雖在人間。弗忘山野。幽幽深谷、愉々静夜、澄神自照、豈非楽乎。已上　今金地頭有石塔。世伝云羅漢嶺。此大師登台山時、五百羅漢、迎師相慰之地。故言羅漢。文意含之。

（同右・六四五）

貞元年写来会不相違。礼拝祈願皆悉畢已。

（『行歴抄』、智証大師全集下・一二二九下〜一二三〇上）

大中八年二月上禅林寺、便礼定光禅師菩提之樹。又拝智者大師留身之墳。金銀両地南北交頭、植松生竹東西婆娑。路由其中到禅林寺。

（『請弘伝真言止観両宗官牒款状』智証大師全集下・一三〇九下〜一三一〇上）

『画讃註』にみられる仏隴西南峯にある智者大師の墳に関する記述については、一読すればその地を訪れた者の情景描写であることは明瞭である。例えば『画讃註』の「地牢く竹深く松園り薜垂る、只禅林に入るの路、西の寺乃ち墳あり。墳様は竈に似たり」および、「墳の西、松の東、路は其の間に由れり。今時には塔無し、恐くは時淹久なれども末の人修せざるか」「金地の頭に石塔あり、世に伝えて羅漢嶺と云う」の記述は、智証大師の『請弘伝真言止観両宗官牒款状』において、「大中八年二月禅林寺に上り……智者大師留身の墳を拝す。金銀両地は南北に頭を交う。松を植え竹を生じ東西娑婆たり。路は其の中に由り禅林寺に到る」あるいはまた『行歴抄』の中で「山路の地は黄にして同一金色なり。この地を行き尽きて路辺に墳あり……、幢ありて題して智者大師の墳という」とある記載と関連共通するものである。ことに「路は其の間に由れり」という『画讃註』と『請弘伝真言止観両宗官牒款状』の両書にみられる表現法からも、同一者の文章であることは間違いなかろうと思う。

次に『画讃』の「石城天台西門枢　正好修観形勝殊」の二句の『註』においては、『続高僧伝』および『智者別伝』の石城寺での入滅に関する記述を引用したのち、石城寺について次のように述べている。

石城寺是越州剡県部内也。従官路入山少許。雕大盤石為堂、刻石為弥勒仏像。高一百尺、面及手臂並黄金色。左右脇侍皆画之宛如今日。斯梁時、僧祐律師専勾当之。事是碑文不能具載。(13)

ここでは石城寺は越州剡県の部内にあり、官路より少しばかり入ったところで、大盤石を雕んで堂となし、高さは一百尺（約三一メートル）で、面および手胸には黄金を施し、本尊の左右には脇侍が画かれていたと寺院の様子が詳細に描写されている。

智証大師は、『乞台州公験状』(14)や『行歴抄』(15)によれば、大中八年（八五四）九月七日、天台山国清寺より越州に向かって出発し、九月二十日には梅橘より舡にて越州南郭門に到着しているが、越州剡県にあったという天台西門の石城寺に関しては、『行歴抄』などの智証大師の現存文献に記述がみられないところから、小野勝年著『入唐求法巡礼行歴の研究』（上一七〇）には「奝然はこの寺に詣でているが、他の求法僧は記録を残していない。円珍も付近を通過しているものの遂に立寄らなかったらしい」とあるが、前述の『画讃註』の石城寺の記述によって、『画讃註』の撰者がこの石城寺を訪れたことは明らかであり、その人物は智証大師以外に考えることはできないであろう。

しかもこの石城寺のある剡県と天台との距離について、『画讃註』には「台山は剡と相い去ること一百八十里なり」[16]とあるが、これは『行歴抄』の中で留学僧円載のことにふれ、「大中八年二月初旬、留学円載、剡県を出で去りぬ。これ越州の管、唐興県（天台）を去ること一百八十里なり」[17]と述べている距離の数字が全く一致するものであり、この点も『画讃註』の智証大師撰述説を裏づける一つの証左となろう。

以上のように『天台大師画讃註』の撰者については、恵心僧都と智証大師の両説の伝承があるが、『画讃註』の内容を検討したところ、入唐求法巡礼者の作であること、智証大師の入唐中の足跡と何ら矛盾するところがないのみならず、『行歴抄』など現存する智証大師の記述と極めてよく一致すること、また文章の表現も智証大師のものと考えられる箇所が諸処にみられること、などから『天台大師画讃註』は智証大師の撰述によるものと断定してよいのではなかろうか。

なおまた顔真卿の『画讃』を日本へ初めて将来したのも『智証大師請来目録』に、「天台智者大師画讃碑本」[18]とあるところから、智証大師であったとみられる。このことについては源為憲編（永観二年〈九八四〉成立）『三宝絵』の「比叡霜月会」の項においても、

十日講をはりて、そのあくる朝二十四日、大師供をおこなふ。露応面を堂の中にかけて供養す。供物を庭のまへよりおくるに、茶を煎し菓子をそなふ。天台の昔に奉供するにをなじ。花をさゝげ香をつたふ。震旦の灯を思やる時に鐃鈸をうちかたぐ〵、画鑚（ママ）をとなふ。すへて天竺震旦我国の諸道の祖師達をも、供をそなへて、同

くたてまつる。画讃は顔魯公か天台大師をほめたてまつれる文なり。智証大師もろこしより伝へたるなり。(19)

と智証大師が『画讃』を唐土(もろこし)より伝え、その後比叡山の霜月会においてこの『天台大師画讃』が唱えられていたことを述べている。したがって『画讃註』の成立は智証大師の唐より帰朝の天安二年（八五八）六月以後であることは明らかであり、とりあえずは、帰国後二四年を経た元慶六年（八八二）の智証大師六十九歳の作とする尊通の『智証大師年譜』の学説に従っておくべきではなかろうか。

2 『天台大師画讃』本文の典拠

凡例

(1)上段は、顔真卿撰『天台山国清寺智者大師伝』（『天台霊応図本伝集』第二所収、伝教大師全集四・二〇五～二一六）との関連を示した。

(2)中段は、『天台大師画讃註』の本文である顔真卿撰『天台大師画讃』を原文で示した。

(3)下段は、『天台大師画讃』の典拠を示した。その典拠の書名については次の略号を用いた。

隋天台智者大師別伝→別伝（数字は清田寂雲編『天台大師別伝略註』昭和六十三年、叡山学院刊の頁数）

続高僧伝→唐伝

国清百録→百録

なお典拠の確認にあたっては『天台大師画讃註』を参照した。

『顔真卿撰智者大師伝』

大師諱智顗、字徳安、俗姓陳氏、潁川人。其先随晋先帝南遷、遂寓居荊州之華容県。

屈師受菩薩戒。師号帝為総持、帝上師号為智者。

母徐氏嘗夢、五色香煙、縈繞其懐、欲払去之。忽聞空中曰宿世因縁寄託王道、福徳自至、何以去之。因覚体重。既生、夜有神光照室。以此二異故名光道。

師眉有八彩、眼有重瞳。

『天台大師画讃』

①天台大師俗姓陳
②其名智顗華容人

③隋煬皇帝崇明因
④号為智者誠敬申

⑤師初孕育霊異頻
⑥綵烟浮空光照隣

⑦尭眉舜目濈若春

『画讃』本文の典拠

大師諱智顗、字徳安、俗姓陳氏、潁川人也。高宗茂績盛伝於譜史矣。曁晋世遷都、家随南出寓居江漢。因止荊州之華容県。（別伝・一）

師云、大王紆遵聖禁、名曰総持。王曰大師伝仏法灯称為智者。（別伝・七九）

母徐氏温良恭倹、偏勤斎戒。夢香煙五彩、軽浮若霧、縈廻在懐欲払去之。聞人語曰、宿世因縁寄託王道。福徳自至、何以去之。又夢吞白鼠、因覚体重。至於載誕、夜現神光、棟宇煥然兼輝隣室。隣里憶先霊瑞呼為王道。兼用後相復名光道。故小立二字。（別伝・二〜四）

眼有重瞳、父母蔵護不欲人知而人知之矣。

⑧禅慧悲智厳二其身一

唯禅唯慧忘レ寝忘レ飡。（別伝・三四）

妙慧深禅内充二愉楽一。（別伝・四六）

於二長沙果願瑞像前一、発願出家。夜夢、像以二金色手一、三摩二其首一。乃刻二檀像一、披二尋蔵経一。嘗因礼仏悦。忽間、夢見二高山臨海山頂一。有レ僧申レ臂、挽レ師登二一伽藍一。見三所レ造像在二殿内一。因涕泣願学二得三世仏法一、対二千部論師一説レ之、不三虚受二世間四事恩恵一。僧指レ像云、汝当レ居レ此、汝当レ終レ此。忽然而寤。（別伝・四）

⑨長沙仏前発二弘誓一
⑩定光菩薩示二冥契一
⑪悦如登レ山臨二海際一
⑫上指二伽藍一畢二身世一

於二長沙像前一発二弘大願一、誓作二沙門一、荷二負正法一為二己重任一。（別伝・六）

当レ拝レ仏時、挙レ身投レ地、悦焉如レ夢見下極高山臨二於大海一、澄渟蓊欝、更相顕映上。山頂有レ僧、招手喚上。須臾申レ臂至二于山麓一、摂引令レ登入二一伽藍一。……申レ臂僧挙レ手指レ像而復語云、汝当レ居レ此、汝当レ終レ此。（別伝・七～九）

聞慧思大師在二光州大蘇山一。

⑬東謁二大蘇一求二真諦一

時有二慧思禅師一……意期二衡岳一以希二棲遁一、権止二光因往謁焉。大師歎曰、昔於霊鷲山、同聴法華経。宿縁所追今復来矣。

即示普賢道場、為説四安楽行。乃如教修行、経二七日、誦至品諸仏同讃、是真精進、真法供養、身心豁然而入定。持因静発、得宿命通照無照了。具以白。師曰、非爾不感非我不識。所入定者、法華三昧前方便也。所発持者初旋陀羅尼也。文字之師、千群万衆、不能窮汝弁矣。於説法人中、是為第一。

⑭智同霊鷲聴法偈

州大蘇山。先師遥湌風徳、如飢渇矣。其地乃是陳斉辺境、兵刃所衝而能軽於生、重於法、忽夕死貴朝聞、渉険而去。初獲頂拝、思曰、昔共霊山同聴法華、宿縁所追今復来矣。

（別伝・一三～一四）

⑮得宿命通弁無礙

顗乃於此山行法華三昧。始経三夕、誦至薬王品、心縁苦行。至是真精進句、解悟便発、見共思師処霊鷲山七宝浄土聴仏説法。（唐伝

……思師歎曰、非尔不感、非我莫識。所入定者、法華三昧前方便也。所発持者、初旋陀羅尼也。

（別伝・一七～一八）

⑯旋陀羅尼華三昧

縦令文字之師、千群万衆、尋汝之弁不可窮矣。

於説法人中最為第一。（別伝・一八）

吾従生来坐臥常面向西、心念口言唯在阿弥陀仏。

⑰居常面西化在東

臥便合掌、坐必面西。（唐伝、大正蔵五〇・五六四中）

住瓦官、講大智度論、説次第禅門。蒙開示者、不可勝数。経八年。

⑱八載瓦官闡玄風

⑲敷演智度発禅蒙

先師善於将衆、調御得所。停瓦官八載、講大智度論説次第禅門。（別伝・三四）

有僧法済者、何凱之叔。臥問師曰、有人入禅、聞摂山地動何也。答曰、辺定不深、邪乗闇入。若取若説、定壊無疑。済驚起辞謝。因以告凱、由是声振朝野。大忍法師梁陳旧徳、与師往深相歎。揖僕射徐陵。夢其先人曰、禅師是吾宿世所宗、汝宜

⑳梁陳旧徳皆仰宗

然上徳不徳、又知音者寡。有一老僧、厥名法済、即何凱之従叔也。自矜禅学倚臥問言、有人入定聞摂山地動、知僧詮練無常、此何禅也。答曰、辺定不深邪乗闇入。若取若説定壊無疑。済驚起謝曰、老僧身嘗得此定。向霊耀則公説之、則所不解、説已永失。今聞所未聞、非直善知法相、亦乃懸見他心。済以告凱、凱告朝野。由是声馳道俗請益成蹊。（別伝・二四〜二六）

大忍法師梁陳擅徳養道開善不交当世。時有義集来会蔣山。雖有折角重席忍無所容与。

一心事之。陵自此深
尽礼敬。

儀同沈君理、請於瓦官講
法華経。陳宣帝勅停朝一
日。

令朝官王因・孔煥・毛喜・
周弘正等畢往。

僧慧栄、合掌歎云、非禅
不智、今之高座乎。

僧宝瓊・警韶・法歳・智令・
法安等、並金陵上徳、皆師事
焉。

先師観慧縦横、聴者傾耳。衆咸弾指合掌皆言聞所未聞。忍歎曰、此非文疏所出。乃是観機縦弁。般若非鈍非利、利鈍由縁豊富適時。是其利相。池深華大、鈍可意得。慶余暉之有幸、使老疾而忘疲、先達称詠故頌声溢道。

（別伝・二六～二七）

于時長干慧弁、延入定熙、天宮僧晃、請居仏窟。皆欲捨講習禅。縁差永恨。面而誓曰、今身障隔不遂稟承後世弘通、必希汲引。

僕射徐陵、徳優名重。夢其先門曰、禅師是吾宿世宗範。汝宜一心事之。既奉冥訓資敬尽節。参不失時序、拝不避泥水。若蒙書疏則洗手焼香冠帯三礼、屛気開封対文伏読句句称諾。若非微妙至徳、豈使当世文雄屈意如此耶。

（別伝・二八～二九）

儀同沈君理、請住二瓦官一、開二法華経題一。勅一日停二朝事一群公畢集。

金紫光禄王固、侍中孔煥、尚書毛喜、僕射周弘正等朱輪動二於路一。玉珮喧二於席一倶服二戒香一。同飡二法味一。

小荘厳寺慧栄、負レ才軽誕。其日揚レ眉舞レ扇、扇便堕レ地。双二構巨難一難不レ称レ捷。合掌歎曰、非レ禅不レ智今之法座乎。法歳法師爾日並坐撫二栄背一而嘲曰、従来義龍今成二伏鹿一。扇既堕レ地以レ何遮レ羞。栄答云、軽レ敵失レ勢、猶未レ可レ欺也。

興皇法朗、盛弘二龍樹一。更遣二高足一構レ難累旬、磨レ鏡転明揩レ金足レ色。虚往既実而忘レ反也。好レ勝者懐レ愧不レ議而革新斯之謂歟。

建初宝瓊、相逢譲レ路曰、少欲レ学レ禅不レ値二名匠一。長雖レ有レ信阻以二講説一方レ秋遇レ賢年又老矣。

庶因渇仰累世提携。
白馬驚詔、定林法歳、禅衆智令、奉誠法安等、皆金陵上匠、徳居僧首。捨指南之位、遵北面之礼。其四方衿袖、万里来者、不惜無貲之軀。以希一句之益、伏膺至教、湌和妙道。（別伝・二九〜三三）

因謝遣門人、往天台山。
陳太建七年四月、宣帝勅留不能得、九月至山。

㉑遂入天台華頂中

陳宣帝有勅留連。徐僕射潸涕勧請、匪従物議、直指東川。即大建七年秋九月、初入天台歴遊山水。（別伝・三九）

師見仏隴南峯欲居之。
有定光禅師者、居山三十。
師遂宿光草菴。聞鐘声響高、問此声疏数。光舞手長吟曰、但聞鳴槌集僧。是得住之相。且懐招手相引時否。師遂悟昔夢焉。

㉒因見定光符昔夢

仍於光所住之北、建創伽藍、樹植松菓、引流繞堦。瞻望寺所、全如昔夢無毫差也。
（別伝・四二〜四三）

寺北有二華頂峰一、遂往頭陀。夜忽大風雷震、魑魅怪異、千変万化。又作二父母師僧一、執抱涕泣。師皆寂然不レ動。強軟二境皆自消。已向レ明。胡僧現曰、制レ敵勝レ怨、乃可レ為レ勇。復為説レ法、随レ句明了。師因問、大聖是何法門、当二云-何学一レ之。曰此名二一実諦一、学レ之以二般若一、宣レ之以二大悲一。頭陀既竟、却帰二仏隴一。

㉓降魔制レ敵為二法雄一

㉔胡僧開レ道精感通

寺北別峰呼為二華頂一。登眺不レ見二群山一、暄涼永異二余処一。先師捨レ衆独往頭陀。忽於二後夜一大風抜レ木、雷震動レ山、魑魅千群、一形百状、或頭載二龍虺一、或口出二星火一。形如二黒雲一、声如二礔礰一。倏忽転変不レ可二称言一。図画所レ写降魔変等蓋小小耳。可レ畏之相、復過レ是。而能安忍湛然空寂。逼迫之境、自然散失。又作二父母師僧之形一、乍枕乍抱、悲咽流レ涕。亦深念二本際一、達二虚無一、憂苦之相、尋復消滅。強軟二縁所レ不レ能レ動。明星出時、胡僧現曰、制レ敵勝レ怨、乃可レ為レ勇。能過二斯難一、無レ如レ汝者。……即便問曰、大聖是何法門、当云何学云何弘宣。答、此名二一実諦一、学レ之以二般若一、宣レ之以二大悲一。従レ今已後、若自兼レ人、吾皆影響。（別伝・四三～四六）

嘗宿二石橋一。見有二三人一。皀幘絳衣、一老僧引二進之一曰、禅師若欲レ造寺、有二皇太子

㉕又有三聖賢垂二秘旨一

常宿二於石橋一見レ有二三人皁幘絳衣一、有二一老僧一引レ之而進曰、禅師若欲レ造二寺山下一、有二皇太子寺基一、捨以仰給。因而問曰、止如二今日一草舎尚難。

寺基捨以仰給。師曰、草舎尚難。何能弁寺。僧曰、後三国成一、有大勢力人。能為起寺。寺若成国即清。当呼為国清寺。

㉖時平国清即名寺

当於何時能弁此寺。老僧答云、今非其時。三国成一有大勢力人能起此寺。寺若成国則清。当呼為国清寺。于時三方鼎峙車書未同。雖獲冥期悠悠何日。（別伝・四〇～四一）

山圧巨海。漁者断渓為梁、亘復為滬。湖水来往、魚鼈唱然属。許詡臨郡、請講金光明経。師因以衣鉢贖、為放生池。漁人相率修善。凡捨六十余所。綿亘五百余里。師於江上、講流水品。

㉗贖得魚梁五百里

㉘其中放生講流水

但天台基圧巨海之上、黎民漁捕為業。為梁者断谿、為滬者蕃海。秋水一漲巨細填梁、昼夜二潮、嗽吸満滬。髗骨成岳蝿蛆若雷。非但水性可悲、亦痛舟人濫殞。先師為此而運普慈自捨身衣、並諸勧助、贖滬一所、永為放生池。于時許詡臨郡請講金光。済物無偏、宝冥出窟。以慈修身、見者歓喜。以慈修口、聞声発心。善誘殷勤導達因果。闔境漁人、改悪従善好生去殺。湍潮綿亘三百余里、江滬渓梁、合六十処、同時永捨、俱成法流。一日所済、巨億万数、何止十千而已哉。方舟江上講流水品、又散粳粮為財法二施。（別伝・四九～五一）

其年四月、陳主於大衆中、礼拝者三。以彰誠敬。

㉙後主三礼彤庭裏

又講仁王般若。叙経纔訖、陳主於大衆内起礼三拝。俯仰慇懃、以彰敬重。（別伝・六六）

沉皇后及太子。並請為菩薩戒弟子。皇太子請為菩薩戒師。師伝香在手。而涙下垂瞼。

㉚請為菩薩戒弟子

太子已下、並託舟航、咸宗戒範。以崇津導。先師虚己亡受、能安寵辱、故澹無驚喜。皇太子請戒文云、淵和南。仰惟化導無方、随機済物。衛護国土、汲引人天。照燭光耀、託迹師友。比丘入夢符契之像久彰。和尚来儀高座之徳斯炳。是以翹心十地、渇仰四依。大小二乗、内外両教、尊師重道、由来尚矣。伏希俯提、従其所請世世結縁。遂其本願、日夜増長。今二月五日於崇正殿設千僧法会、奉請為菩薩戒師。謹遣主書劉璿奉迎云云。于時伝香在手而瞼下垂涙。（別伝・六七～六九）

夫徐孝克屢書迎。師謂使者曰、我与大王深有因縁。船行江流数日而至。帝

㉛煬皇出鎮臨江湊

㉜金城設会求制止

至尊昔管淮海。万里廓清、慕義崇賢帰身如舎遣使招引。束鉢赴期。師云、我与大王深有因縁。順水背風不日而至。菩薩律儀即従稟

請レ受二菩薩律儀一。師辞譲不レ免、乃求二四願一。一願不下以二禅法一見上レ期。二願察二知樸直一、不レ責二規矩一。三願伝レ法勿レ嫌レ軽二動去就一。四願已後、於レ帰二山林一、帝不レ敢違一。遂為請二戒文一。冬十一月二十三日、於二揔管金城一、設二千僧会一、屈レ師受二菩薩戒一。

受。（別伝・七一）

請戒文曰……今開皇十一年十一月二十三日、於二総管金城一、設二千僧会一、屈レ師受二菩薩戒一……王曰、大師伝二仏法灯一称為二智者一。所レ獲檀儭合六十種、一時廻二施悲敬両田一、使二福徳増多一以資二家国一。（別伝・七五～七九）

明年春三月。請往二衡峡一。

㉝香火事訖廼西旋

香火事訖、汎二舸衡峡一。（別伝・八〇）

既至二江陵一、道俗五千余人。

㉞渚宮聴衆踰二五千一

渚宮道俗延レ頸候望、扶レ老携レ幼相趨二戒場一。垂レ黒戴レ白、雲屯二講座一。聴衆五千余人、旋レ郷答レ地荊襄未レ聞。（別伝・八〇～八一）

於二当陽県一立二精舎一。十三年七月、父帝皇親降二璽書一。因

㉟建二立精舎一名二玉泉一

既慧日已明、福庭将レ建。於二当陽県玉泉山一而立二精舎一。蒙レ勅賜レ額号為二一音一、重改為二玉泉一。

勅賜額為一音。後又改為玉泉。

㊱横亘万里皆稟縁

（別伝・八一）

其年煬帝、又使左親信伏達堂、潭州及江陵奉迎。帝請師演智波羅蜜。書疏往返、懇願慇懃。又使柳顧言虔請師。柳顧言、徐陵及著浄名経疏、皆同稟受。

㊲煬皇啓請迴法船
㊳非禅不智求弘宣
㊴遂著浄名精義伝
㊵因令徐柳参其玄

大王戸波羅蜜　先到彼岸。智波羅蜜今従稟受。請文云、弟子多幸謬稟師資。無量劫来悉憑開悟、色心無作　昔年虔受。身雖疎漏心護明珠。定品禅支、屏散帰静、荷国鎮藩為臣為子。豈藉四縁能入三昧。電光断結其類実多。慧解脱人厥朋不少。即日欲伏膺智断率先名教、永汎法流兼用治国。未知底滞可開化不。師厳道尊可降意不。宿世根浅、可発萌不。菩薩応機、可逗時不。書云、人生在三、事之如一。況譚釈典而不従師。今之慊言備瀝素款。成就事重、請棄飾辞。答曰、謬承人汎擬迹師資。顧此膚疎以非時許。況隆高命弥匪克当。徒欲沈吟必乖深寄。重請云、学貴承師事推物論。歴求法界措心有在。仰惟、宿植善根非一生得。初乃由学俄逢聖境。南嶽記莂説法会帝入朝、師辞帰天台。

㊶帝既西朝趁象魏

㊷師因東還遂初志

第一。無以仰過、照禅師来具述斯事。于時心喜以域寸誠。智者昔入陳朝、彼国明試、瓦官大集衆論鋒起。栄公強口先被折角。両瓊継軌纔獲交綏。忍師謹歎嗟唱希有。弟子仰延之始、屈登無畏。釈難如流、親所聞見衆咸瞻仰。承前荊楚莫不帰伏。非禅不智験乎金口。比聞名僧所説、智者融会甚有階差。譬若群流帰乎大海。此之包挙始得仏意。唯願未得令得未度令度。楽説不窮法施無尽。復使柳顧言稽首虔拝云云。智者頻辞不免。乃著浄名経疏、河東柳顧言、東海徐陵、並才華族冑応奉文義、緘封宝蔵王躬受持。（別伝・八四〜九〇）

会王入朝、辞帰東嶺。呉民越俗掃巷淘溝、沿道令牧、旛華交候。（別伝・九〇）

自旧所荒廃凡十二載、人蹤久断竹樹成林。還届半山忽見沙門眉髪皓然、秉錫当路。道俗共凡十二年、始《テ》遂《グ》二初志《ヲ》一。還《リテ》至《ルニ》二半山《ニ》一、忽見《ル》二一僧《ヲ》一。眉髪皓白、杖《キテ》レ錫《ヲ》来《リ》迎《ウ》、須臾《ニシテ》不レ現《セ》。後於《テ》二日夜《ニ》一、独《リ》坐《シテ》説法《ス》。如《キ》二相《イ》問難《スル》一者《ノ》良久《シ》。弟子智晞、啓《シテ》問《ウ》二其故《ヲ》一。師云《ク》、吾《レ》初夢《ム》大風吹《キテ》壊《ルト》二宝塔《ヲ》一。次《ニ》又胡僧謂《テ》レ我《ニ》云《ク》、機縁《ハ》如《ク》レ薪《ノ》、照用《ハ》如《ク》レ火《ノ》、傍助《ハ》如《シ》レ風《ノ》。三種備《レハ》矣、化道則《チ》衍《ル》。華頂《ノ》之夜。許《セリ》二相《イ》影響《スルヲ》一。機用将《ニ》尽《キ》傍助《モ》亦息《ム》。故《ニ》来《リテ》相《イ》告《グト》。一日又見《ル》下南岳大師、共《ニ》二喜禅師《ト》一。令《ムルヲ》中吾《ヲシテ》説《カ》上レ法《ヲ》。比三観三智《ハ》、最初《ニ》而受《ケチ》即《チ》説《ク》レ之《ヲ》。説竟《キリテ》又云《ク》、他方《ノ》華整、縁志応《ニ》レ往《ク》、吾等故《ニ》来《リテ》相送《ルト》。此《レ》死相《ナリ》也。吾《レ》憶《ウニ》二小年《ノ》時《ノ》夢《ヲ》一、当《ニ》レ終《ル》二此地《ニ》一。

㊸半山忽与二沙門一値
㊹俄頃逡巡復韜秘
㊺一時月夜如二論議一
㊻初夢二塔壊一胡僧至
㊼又為二南岳一説二三智一
㊽自言必当レ終二此地一

覩《ルニ》、行次漸《ク》近《ヅケバ》逡巡《シテ》韜秘《ス》。聖猶《オ》尚候《ス》、況《ヤ》人情《ヲ》乎《ヤ》。

(別伝・九一)

後時《ノ》一夜、皎月映《ジ》レ牀《ニ》独坐《シテ》説《ク》レ法《ヲ》。連綿良《ヤヤ》久《シク》如《シ》二人《ノ》問難《スルガ》一。侍者智晞、明旦啓《シテ》曰《ク》、未審《シ》、昨夜《ハ》是《レ》何《ノ》因縁《アリシヤ》。答《エテ》曰《ク》、吾《レ》初《メテ》夢《ミラク》、大風忽《チ》起《リテ》吹《キ》二壊《ルヲ》宝塔《ヲ》一。次《ニ》胡僧謂《テ》レ我《ニ》云《ク》、機縁《ハ》如《ク》レ薪《ノ》、照用《ハ》如《ク》レ火《ノ》、傍助《ハ》如《シ》レ風《ノ》。三種備《リテ》矣、化導則《チ》行《ワル》。華頂《ノ》之夜、許《セリ》二相《イ》影響《スルヲ》一。機用時《ニ》尽《キ》、傍助亦《タ》息《ム》、故《ニ》来《リテ》相告《グノミト》耳。又見《ル》下南嶽師、共《ニ》二喜禅師《ト》一令《ムルヲ》中吾《ヲシテ》説法《セ》上。即《チ》自《ラ》念言《スラク》、余《ノ》法名義皆暁《ニ》自《ラ》裁《ル》。唯三観三智《ノミ》最初《ニ》面《リ》受《ケテ》而便《チ》説《ク》。説竟《キリテ》謂《テ》レ我《ニ》云《ク》、他方《ノ》華整、相《イ》望《ムコト》甚《ダ》久《シ》。縁《テ》必《ズ》応《ニ》レ往《クベ》、吾等相《イ》送《ラント》。吾《レ》拝《シテ》称《ス》レ諾《ト》、此《レ》死相現《ルナリ》也。吾《レ》悟《ルニ》二小時《ノ》之夢《ヲ》一当《ニ》レ終《ル》二此地《ニ》一。所以《ニ》毎《ニ》欣《ブ》レ帰《ルヲ》レ山《ニ》。今奉《ク》二冥告《ヲ》一、勢《イ》当《ニ》レ不《ル》レ久《シカラ》。(別伝・九二〜九四)

十七年冬十月、帝帰江都。十一月十一日、遣参軍高孝信入山奉迎。翌日随使発山、至天台下寺経三宿。師乃親書寺図云、吾死後当為王家所弁。

二十一日、行至剡嶺、乃云有疾。謂弟子智越云、石城是天台西門。正好作西方観処。当大仏閣前、灑掃一房。是吾死処、処所既好、宜最後用心。

㊾帝十七年帰江都

㊿遣使奉迎師北徂

51 山下規画為寺図

52 王家所弁事不孤

53 石城天台西門樞

54 正好修観形勝殊

55 像前羯磨依昔府

其冬十月、皇上帰蕃、遣行参高孝信入山奉迎。因散什物用施貧。

標杙山下処擬殿堂。又画作寺図以為式様。誡嘱僧衆、如此基陛儼我目前。棟宇成就在我死後、我必不覩、汝等見之。後若造寺一依此法。弟子疑曰、此処山澗険峙、有何縁力能得成寺。答云、此非小縁、乃是王家所弁。

（別伝・九五～九六）

石城是天台西門、大仏是当来霊像、処所既好、宜最後用心。（別伝・九八）

衣鉢道具分為両分、一分奉弥勒。一分充羯磨。

並手把廿六字之蓮華香鑪、犀節如意、留別大王。願芳香不窮永得如意。

（別伝・九八）

(56)寄帝如意花香炉

蓮華香炉犀角如意留別大王（別伝・一〇〇）

智朗曰、不審、何位、何生、誰宗仰。答云、唯是五六中位耳。即法華経第五法師也。何生者、吾諸師友、侍従観世音、皆来迎我。

(57)第五法師階位絶

(58)観音下迎彰記莂

智朗請云、伏願慈留、賜釈余疑。不審何位。没此何生。誰可宗仰。報曰、汝等懶種善根、問他功徳。如盲問乳、蹶者訪路。告実何益。……吾今不久。当為此輩破除疑謗。観心論已解、今更答汝。吾不領衆必浄六根。為他損己、唯是五品位耳。汝問何生。吾諸師友侍観世音、皆来迎我。……

（別伝・一〇三～一〇五）

因索香湯漱口。説十如・四不生・十法界・三観・四教・四無量心・四悉檀・四

唱経竟索香湯漱口、説十如・四不生・十法界・三観・四教・四無量心・四悉檀・四諦・十二因縁・六波羅蜜。一一法門摂一切法皆能通心到清

諦・十二因縁一。……誰可二宗仰一者、豈不レ聞波羅提木叉、是汝之師乎。言已跏趺、西向三唱二阿弥陀仏一、如レ入二三昧一、二十四日未時、入二于寂滅一。春秋六十一。

(59) 万行千宗最後説

(60) 跏趺不レ動帰二寂滅一

涼池一。……問誰可二宗仰一。豈不二曾聞一、波羅提木叉是汝之師。吾常説二四種三昧一是汝明導。……言訖跏趺唱二三宝名一。如レ入二三昧一以下大隋開皇十七年、歳次二丁巳一十一月二十四日未時上入レ滅。春秋六十、僧夏四十。（別伝・一〇三～一〇八）

安坐十日、斂二乎禅龕一、則遍レ身流レ汗。方能帰二仏隴一之。連雪不レ止弟子呪レ之、当レ時開霽。

(61) 天雲泱漭風惨烈

(62) 草木佰垂水鳴咽

(63) 十日容顔殊不レ別

(64) 遍身流レ汗彰二異節一

(65) 欲レ帰二仏隴西南峯一

(66) 泥濘載レ塗那可レ従

(67) 門人瀝懇祝二睟容一

(68) 応レ手雲開山翠濃

至二于子時一頂上猶煖。雖三復不レ許二哀号一門人哽恋心没二憂海一、不レ能二自喩一。日隠舟沈永無二憑仰一。跏趺安坐在レ外十日、道俗奔赴、焼香散華号遶泣拝。過二十日一已殮入二禅龕之内一、則流レ汗遍レ身、綿帛掩拭沾濡若レ浣。既而帰二仏隴一而連雨不レ休。弟子呪願、願賜二威神一。纔動二泥洹之轝一、応レ手雲開風惨松悲泉奔水咽。道俗弟子、侍二従霊儀一還二遺嘱之地一。

（別伝・一〇八～一〇九）

又使人至山、設斎至忌辰。又使典載呉景賢、設斎沼福。後帝頻合開龕都不異。

(69)于嗟此地瘞僧龍
(70)空余白塔間青松

吾憶小時之夢当終此地。所以毎欣帰山。今奉冥告、勢当不久。死後安厝西南峯所指之地、累石周屍植松覆坎、乃立白塔使人見者発菩提心。（別伝・九四）

(71)毎至忌辰因命重
(72)何時道俗不憧憧

「王遣使入天台設周忌書」（百録、大正蔵四六・八一二中）

(73)歳歳開龕儼容質
(74)最後如何忽忘失

至於涅槃坐於石室容範不変。我以仁寿元年遣張乾威往看、儼然如旧。昨更令盧政力親開龕門。閉塞無有、聞迹遂不見、霊体既已変化、得道非虚。（百録、勅報百司上表賀口勅、大正蔵四六・八一六下）

(75)斎場数僧千賸一
(76)呼名点之又如実
(77)受湌行嚫還復溢
(78)明知神霊叵談悉

又法会千僧各有簿籍、造斎点定、忽盈一人。有司再巡還満千数。及臨斎受嚫、復成千一。執事驚愕出没難弁。豈非先師化身来受国供。……当辰晬容、深洞霊跡、百司拝賀四海馳声。至矣哉、象法未レ淪、仏種常続、迺聖幾感。大師応変、妙力難レ思、神図方永、祥基瑞国、雑沓葳蕤、煥乎斯之盛者也。（百録、勅造国清寺碑文、大正蔵四六・八一八下）

⑦⑨千変万化難レ致レ詰

⑧⓪若欲レ書レ之無二終畢一

⑧①止観大師名法源

⑧②親事二左渓一弘度門

⑧③二威灌頂誦二師言一

⑧④同稟二思文龍樹尊一

⑧⑤写照随形殊好存

⑧⑥源公瞻礼心益敦

⑧⑦俾二余讃述斯討論一

⑧⑧庶幾億載垂二後昆一

註

（1）大日本仏教全書九五・五九上。

（2）同右九五・三九上。

(3) 同右九六・二二六上。
(4) 同右九六・二〇二上。
(5) 同右四一・三九〇上～下。
(6) 智証大師全集下・一四〇〇下。
(7) 同右・一四〇二下。
(8) 大日本仏教全書九五・八五下。
(9) 智証大師全集下・一四二五下。
(10) 恵心僧都全集二・六二八～六三〇頁。
(11) 智証大師全集下・一二二六下～一二二七上。
(12) 恵心僧都全集二・六二一頁。
(13) 同右・六三八～六三九頁。
(14) 智証大師全集下・一三〇五下。
(15) 同右・一二三〇下。
(16) 恵心僧都全集二・六三八頁。
(17) 智証大師全集下・一二二九上。
(18) 同右・一二七三上。
(19) 大日本仏教全書九〇・二七三下。

三　安居院澄憲・聖覚法印の浄土教

1　澄憲法印とその著作

平安末期から鎌倉初期にかけて、唱導にすぐれた才能を発揮して説教第一といわれた安居院流（あぐいりゅう）の代表的人物に、澄憲と聖覚とが挙げられる。澄憲と聖覚とは親子の関係でありながら、師弟として安居院の法脈を継ぐという実子相承で、聖覚は澄憲の真弟子と称されている。

澄憲（一一二六～一二〇三）は安居院流唱導の祖といわれ、少納言藤原通憲（信西入道）の第七子である。はじめは家学の儒学を学んだが、のち出家して比叡山東塔北谷の竹林房に住し、洛陽の里房を安居院と号し、法印に叙せられて澄憲法印と尊称された。また安元三年（一一七七）には、天台座主明雲が伊豆に流されるという事件が起こり、その時澄憲は明雲から天台の一心三観の血脈を相承したと伝えられている。さらに澄憲は天台の最高学階である探題となり、論義の証義者となっているが、ことに彼の唱導はその名声が天下に轟き、『尊卑分脈』には「四海大唱導一天名人也　此一流能説正統也」とまで称讃されている。このような澄憲のすぐれた唱導を物語る記事は『玉葉』『明月記』『源平盛衰記』等にしばしばみられる。

澄憲の著作としては次のものが伝えられている。

(1) 法華経釈（法華三十講品釈） 一巻 存（日本大蔵経二四・二八九上〜二九八下）
(2) 無量寿経四十八願釈 一巻 欠（浄土依憑経論章疏目録所載、日本仏教全書九六・一四五上）
(3) 無量寿経与悲華経阿弥陀四十八願抄 一巻 欠（同右一四五上）
(4) 往生要集疑問 一巻 欠（同右一四七上）
(5) 六道惣釈 一巻 欠（同右一四八下）
(6) 白毫讃 一巻 欠（同右一四九上）
(7) 転法輪抄弥陀部 欠（同右一四八上）
(8) 唱導鈔 一巻 存（叡山文庫真如蔵所収）
(9) 源氏供養表白 一巻 存（叡山文庫無動寺蔵所収）
(10) 言泉集 一巻 存（金沢文庫、叡山文庫真如蔵所収）
(11) 澄憲作文集 一巻 存（叡山文庫真如蔵所収）
(12) 両界表白 一巻 存（渓嵐集所収）
(13) 蘇悉地密印許可 一紙 存（南渓蔵所収）
(14) 十王秘決 一巻 存（正教蔵所収）
(15) 仏経供養略作法 一巻 存（妙法院蔵所収）
(16) 曼供私抄（曼供用意） 一巻 存（叡山文庫毘沙門堂蔵所収）
(17) 聖観音講式 一軸 存（高室院所収）
(18) 山門雑記 三巻 存（法明院所収）

(19) 延暦寺縁起　一巻　存（円融蔵所収）
(20) 澄憲作文大体　一巻　存（叡山文庫真如蔵所収）
(21) 十種供養式　一巻　存（勝林院所収）
(22) 澄憲表白集　二巻　存（醍醐三宝院蔵所収）
(23) 諷誦表白文集　存（叡山文庫真如蔵所収）
(24) 承安三年声明集序　一軸　存（勝林院、円融蔵所収）
(25) 日吉服忌令　一冊　存（円融蔵所収）

以上のごとく澄憲の著作は、唱導書をはじめ表白文や講式、声明関係のもの、さらに密教関係にも及んでいる。ことに浄土教関係の著作として、『無量寿経四十八願釈』『無量寿経与悲華経阿弥陀四十八願抄』『往生要集疑問』『六道惣釈』『白毫讃』『転法輪抄弥陀部』の六部もあったことが『浄土依憑経論章疏目録』（以下『長西録』）に記載されており、澄憲が浄土教に深い造詣をもっていたことが知られる。またこれ以外の澄憲の現存する著作の上から、彼の浄土信仰について検討する課題が残されているが、これについては今後の研究に俟たねばならない。

2　澄憲法印撰『四十八願釈』の逸文

平安中期の叡山浄土教は、『観無量寿経』中心の浄土教であったが、後世の『無量寿経』中心の浄土教へと進展する先駆をなしたのは静照（?～一〇〇三）である。この静照の立場をうけて、『無量寿経』を中心とした浄土教が確立されてくるのは、鎌倉時代の法然の浄土宗独立をはじめとする新宗派生時代であるが、安居院の澄憲も著作の

表8－1

人名	『四十八願釈』に引用	澄憲釈と同意見として関連づけ	計
義寂	2	4	6
憬興	2	2	4
静照	1	5	6
慧心	1	1	2
真源		5	5
法位		2	2
御廟		2	2
玄一		1	1
浄影		1	1

書名	『四十八願釈』に引用
小阿弥陀経	2
観無量寿経	1
大無量寿経	1
清浄覚経	1
法華経	1
智度論	1
経	1

上からみて、『無量寿経』に強い関心を示していることが窺える。しかし澄憲の『四十八願釈』をはじめとする浄土関係の著作は、『長西録』等の目録の上にその名がみられるのみで、すでに散逸して現存していないので、彼の浄土思想を知ることはできなかった。しかるに、幸いにも散逸していた澄憲の『四十八願釈』が、望西楼了慧（一二四三～一三三〇）の『無量寿経鈔』（浄土宗全書一四上）に五三回と『往生拾因私記』（浄土宗全書一五）に一回と計五四回もの引用が発見され、また礼阿（？～一二九七）の『無量寿経聞書』（続浄土宗全書一七）や白弁の『無量寿経集解』（日本仏教全書五三）にもその断片が見つかってきた。ことに了慧の『無量寿経鈔』に引かれるのは、四八願のうち四〇願にもわたっているので、了慧の引用文によって、澄憲の『四十八願釈』の内容がほぼつかめるのではなかろうか。

そこで、了慧の『無量寿経鈔』等に引用された澄憲の『四十八願釈』にみられる経論および人名や澄憲の釈とほぼ同意見として関連づけて紹介されている諸師の名を整理すると、**表8-1**のごとくである。

ただし**表8-1**は、了慧の『無量寿経鈔』に引用された澄憲

表8-2

願数	義寂	静照	真源	澄憲
2	命終復不更悪趣	不更悪趣	同上	同上
3	身皆金色	悉真金色	同上	同上
4	令形無好醜	無有好醜	同上	同上
5	令遠識宿命	令識宿命	宿住能憶	遠識宿命
6	令天眼徹視	令得天眼	天眼徹視	同上
7	令天耳洞聴	令得天耳	天耳洞聴	同上
8	明鑒他心	見他心智願	明鑒他心	同上
9	令神足迅速	令得神足(神通如意)	神足迅速	身如意通
10	令不起漏染	不貪計身(離諸妄想)	諸離妄想	令不起漏染
12	得勝光明	光明無量(仏光無辺)	同上	同上
13	得寿久住	寿命無量(仏寿無量)	同上	同上
14	摂多眷属	声明無量(声聞無数)	同上	同上
15	眷属長寿	寿無量(眷属長寿)	同上	同上
17	諸仏同讃名字	諸仏称嘆(諸仏称揚)	同上	同上
20	摂取聞名欲生	欲生果遂(繫念定生)	順後往生	同上
23	令奉遍持諸仏	供養諸仏	承力供養	同上
26	令得堅固身	那羅延身	身得堅固	同上
30	慧弁令無限量	恵弁無量(智弁無窮)	慧弁令無限量	同上
31	国土光色徹照	土如明鏡(徹見十方)	徹見十方	猶如明鏡
34	音声摂益	聞名得忍	聞名得益	同上
46	随願得聞所欲所聞法	自然聞法(随意聞法)	随意聞法	自然得聞
47	聞名令得至不退転	得不退転(聞名不退)	聞名不退	同上

の『四十八願釈』の逸文に拠るものであるから充分なものとはいえないが、一応の傾向は知られるであろう。つまり、新羅浄土教の義寂や憬興の注疏を引いているが、法然にみられるごとき善導の影響は比較的少なかったようである。義寂や憬興等の新羅浄土教に密接な関連をもっている点は、良源の『九品往生義』と共通しているが、「四十八願」の願名については、良源のごとき奈良浄土教からの影響はなく、**表8-2**のようにむしろ静照や真源の願名を参照している。「四十八願」の願名の願名呼称に先鞭をつけたのは、法位、玄一、義寂、憬興らの新羅浄土教であることから、澄憲も新羅浄土教に注目したのであろう。

　ことに澄憲の第十八願について、了慧の『無量寿経鈔』には、

憬興云摂上品願有説下品非也（澄憲引用此師）(1)

とあって、憬興（?～六八一～?）が十八願を上品に、十九願を中品に、二十願を下品に充てて、三願をそれぞれ上中下品に配当した説を澄憲が参照し、依用したことが知られる。これは法位が第十八願を上三品とし、第十九願を中三品とし、第二十願を下三品とする説に拠ったもののごとくであり、新羅浄土教の影響とみられる。しかし同じ新羅浄土教の影響を受けた良源が、義寂の説を受けて、『観無量寿経』の下品下生の口称念仏をもって第十八願の十念を解し、しかも第十八願の称名行より第十九願の修諸功徳の諸行重視の立場で、第十八願より第十九願の機類がすぐれているとする第十九願中心の本願観とは異なるものである。了慧の『無量寿経鈔』等には、澄憲の第十九願釈の逸文は引かれていないが、第二十願については次のごとく引用されている。

澄憲云。此願於衆生広済勝前歟。従雖不称念。但聞名欲生依此願楽遂必得生。乃至此願意趣雖云植衆徳本。志但発願為先。乃至三心十念皆願上助成也。若発願者必得果遂。故最要也。問。発願無一行者何時得往生。答。願必引行。全無行者遂争得生。乃至問。介爾発願尋即妄失。況復隔生如水上沫。何曽憶念何時引接。生死浩然往生無期。不果遂言有名無実歟。答。凡心微願実少力用実如所問果遂長遠。但不如不発。如来悲願加護衆生如魚母念子不捨少弱。乃至有心者聞弥陀名必可発一念弘願。必遂往生彼刹。普賢十願文深与此義符合。已上此中義寂御廟真源澄憲等師意少雖殊。但云順後往生願。(2)

つまり先に第十八願で述べたように憬興の説に基づき、第二十願は広く下品までも摂する故に、第十八、第十九願よりすぐれているとして三願の差別を認める立場に立っている。しかもこの二十願は、称名念仏をしなくとも聞名欲生するのみで往生できるのであるから、三心十念は第二十願の助成にすぎないとまで断言している。しかも二十願には植衆徳本といっているが、むしろそれより発願を先となすと述べて、発願に重点が置かれている。しかし発願といっても、凡夫においては微力なもので妄失してしまうし、生を隔てては水上の沫のごときはかないものであるから、往生できないのではないかという問いに対して、それは如来の悲願によって加護され、必ずや往生が遂げられると答えている。ここで如来の悲願の内容は、普賢の十大願に符合するというのである。普賢の十大願は『華厳経』に説かれる、㈠礼敬諸仏、㈡称讃如来、㈢広修供養、㈣懺悔業障、㈤随喜功徳、㈥請転法輪、㈦請仏住世、㈧常随仏学、㈨恒順衆生、㈩普皆回向であって、般若訳『四十華厳』には、この行願によって極楽世界に往生して阿弥陀仏を見ると説かれる。また普賢みずからも、「また願わくはわが命終の時に臨み一切の障礙を除きて、面のあたりに阿弥陀仏を見たてまつり安楽世界に往生せん」といっており、澄憲が、かかる『華厳経』における願生の思想を四十八願の釈に導入し、第二十順後往生願の発願の内容としているのは、特色ある主張であろう。

さらにまた、澄憲の浄土思想で注目すべきは『四十八願』の第三十五願の逸文である。

澄憲云。薬師誓願現身転女成男。法華云。尽二是身一後不二復受一。弥陀誓願亦同。(3)

これは弥陀の第三十五願を釈するのに、薬師の十二の大願の中で転女成男の義を明かすところに着目し、『法華経』の文を証拠として引き、薬師の誓願と弥陀の誓願とが同一であることを論じている。この弥陀と薬師に関係については、中古の学匠とうたわれた宝地房証真（?～一二一四頃）の『法華玄義私記』にも次のごとく説かれている。

私云。弥陀大身勝応与レ報。未レ可二定判一。如二薬師仏一。或云二勝応一……薬師仏土即同二極楽一。故弥陀仏広大之身。或応或報。亦可二不定一。(4)

すなわち、弥陀仏は勝応身か報身のいずれにも定判すべきでないが、これは薬師仏についても同じであり、仏土についても薬師と極楽浄土とは同一であるとして、証真は澄憲と同様に薬師弥陀一体説を主張している。このように証真の学説と澄憲の弥陀第三十五願の解釈とには密接な関連がみられる。澄憲と証真とのつながりは伝記の上からも明らかで、『天台座主記』等には、建仁元年（一二〇一）九月十六日から二十一日間にわたって山王大宮拝殿で修せられた如法法華五種行の結願に導師を勤めたのが澄憲であり、式衆の中に権少僧都証真がいた[5]と記されている。この『座主記』の記事からすると、澄憲は証真よりも年上であったと思われ、澄憲の影響を証真が受けて薬師弥陀一体説を立てたと考えられる。いずれにせよ当時の叡山で薬師と弥陀の一体説が行われ、四十八願の解釈にも、これが影響を及ぼしていたものとみられる。

澄憲の四十八願に対する解釈は、なにぶん了慧の『無量寿経鈔』に引用された逸文に拠るしかなく、その一部を紹介したのみである。なお今後の澄憲の浄土教研究に資するため、了慧の『無量寿経鈔』等に引かれている澄憲の『四十八願釈』の逸文を全文掲げて結びとしよう。

(1) 澄憲《ノ》云《ク》。二《ニハ》者仏土《ノ》願無三悪趣等是也。　（浄土宗全書一四・七〇下）

(2) 澄憲《ノ》云《ク》。分段《ノ》人天《ハ》彼土《ニ》亦無《シ》。故《ニ》云《ウ》二勝過三界道《ト》一。而《モ》有《リ》二相似《ノ》人天一非《ズ》レ如《クニハ》二悪道《ノ》一。故《ニ》有《リ》二此《ノ》願一。問《ウ》。有《リ》二鳧鴈鴛鴦一。又非《ズヤ》二相似《ノ》悪趣《ニ》一乎。答《ウ》。身帯《シ》二七宝之色《ヲ》一声出《ス》二五根之囀《ヲ》一。故《ニ》全《ク》異二悪道《ニ》一。（第一願、浄土宗全書一四、七二上）

(3) 澄憲《ノ》云《ク》。四十八願多《ク》有《リ》二浅深総別《ノ》之異一。一一《ノ》願文未《タ》二必《ズシモ》全別《ナラ》一。（第三願、浄土宗全書一四、七四上）

(4) 澄憲《ノ》云《ク》。無好醜《トハ》者是《レ》又顕《スノ》二勝報《ヲ》一之初門也。後《ノ》得神通《ト》得三十二相等《ハ》者是《レ》則《チ》甚深《ノ》勝徳也。先《ヅ》挙《テ》レ浅《ヲ》後《ニ》述《ブ》レ深《ヲ》。（第四願、浄土宗全書一四・七四下）

(5) 如《ク》二澄憲《ノ》云《ガ》一。分段《ノ》穢国流転《ノ》含識《ハ》不レ知《ラ》二宿命《ヲ》一。故《ニ》於《テ》レ善《ニ》不レ進《マ》於《テ》レ悪《ニ》不レ恐《レ》。万善《ノ》懈怠。衆悪《ノ》造作。只為《メナリ》レ不《ルガ》レ知《ラ》二宿業《ヲ》一也。彼《ノ》羅漢《ハ》憶《テ》二泥梨《ノ》苦《ヲ》一流《シ》二血《ノ》汗《ヲ》一。福増《ハ》見《テ》二先身《ノ》骨《ヲ》一忽《ニ》開悟《ス》。不《レバ》レ知《ラ》二先生《ノ》母《ヲ》一以《テ》為《ス》レ妻《ト》。不《レバ》レ知《ラ》二先世《ノ》怨《ヲ》一養《テ》為《ス》レ子《ト》。不《レバ》レ知《ラ》二先身《ノ》父《ヲ》一以《テ》為《ス》二美食《ト》一等。皆迷《テ》二宿命《ノ》事《ニ》一著《ス》二今世《ノ》楽《ニ》一。忽《チニ》聞《テ》二本縁《ヲ》一皆生《ズル》二厭心《ヲ》一者《ナリ》也。利生方便《ハ》只《ダ》宿命智《ナリ》。

知其恩済度衆生。専知宿世行業誘引之。聖教多其例。不能具之。（第五願、浄土宗全書一四・七六上）

(6) 澄憲云。往生彼土者先知宿命深仰仏徳。如照公釈。故先列之歟。如彼天衆生天先憶宿業以報往因。（第五願、浄土宗全書一四・七六上）

(7) 澄憲云。凡夫肉眼不見一紙外。嗚呼悲哉。不見地獄餓鬼之苦果。不見父母師長之受報。厭離心緩報謝思怠。龍樹説地獄苦云。若見図絵聞佗言如是知時以難忍。云云又経云。男女非聖無神通。不見輪廻難可報。云云孝子面見父母苦果者寧甘哺安席。上求下化之要。厭苦報徳之道。其唯在天眼照視者歟。（第六願、浄土宗全書一四・七七上）

(8) 澄憲云。以天眼雖見形色以天耳不聞言音者其恨尤深。故此通至要。地獄衆苦之声。餓鬼飢渇之声。聞之鎮増大悲之心。乾闥緊那之楽。神仙誦経之音。聞之常楽寂静之洞。況諸仏説法聞悉受持。菩薩対談聴併渇仰哉。（第七願、浄土宗全書一四・七七下）

(9) 澄憲云。世俗万事猶以知他心為最要。況出世利物化他不知衆生心何為転法輪。宝女摩衣知情。侍者阿難無違仏心。奉父養母以従気色為先。朝三暮四以叶民心為要。況掩鼻殺寵姫捕蜂戮愛子。不知咲是瞋。不測親反疎。皆是不知人情之過也。何況利生方便之道哉。（第八願、浄土宗全書一四・七八上）

(10) 澄憲云。身如意通其徳非一。然而余事皆置之。往生極楽奉仕弥陀値遇衆聖。本願既満巨益亦足。剰以身通一念之頃往来他方仏国。実是不慮大幸也。諸仏国土昔唯聞名。一仏一刹不見不至。今生浄土忽得神通。一念遊十方仏国。須臾遇無数大聖。弥陀願力不可思議猶不可思議。（第九願、浄土宗全書一四・七九上）

(11) 澄憲云。憬師判此願属漏尽通専不可也。漏尽通者無学所得也。豈生極楽者皆忽無学聖哉。九品階級大以相違歟。生彼土已経劫数後始有証須陀洹。如造逆之人。纔雖往生十二大劫蓮華不開敷以前凡夫不可疑。寂師釈応理。但是彼土人縁妙境雖令適悦不為貪著。是彼土不共徳。又則清浄願力所成也。例如北州人雖異生不起我執。彼国人亦如是。未断結漏而無貪著。此願来意尤有其意。上願身相皆金色無好醜別。次説五神通之徳。如此等勝徳須起計著致高慢。然依菩薩願力永無此事。若忽証漏尽通者還似無秀句歟。

（第十願、浄土宗全書一四・八〇下）

(12) 澄憲云。一超苦輪適生浄国如来願力也。縦雖往生若再退還生死者。如謬入仙家為半日客。三尊迎接一夢喜悦歟。小阿弥陀経云。皆是阿鞞跋致。此経云。皆悉到彼国自致不退転。已上同第四願釈云。正定聚者聖位論之。

（十一願、浄土宗全書一四・八二下）

(13) 澄憲云。光明無量者阿弥陀一義也。乃至観経云。光明遍照十方世界念仏衆生摂取不捨。不捨之力正由光明。故此仏光於行人為最要。

（第十二願、浄土宗全書一四・八三下）

(14) 澄憲云。無量寿徳者即名号一義也。乃至仏寿無量化道至徳也。誰不渇仰此願哉。如釈迦牟尼仏雖発五百之本願唯限八十之寿命。恋慕悲歎言而叵尽。南無無量寿仏南無無量寿仏。

（第十三願、浄土宗全書一四・八四下）

(15) 如澄憲云。阿弥陀仏弟子無量三無量中其一也。如小経所説声聞無量故非一。一者中三品皆小果人也。二者水鳥樹林多説苦空。聞者証小。是以弥陀初発心時発願我亦三乗度衆生。見智論三是穢土声聞厭心猛利寿命短促故。多証小果即帰涅槃。彼国衆生寿命無量又無厭心。故多証果者多留住者。四者穢土中不定性雖廻心若定性於有余土入仏慧。故皆唱滅度。極楽声聞於小不住必還入大。故不

取二滅度一。先証後来。有増無減故声聞無量。（第十四願、浄土宗全書一四・八五下）

⒃ 如二澄憲云一。人民寿命無量 浄土第一徳也。乃至非二只貧レ生悪レ死修二行仏道一者死魔為レ恐。生死間隔退縁根本也。見仏聞法値二遇衆聖一。供二養諸仏一。親二近善友一。自然快楽無レ有二衆苦一。其徳非レ一。若寿命短促 者遺恨幾許。如二玉坏無一レ底。故此願最至要者也。（第十五願、浄土宗全書一四・八六下）

⒄ 澄憲云。浄土無二不善悪道等名一者其義如何。悪法皆是法門也。忌レ之不レ説歟。若爾法門名義皆可レ闕レ之。有人通云。体上名也。不レ遮二但名一。云云 未レ見二人師解釈一更可二思択一。（第十六願、浄土宗全書一四・八七下）

⒅ 四十八願釈澄憲云。釈尊一代対二娑婆一勧二極楽一者。人師多釈云。宿縁厚故由二物機一故。云云 未レ知二弥陀機縁十方同等一歟。未レ測三十方衆生同有二西方縁一歟。十方一同有二宿縁一者此義頗難レ信。又娑婆独有縁 義専為二虚設一。若十方衆生必不レ有レ縁者諸仏咨嗟之願無用 歟。此義可二思択一。（第十七願、浄土宗全書一五・四二一上）

⒆ 澄憲云。此願於二衆生一広済勝レ前歟。縦雖レ不二称念一。但聞レ名欲生 依二此願楽一遂必得レ生。乃至此願意趣雖レ云二植衆徳本一。志但発願為レ先。乃至三心十念皆願上助成也。若発願 者必得二果遂一 故最要也。問。発願無二一行一者何 時得二往生一。答。願必引レ行。全無行 者遂争得レ生。乃至問。介爾発願尋即忘失。況復隔レ生如二水上沫一。何曾憶念何 時引接。生死浩然 往生無レ期。不果遂言有名無実 歟。答。凡心微願実少二力用一実如二所問一果遂長遠。但不レ如レ不レ発。如来悲願加二護 衆生一如二魚母念一レ子不レ捨二少弱一。乃至有レ心者聞二弥陀名一必可レ発二一念弘願一。必遂レ往二生彼刹一。普賢十願文深与二此義一符合。（第二十願、浄土宗全書一四・九五上）

⒇ 澄憲云。一生補処種種義。全非二此願要一。除二本願一者示二現下位一。義全不レ叶二経意一。此師総不レ悟二願意許一歟。此願高勝也。留レ心可レ思。其故者法身菩薩進レ道不定。或従二生身仏辺一。或於二法性土一此中多専可レ在二法性土一。身相説法倶可レ勝二界内一。故然 応下来二界内一菩薩聞二応仏説法一増中進此事上可レ為レ希。弥陀願力独殊勝 来二生 彼

国菩薩於此国必至一生補処位。豈非最勝願哉。法身大士普現三昧之力。一時遍十方浄穢土聞諸仏説法而於極楽必至増道。実是仏願力奇特也。余仏利益理須似無力歟。除其本願等者。此文地住以上菩薩意楽不同誠証也。慧心先徳以之証誠住上超次不同義。仏願力実雖爾菩薩意楽又不同。故留下位不楽増進之人。乍在彼土必不至一生補処也。

（第二十二願、浄土宗全書一四・九九上）

(21) 澄憲云。上神境通願中於一念頃下至不能超過百千億那由他諸仏国。云云与今願有何別。答。上衆生自力。下教主加被。是為差別。又問。以自力一念至無量仏土理須供養。又蒙仏力供養仏。供仏是同。別時可供養歟。一時之中兼二義歟。答。上只顕身通力用。一念超過徳為事未云供養。今別顕供養之徳也。差別顕然不須疑問。乃至諸凡夫生彼土。忽蒙仏力。一念供養無量諸仏。豈非勝願乎。但既云菩薩。若不令被初生凡類歟可思之。

（第二十三願、浄土宗全書一四・一〇一上）

(22) 澄憲云。持本土供具如意供養他方猶為勝。況在諸仏前現自福力得所欲供具哉。

（第二十四願、浄土宗全書一四・一〇二上）

(23) 澄憲云。尋云極楽教主現転法輪音聞一国。彼土衆生不遑聴法何隙菩薩又説法乎。答。試決之能化説法実遍一国。菩薩説法然何有妨。水鳥樹林猶唱法音聞者得益。釈尊在世声聞菩薩処処説法。是則機縁無定仏亦許之。極楽如此。近仏辺者聴仏説法。遠住之輩相従菩薩。経行遊戯何不説法。是然化主鑒機聴之。菩薩趣縁化之。

（第二十五願、浄土宗全書一四・一〇二上）

(24) 澄憲云。一切智之言未審定。道理不必。三智之中一切智歟。寂師所引清浄覚経文説法行道不如仏者。云云仏何一切時説初智哉。

（第二十五願、浄土宗全書一四・一〇三上）

(25) 澄憲云。悉上成満三十二相。備此相人身力不可如凡人。輪王独覚大覚身力皆殊勝。展転相勝蓋是身備二相好一故也。然別立二此願一者何心哉。答。三十二相中以二身力体堅一不レ為二其数一。故別立二此願一歟。

（第二十六願、浄土宗全書一四・一〇四上）

(26) 澄憲云。彼国荘厳皆酬二仏願力一。四十八願荘厳浄土、蓋此意也。故仏福力無量、所感荘厳随無尽也。一一光明一一名数実可レ無二限量一。如下彼天帝宮羅網互浮レ光無二斉限一自在天子宝女楽声中又出レ声無中限量上。有漏十善所感猶爾。無漏万徳所現誰弁二名数一。此願総顕二依報国土極妙一耳。

（第二十七願、浄土宗全書一四・一〇五上）

(27) 如二澄憲云一。仏樹高遠也。衆生輒不レ能レ見二極之一。依二如来別願一必知見。

（第二十八願、浄土宗全書一四・一〇六上）

(28) 澄憲云。我等生在二釈尊末法一。雖レ値二遇若干聖教一。雖二巻舒読誦一。全不レ解二深義一不レ発二智慧一如二虫食レ木牛聞レ琴。蓋是不レ由二仏別願一住二自智力一故歟。彼国衆生読二誦経法一即得二智慧弁才一。誠奇妙也。先発レ慧次得レ弁。弁即慧徳也。無二智慧一者不レ可レ得二弁才一不レ可二相離一故。

（第二十九願、浄土宗全書一四・一〇八上）

(29) 澄憲云。望二余仏国聖衆一就二同位等行一随分無二其限量一歟。

（第三十願、浄土宗全書一四・一〇九上）

(30) 澄憲云。上有二天眼徹視之願一。是約二能見衆生之徳一。今有二猶如明鏡之願一。理須レ約二国土之徳一。但所願顕現諸土之相。乃至顕二虚空一歟。顕二地面一歟。顕二宮殿一歟。顕二宝樹一歟可レ思レ之。若非二此等相一徹見他方者与二眼徳一似レ無レ別。

（第三十一願、浄土宗全書一四・一一〇上）

(31) 如二澄憲云一。浄土功徳弥妙弥奇也。其故者穢土之習金銀未レ有二妙香一。沈麝未レ有二妙色一。珠玉者只以レ光為レ宝。沈檀者只以二香気一為レ宝。而彼国土荘厳雑宝而即究香也。究香而即有二光暉一。実可レ謂二奇妙一。蓋是法蔵比丘因行帯二清浄光明一之上具二法界万徳之香一。色香具足未二曾闕減一。故衆宝具足妙香芬馥。聞二水樹之音一者皆開二悟道理一。又嗅レ香之人可レ増二妙行一如二香積仏土一而已。

（第三十二願、浄土宗全書一四・一一一上）

(32) 澄憲云。光明摂取之文冥利益也。故人不レ知レ之。只仰二冥利一如三大鵬影覆二其子一。

（第三十三願、浄土宗全書一四・一一三上）

(33) 澄憲云。問。聞二弥陀名号一得二法忍総持一之人何国誰人哉。答。有機有縁之人得レ之不レ可レ疑。一経二其耳一衆病悉除。亦何土誰人哉。五濁悪世無レ機無レ益。盲者常闇。何疑二日光一乎。此義不レ可レ限二弥陀之願一。

（第三十四願、浄土宗全書一四・一一四上）

(34) 澄憲云。薬師誓願現身転女成男。法華云。尽二是女身一後不二復受一。弥陀誓願亦同。永捨二女身一再不二復受一。穢土勝利也。離二悪趣一生二善趣一初番勝利也。捨二女質一永為二男子一者第二番利也。為男之後修二仏道一尤難レ得而已。

（第三十五願、浄土宗全書一四・一一五下）

(35) 澄憲云。女人者是愛染器也。離二彼身一為レ男。若不レ修二梵行一者何為。不レ離二婬欲一者必定亦可レ受二女身一。既離二女身一。理専可レ修二梵行一。願次第尤有レ由哉。

（第三十六願、浄土宗全書一四・一一六下）

(36) 澄憲云。娑婆衆生為二衣服一尽二百種功労一造二十悪重罪一。飼二蚕子一入二鑊湯一曳二丈頭一織二機婦一。練レ之擣レ之。或染或張。裁レ之縫レ之。著則易レ汚。汚又難レ全浣洗而多有レ煩。求索而不レ易。然彼土衣服者浄妙自然也。易レ得難レ失。珠色而奇香。随レ念即至。況如来所讃応法衣服。云云是則可二慚愧衣信楽服一。可二忍辱衣解脱服一。早生二彼土一可レ著二其衣一。

（第三十八願、浄土宗全書一四・一一九上）

(37) 澄憲云。穢土快楽皆是麤弊也。亦不レ如レ意。得難失易。初楽後苦。凡夫著レ之猶如二塵著レ膠。著二始楽一不レ知二後苦一。受二少楽一又遇二多苦一。如二洗レ癰而即楽眷レ疥暫悦一。何著レ之何耽レ之。如二彼浄土一者受二三禅楽一無二一念著一如二漏尽比丘一。豈不レ欣レ之乎。

（第三十九願、浄土宗全書一四・一二〇上）

(38) 憲公云。上願総見二諸仏国土一。今随レ願即見。総別釈当レ理歟。凡此二種願専似レ無レ別。其義難レ弁。又云。上

猶如明鏡之願未必穢土。只可諸仏国土。以今端彼可属穢土歟。何必爾哉。

（第四十願、浄土宗全書一四・一二〇下）

(39)　澄憲云。薬師又有此願。縦非別願聞諸仏功徳名者諸根具足衆苦消滅必然也。況於別願哉。

（第四十一願、浄土宗全書一四・一二二上）

(40)　澄憲云。見仏尤難。三祇菩薩送若干劫只見七万五六七千仏。一僧祇時節実久。所見仏不幾。今蒙仏願力得普等三昧至于成仏常見諸仏実難思也。

（第四十五願、浄土宗全書一四・一二四上）

(41)　澄憲云。自然得聞之言義可詳之。彼土教主説法鎮無止。水鳥樹林又皆出法音。音楽等亦如斯。菩薩聖衆常演説一切智。指此等即云自然得聞歟。将又離此等有自然聞法事歟。

（第四十六願、浄土宗全書一四・一二五下）

(42)　澄憲云。聞名不退之願釈尊五百大願之中最勝願也。西方蓮華眼如来為止蓋大士宣説此義。弥陀誓願準之可知歟。又有別義歟。可思慮之。菩薩行願者難発易退。所謂大経魚子奄菓之譬。水月陣軍之比。皆顕菩薩易退之義者也。今若以種子名不退其益猶深。況位行念三不退乎。

（第四十七願、浄土宗全書一四・一二六上）

(43)　澄憲云。一二三法忍之文未得明拠。若依仁王五忍者何除終只云一二三乎。其義無故歟。

（第四十八願、浄土宗全書一四・一二七下）

3　聖覚法印とその著作

安居院唱導の祖たる澄憲（一一二六〜一二〇三）の真弟子としてそのすぐれた血統を受け、「濁世の富楼那」とまで称讃された聖覚法印（一一六七〜一二三五）は、檀那流の流を汲む比叡山東塔北谷竹林房の静厳に天台を学び、中古の学匠といわれた宝地房証真（？〜一二一四頃）や慧心流の顕真にも教えを受けたと伝えられている。そこで聖覚の著作といわれているものを列挙してみると次のごとくである。

(1)　唯信抄　一巻　存（大正蔵八三・九一〇上〜九一五下）
(2)　大経本願義疏　一巻　欠（總浄土依憑章疏所載、日本仏教全書九六・一五三中）
(3)　四十八願釈　五巻　存（叡山文庫等所収、刊本）
(4)　浄土略名目図　一巻　存（浄土宗全書一二・六五八上〜六七九下）
(5)　黒谷源空上人伝　一巻　存（浄土宗全書一七・一上〜一八下）
(6)　大原談義聞書　一巻　存（昭和新修法然上人全集一〇八八〜一一〇三頁）
(7)　例講問答書合　十二巻　存（天台宗全書二三・一七三上〜四五四下）
(8)　宗要了因鈔　一巻　存（叡山文庫真如蔵所収）
(9)　御念仏之間用意聖覚返事　存（親鸞聖人全集一二・写伝篇二・二三〇〜二三一頁）
(10)　浄土布薩式　二巻　存（昭和新修法然上人全集一〇五八〜一〇八八頁）
(11)　聖覚法印表白文　存（親鸞聖人全集一二・写伝篇二・二一七〜二一九頁）

⑿　閑亭後世物語引用の四篇の法語（続浄土宗全書四所収）

以上に挙げた著述のうち、学界の定説として聖覚の真撰とみられているものは極めて少なく、わずかに『唯信抄』と『聖覚法印表白文』の二部が挙げられているにすぎない。故に最近の研究論文においては、聖覚の浄土教を論ずるのに『唯信抄』のみを材料として、思想的にも法然と親鸞の中間に位置づけて考察されているものがほとんどで、『四十八願釈』や『浄土略名目図』等は聖覚研究の根本資料からはずされてしまっている。しかし、聖覚が『無量寿経』の四十八願に注目していたことは、承元二年（一二〇八）十二月九日に書写した四十八願文の真筆本が現存していることや、すでに散逸しているが『長西録』に『大経本願義疏』一巻なる撰述が聖覚にあったことを記載していることからも証明できる。ただし、聖覚作の『四十八願釈』については、藤枝昌道氏（『聖覚法印の研究』昭和七年刊）が『唯信抄』に比して、三心釈をはじめその思想内容が異なるという理由で偽撰説を唱えられ、また最近では大橋俊雄氏（「金沢文庫所蔵四十八願釈について」〈『大正学報』三八〉）が成立問題に論及され、聖覚の『四十八願釈』が引用されたのは、金沢文庫の『四十八願釈』が初見であると述べられている。すなわち金沢文庫本には「安居院釈云」として、第十二、第二十七、第二十九願の下に聖覚の『四十八願釈』を引いているのであるから、この聖覚の『四十八願釈』は金沢文庫の釈が撰述された元亨元年（一三二一）以前の成立であることが明らかになってきた。しかるに大橋氏は、『長西録』や了慧の『無量寿経鈔』などに聖覚の『四十八願釈』が引用されていないという理由で偽撰と考えられたのである。しかしながら、これだけでは偽撰とする決め手とも思われないし、また、偽撰であるならば誰の撰述かということも明らかにされていないので、聖覚法印作なる『四十八願釈』を再度見直す必要があるであろう。

4　聖覚法印撰『四十八願釈』の真偽

聖覚撰と伝えられる『四十八願釈』は、江戸時代に開版されたと思われる木版本が現存する。しかし開版の年代も奥書もなく、浄写弘伝の径路を明らかにすることはできないが、おそらく安居院系において伝承されていたものと推測される。本書の表題および内題には、「四十八願釈　聖覚法印作」とあり、五巻から成っていて、内容は表題のごとく『無量寿経』の四十八願について一一の願の本文を挙げ、それについて詳釈されている。そして四十八願のうち第一、第二の両願を序分とし、第三願以下第四十七願までを正宗分、第四十八願を流通分に充てている。ことに第十八念仏往生の願については、第十七願に次いで、この本願を発(お)こす所由を示したのち、「諸願中の願王、往生極楽の一大事因縁、出離生死の最上勝行なり」と示し、十八願が力説されている点が注目される。

かかる聖覚の『四十八願釈』について、近年、大橋俊雄氏や藤枝昌道氏によって偽撰説がたてられていることは前項で紹介したごとくである。しかし聖覚の『四十八願釈』の存在を明示する最初の客観的資料は一三二一年撰述の金沢文庫蔵『四十八願釈』であって、これは聖覚滅後八六年目にあたるから、偽撰と決めつけるほど年代が経過していないと考えられる。しかも『長西録』や了慧の『無量寿経鈔』に聖覚の『四十八願釈』の名がみられないという理由でこれを偽撰と即断することは極めて危険であって、むしろ『四十八願釈』の内容が聖覚の伝記等にみられる史実と矛盾しないか、また思想的な矛盾はないか、さらには父であり師である澄憲との関連はないか、といった総合的観点から、慎重に成立問題を検討しなければならないであろう。

そこでまず、聖覚の『四十八願釈』に引用された主な書目を挙げると、源空撰と伝えられる『弥陀本願義疏』が一七回と最も多く、ついで『阿弥陀経』一四回、『法華経』一二回、『観無量寿経』一一回、『無量寿経』七回となっている。このうち源空の『弥陀本願義疏』や『法華経』を数多く引用し、深い関心を払っていることは、とくに注目されねばならない。『本願義疏』については、『長西録』等に法然の撰述と伝えられ、題下の撰号にも「沙門源空記之」とあるけれども、二蔵三法輪によって浄土宗を定判する説など、内容的に法然の思想と異なるという理由で偽撰説（望月信亨博士著「浄土教之研究」）が唱えられている。聖覚の『四十八願釈』の第十八念仏往生願を説く下には、『本願義疏』の二蔵三法輪の説を全文にわたって依用しているが、これは嘉祥寺吉蔵の二蔵三法輪の範疇に基づいて浄土の三部経と法華経との関係を論じたもので、浄土の三経は法華経と同時の説であり、同価値であることを論証したものである。二蔵とは釈迦一代の聖教を声聞蔵と菩薩蔵とに分かち、さらに菩薩蔵を実教である頓教と権教である漸教の二教に分類している。そして頓教は根本法輪、枝末法輪、摂末帰本法輪の三法輪のうち、摂末帰本法輪に摂せられている。また頓教は浄土三経を指すのであり、摂末帰本法輪は法華経に当たるから、頓教を摂末帰本法輪に摂したということは、法華経と浄土三部経との優劣をたてない法華と念仏の融会を主張した浄土教判というべきである。また聖覚が二蔵二教や三法輪説と関係していることは、西誉聖聡（一三六六～一四四〇）が「建暦法語」の二蔵二教判を聖覚の筆記によるものとみていることや二蔵二教判を詳説した『浄土略名目図』の撰号が聖覚法印記となっていることなどが挙げられる。しかも聖覚の時代にすでに二蔵二教等の説が行われていたことは、法然門下の幸西（一一六三～一二四七）の『玄義分抄』や隆寛（一一四八～一二二七）の『極楽浄土宗義』にもみられることによって知られる。以上の点から、聖覚が『本願義疏』の二蔵二教の判釈を依用したとしても何ら不自然ではない。聖覚の『四十八願釈』に依用された『本願義疏』の二蔵二教判は、頓教を三法輪の中の摂末帰本法輪に結びつけたところに特色があり、先にも述べたごとく、浄土三部経と法華経との優劣をたてない浄土法華同時説なのである。これは聖覚が叡山の学匠として、法華八講の問者や講師あるいは導師や証義者にいく度も任ぜられていることなどから考えても、天台の伝統的な立場から法華経を高く評価し、浄土経典と同列に位置づけたことが首肯される。この点はまた、法華経が如来出世の本懐であるのに対して、念仏往生は大悲弥陀の本懐である（第十四願の下）として、同列に説かれている。

次に聖覚作の『四十八願釈』に引かれている人名については、善導の八回に次いで天台大師が五回も引かれて、智顗の事蹟や所説が取りあげられている。また天台（宗）については七回も引用され、天台の空仮中の三諦説や六即の行位論にまで説き及んでいる。ことに山門と寺門との細かい解釈の相違点を指摘して「山門ニハ四品ハ退シ第五品ハ不退ナリト云云　三井寺ニハ五品倶ニ不退ナリト云云」（巻二・七）などと述べているのは、天台の学僧でなければ論じ得ないところと思われる。さらに相応和尚の苦行について論及されているのは、無動寺の慈円とのつながりによるものではなかろうか。『天台座主記』によれば澄憲や聖覚が慈円と交渉のあったことが知られるし、また聖覚の『四十八願釈』には慈円の歌に類似した歌が「或歌云」として引用されている。

〈四十八願釈所引の歌〉

マドロマバ夢ニモ君ヲミルベキニ窓ウツ雨ニ目ヲサマシツツ　（巻一・一三）

〈慈円の歌〉

睡めは夢にも見えつ現にも忘るる事は束の間もなし　（『拾玉集』）

このように慈円の歌と類似したものが引かれているのは、慈円の文学的影響によるものと考えられないであろうか。また慈恵大師良源が四十八願の中の第二十願に順後業の往生を唱えたことを取りあげて、「実相ニ叶ウ経ノ現文ニ神妙ニ候ウ」（巻三・四）と述べているのは、慈恵大師に対する信仰的な敬慕を物語るものであって、聖覚が一万体の慈恵大師の供養を修したことと密接していると考えられる。さらには聖覚の『四十八願釈』に、高野山の蓮華谷に三昧院を開き、蓮華谷聖のもととなった明遍（一一四二～一二二四）について記され、蓮華谷において明遍は本願房という人に第二十願の順後往生を説き聞かせたら、本願房は涙を流して喜んだという記事がみられる。『尊卑分脈』によれば、明遍は澄憲と同じく少納言藤原通憲の子であり、『四十八巻伝』にも明遍、澄憲、貞慶の三人のことが「われら一族」と記されているので、明遍と安居院系とは血族で結ばれ、極めて親密なつながりがあって、聖覚は明遍の行業を讃えたのであろう。

次に聖覚の『四十八願釈』第三十八衣服随念願下には伝教大師や空也上人の神仏習合の事蹟が記されたり、熊野権現や白山権現の本地は阿弥陀仏である（巻一、第九願の下）とする本地垂迹説がみられる。これは当時叡山で神仏習合の思想が盛んに行われ、『天台座主記』[7]によれば、聖覚も建仁元年の三十五歳の時には、山王大宮の拝殿で証真らとともに三七日間の法華の五種行を修し、結願の十種供養には父の澄憲を導師として行われ、大宮の神殿に写経を奉納している。結願以後の七日間は山王聖真子の拝殿にて弥陀懺法が修せられている。また承久元年の五十三歳の時、山王大宮の宝前に御宸筆の法華経によって八講が修せられ、その時には聖覚は証義者であり導師であった。これらの『天台座主記』の記事は、いずれも山王権現の神前で行われたもので、聖覚と神仏習合との密接な関係を示しており、『四十八願釈』に神仏習合の思想があっても、そのほうがむしろ自然なのである。

さらにまた、聖覚の『四十八願釈』において注目すべきは、父であり師である澄憲の『四十八願釈』との思想的関連が極めて密接にみられることである。四十八願のうち澄憲の釈を受けて同文または同意趣の説がみられるのは、第六天眼通願、第七天耳遠聞願、第八他心悉知願、第九神足随意願、第十一住正定聚必至滅度願、第十二光明無量願、第十三寿命無量願、第二十二必至補処願、第三十五聞名転女願、第三十九常受快楽願、第四十一聞名具根願、第四十五聞名見仏願、第四十八得三法忍願の一三願にわたっている。その中でも、ことに注目すべきは、第三十五聞名転女願であり、聖覚の『四十八願釈』には、

中古名匠。薬師願法華証理例。現身転女成男義存。誠証拠有事……（巻四・一一）

とあって、弥陀の第三十五聞名転女願を解釈するのに、薬師の誓願を挙げ、法華経をこれの証明の理として転女成男義をたてた「中古の名匠」の説を依用していることである。ここに「中古の名匠」といっているのが誰を指すのか問題であるが、これについては宝地房証真の『法華玄義私記』には、

私云。弥陀大身勝応与報。未可定判。如薬師仏。或云勝応……薬師仏土即同極楽。故弥陀仏広大之身。或応或報。亦可不定。[8]

と説示されていて、弥陀仏は勝応身か報身のいずれにも定判すべきでないが、これは薬師仏についても同様であり、仏土も薬師の仏土と弥陀の極楽浄土とは同一であるとして、証真は薬師弥陀一体説を主張している。かかる証真の一体説は、望西楼了慧（一二四三～一三三〇）の『無量寿経鈔』等に引用された澄憲の『四十八願釈』の逸文（前章参照のこと）とも密接なつながりがみられる。すなわち、澄憲の『四十八願釈』の逸文には次のごとく説かれている。

澄憲云。薬師誓願現身転女成男。法華云。尽是女身後不復受。弥陀誓願亦同。[9]

このように当時の叡山では薬師と弥陀の一体説が行われ、四十八願の解釈にも、これが影響を及ぼしていたものとみられる。いずれにせよこの澄憲の説を受けたのが、聖覚の『四十八願釈』であり、それは薬師弥陀一体説を基調としたものであったと考えられる。このように聖覚の釈は澄憲の釈からの直接的な影響を受け、澄憲の説を継承しているのである。

また聖覚の『四十八願釈』が唱導家の釈であることは、第二十九得弁才智願、第三十弁才無窮願の二願において、説法のことが力説されていることによって知ることができる。すなわち得弁才智願には、

　極楽生十方衆生度。説法利生闕事アルマジキトナリ。尤大切事也。覚深人弁才闕ワロシ。（巻三・二五）

と述べられて、説法による利生の重要性が強調されている。また説法第一といわれる富楼那のことをほめたたえたり、忠胤忠候や澄窓興憲といった俗人の説法のすぐれていたことを記すなどは、唱導家でなければ論じ得ないことである。

　叙上のごとく、聖覚の『四十八願釈』について、本書の存在を明示する客観的資料は、聖覚滅後八六年目の元亨元年（一三二一）に成立した金沢文庫蔵『四十八願釈』以前には見出すことができなかったが、内容的な検討を加えた結果、聖覚の真撰を裏づける多くの根拠が見つかってきた。そこで前項で考察した論点をまとめてみると、

(1)　聖覚の『四十八願釈』には、源空撰と伝えられている『弥陀本願義疏』が一七回と最も数多く引用され、ことに『本願義疏』の二蔵二教三法輪説に注目し、これを依用している。二蔵二教三法輪は、浄土三部経と法華経とが同時同価値の説であることを論証した特徴ある浄土教判である。聖覚が浄土経典と同様に法華経を実教頓教として高く評価し、三法輪の摂末帰本法輪に摂して、同時説であることを示し優劣をたてなかったことは彼が終生比叡山の学匠として、法華八講の問者や講師、さらには導師や証義者にいく度も任ぜられたり、叡山の最高学階である探題として活躍していることによっても裏づけられるであろう。

(2)　天台大師智顗の事蹟や天台の空仮中の三諦説が説かれたり、行位論として六即説が示され、初住入証が論じられているのは、天台の学匠であることを証明するものである。しかもまた山門と寺門との五品弟子位における細かい解釈の相違点までも指摘している。

(3) 相応和尚の苦行について記されているのは、無動寺の慈円とのつながりによるものであろう。この点については、慈円の歌に類似した歌が引かれていることによっても窺われるのである。

(4) 聖覚の『四十八願釈』にみられる慈恵大師良源の順後往生説に対する信仰的な敬慕は、聖覚が一万体の慈恵大師供養を修しているという『天台座主記』の史実と全くよく一致する。さらにまた、『四十八願釈』に蓮華谷聖のもとになった明遍の言動を記しているのも、聖覚と明遍の関係を記した『尊卑分脈』や『四十八巻伝』の記事からみて、なるほどとうなずけることである。

(5) 神仏習合説がたびたび説かれているのは、聖覚が山王権現の神前でいく度も論義や法要に参加していることによっても矛盾はない。

(6) 澄憲の『四十八願釈』の逸文と極めて密接なつながりがみられ、澄憲の釈を受けている箇所は、四八願のうち一三願にもわたっている。ことに第三十五聞名転女願については、薬師の誓願を挙げ、法華経を証明の理として転女成男の義をたてている。これは澄憲の釈と全く同意であり、中古の学匠といわれる宝地房証真の薬師弥陀一体説とも思想的に密接な関連がみられる。

(7) 第二十九得弁才智願や第三十弁才無窮願においては、説法第一といわれた富楼那のことに説き及ぶなど、唱導家でなければみられない主張が随所に説かれている。

以上のごとく、聖覚の『四十八願釈』の内容や思想が聖覚の伝記にみられる史実と全くよく一致するということは、真撰を裏づける証拠である。かつまた聖覚に「承元二年（一二〇八）十二月九日書之……叡山延暦寺東塔院前権大僧都聖覚四十二才」なる奥書を記した『無量寿経』の四十八願文の真筆本が京都の安居院西方寺に現存していること、さらには聖覚の『四十八願釈』が澄憲の釈を継承していることなどから考えても、聖覚法印作と伝えられる

『四十八願釈』は聖覚の真撰に帰してよいのではなかろうか。

註

(1) 浄土宗全書一四・八九下。
(2) 同右一四・九五上～下。
(3) 同右一四・一一五上～下。
(4) 大日本仏教全書四・一九三中～下。
(5) 『天台座主記』一二七頁。
(6) 同右一四六～一四七頁。
(7) 同右一二七頁。
(8) 大日本仏教全書四・一九三中～下。
(9) 浄土宗全書一四・一一五上～下。

四　日蓮聖人の本門思想

――四重興廃判の成立をめぐって――

1　四重興廃判の成立に関する諸説

四重興廃判は、仏教を尓前、迹門、本門、観心の四つに分類して、前劣後勝に相対して本迹未分の観心を最勝とする教判であり、勝興に対して劣廃が論ぜられている。かかる四重興廃は、天台口伝法門の『漢光類聚』や『法華略義見聞』等に体系づけがなされている。しかるに四重興廃判の成立については、次のごとき異説がみられる。

(A)　教外別伝の南宋禅の影響を受けた静明（?～一二六八～八二～?）から観心勝を究極とする四重興廃が起き、『漢光類聚』や『法華略義見聞』において体系化された。

（田村芳朗『天台本覚論』解説）

(B)　法然（一一三三～一二一二）の『七箇条起請文』や永観（一〇三三～一一一一）の『往生拾因』にみられる「止観」の語は、当時の天台宗が観心を最勝としていたことを示すものであり、また『自行念仏問答』の「法華経者摩訶止観也」の一句なども止観優位の立場とみられることから、少なくとも鎌倉初期（十二世紀末）には四重興廃は成立していた。

（石田瑞麿「口伝法門における四重興廃の成立」〈『印度学仏教学研究』一五―二〉）

(C)　四重興廃は日蓮宗の教義である。

（多屋、横超、舟橋編『仏教学辞典』）

以上のように四重興廃判の成立について諸説がみられるのは、天台口伝法門の著作には偽書が多く、著者や成立年時が不明確である点にも起因するが、本章では、尓前、迹門、本門、観心の四つの概念の捉え方について、日蓮と叡山の天台口伝法門とを対比して、その思想的交渉の上から四重興廃の成立過程を明らかにし、さらに日蓮門下の著作中に盛んに取りあげられている四重興廃判の成立事情について考察してみたいと思う。

2　日蓮聖人の比叡山修学

日蓮聖人（一二二二～八二）は、天台・伝教の両大師を三国四師相承に加えながらも、天台の法門を「迹門を以って面と為し、本門を以って裏と為す[1]」と批判して、末法相応の本門の思想的立場を明らかにした。それは本門の本尊、本門の題目、本門の戒坦なる三大秘教の主張によっても知られるが、その中心は、本門の肝心を妙法蓮華経の五字に置き、事の一念三千たる観心に据えたところに存するようである。かかる日蓮の本門と観心の思想についての研究は、近年盛んに行われているが、純粋日蓮義の立場から、日蓮の独自性のみが強調されている傾向がある。しかしながら、日蓮の本門思想を考察する場合、青年時代における叡山での修学による思想形成が、いかに大きな位置を占めていたかを忘れてはならない。そこで日蓮の伝記を振り返ってみると、十二歳の時に安房清澄山の道善房の門に投じて慈覚大師流の天台密教等を学び、出家して蓮長と称したのち、叡山に修学した。叡山への登山の年時は明確でないが、彼の処女作ともいうべき『戒体即身成仏義[2]』を著わした仁治三年（一二四二）の二十一歳以後まもなく鎌倉を経て登叡したものと思われる。

叡山では、当時随一の碩学であった三塔の総学頭たる南勝房俊範法印に就学[3]したと伝えられている。蓮長は、叡山無動寺の円頓房を拠点として天台を学んだようであるが、一説では、のち、さらに横川の華光坊（のちの定光院）にも在住したともいわれている。同門には、妙観院経海や行泉坊静明（粟田口法印）らがいて、共に天台学を研鑽したものと考えられるが、師たる俊範や同門の静明は恵心流の名匠であり、経海は檀那流をも兼学していたといわれている。かかる俊範を中心とした当時の叡山は、すでに諸学者によっても指摘されているごとく、恵心流・檀那流の二大潮流による天台口伝法門が最盛期を迎えていた時代であるから、当然日蓮も口伝法門の土壌に育ち、そのなかから、みずからの指針を見出していったことは、いうまでもないことである。

そこでまず日蓮の本門義成立の思想的基盤とみられる日本天台、ことに天台口伝法門の本門思想を取りあげて、本門と迹門（尓前と迹門を含む）、本門と観心、本門の題目五字等の観点から、天台口伝法門と日蓮との思想的なつながりを検討し、四重興廃判成立の背景とその過程を探ってみようと思う。

3　日蓮聖人の迹門・本門と日本天台

まずはじめに、迹門と本門との関係についての日蓮の考え方を取りあげ、日本天台から日蓮はいかなる影響を受けているのか、その思想的関連についての考察からすすめてみたい。

法華経一部二八品を迹門（前半一四品）と本門（後半一四品）とに二分して、本迹二門の関係を名・体・宗・用・教の五重玄義の各観点から論及したのは、中国天台の天台大師智顗（五三八〜五九七）であるが、智顗や荊渓大師湛然（七一一〜七八二）の場合は、あくまでも本迹二門に優劣をたてず、両者は不思議一の関係にあることが力説されている。(4)

しかるに日蓮は、本迹二門の相違を譬喩によって次のごとく述べている。

(1) 尓前如星、法華経迹門如月、寿量品如日。寿量品時迹門月未及、何況尓前星。(5)

(2) 以本門所化比校迹門所化、一渧与大海一塵与大山也。(6)

(3) 今、本門と迹門とは、教主已に久始のかわりめ、百歳のをきなと一歳の幼子のごとし。(7)

すなわち迹門と本門とは、①月と日、②一渧と大海あるいは一塵と大山、③一歳の幼子と百歳のおきなのごとく大変大きな隔りがあるというのである。これらの譬から、日蓮は迹門に比して本門を極めて重視していることが知られるが、具体的にはどのような教理的相違があると考えていたのであろうか。

そこで日蓮の本迹二門説を取りあげてみると、

(1) 法華の理者、迹門開権顕実の理欤、其理は真言には絶分不知理也。法華の事者、久遠実成の事也。(8)

(2) 法華経には事理共に有也。所謂久遠実成は事也、二乗作仏は理也。(9)

(3) 方便品と申は迹門の肝心……（中略）……寿量品と申は本門の肝心也。(10)

などとあって、湛然の「顕本為事円、開権為理円」(11)という『法華玄義釈籤』の所説を基調として、迹門の要旨を開権顕実あるいは二乗作仏とし、本門を久遠実成とおさえ、これを理と事に配当している。さらに湛然の説(12)によって、迹門の肝心が方便品、本門の肝心が寿量品にあることを指摘している。これを図示すれば次のごとくである。

法華経┬迹門──開権顕実、二乗作仏──理（方便品）
　　　└本門──久遠実成──────事（寿量品）

しかも日蓮は、

(1) 尓前諸経二乗闡提未来永不成仏、教主釈尊始成正覚。来至法華経迹本二門壊彼二説一仏二言水火也。誰人信之。此教門、難信難解也。(13)

(2) 法華経の二乗作仏・久遠実成に対すれば小乗の法也。[14]

と述べて、法華経が尓前（前四時）の諸経に比してすぐれている点として、二乗作仏（または開権顕実）と久遠実成の本迹二門を説くところにあるとし、尓前諸経は法華経と相対すれば、小乗の法とまで言いきったのである。これも『法華玄義釈籤』の「正明下今経具二斯二義（本迹二義）一独超中衆典上」の主張に基づくもので、日本天台では、伝教大師最澄（七六六～八二二）が『守護国界章』において、智顗の『法華玄義』に説かれる迹門十妙について、

夫迹門十妙、照二内照一明鏡。[16]

といい、本門十妙については、

夫本門十妙、一代独尊。実成三身、塵劫顕本。[17]

などと述べて、本迹二門を高調した所論がみられる。さらにこれをより明確に示したのが智証大師円珍（八一四～八九一）であり、

(1) 久成之本、開権之妙、法華独妙独勝。[18]

(2) 当知本迹双美、花実敷栄、諸経都無、斯経独有。[19]

と述べて、久遠実成を説く本門と開権顕実を説く迹門の二門が兼備しているところに、法華経が他の諸経に比べて独妙独勝たる所以があると考えていたごとくであり、日蓮もかかる所説を受けたものとみられる。

しからば、尓前諸経に比して独妙独勝たる法華経の本迹二門を、さらに月と日・一塵と大山等のごとき譬によって、本門と迹門との勝劣の相違を示したのは、いかなる理由によるのであろうか。これについて日蓮は、

(1) 尓前迹門は正法像法、或は末法は本門の弘まらせ給べき時なり。[20]

(2) 本迹二門は、機も法も時も遥に各別也。[21]

(3)　今本時娑婆世界……（中略）……迹門十四品未説之。於法華経内時機未熟故歟。(22)

(4)　以本門論之、一向以末法之初為正機。(23)

(5)　寿量品一品二半自始至于終正為滅後衆生、滅後之中末法今時日蓮等為也。(24)

などと説示していて、正法、像法、末法という三時のうち、日蓮の時代は末法のはじめであるとみる時機観による法の相違に根拠が求められている。つまり、尓前や迹門が正像二時の機根のための教えであるのに対し、末法濁悪世の幼稚の凡夫のための末法相応の教えは、本門でなければならないと日蓮は主張するのである。この点については、日蓮が天台、伝教の両大師を三国四師相承に加えながらも、

像法中末観音薬王示現南岳天台等出現以迹門為面以本門為裏。(25)

と説いて、南岳、天台の両大師の教えを像法中のものとして「迹門を面となし、本門を裏となす」と批評したことによっても、日蓮の末法依正の本門の立場を知ることができる。

したがって日蓮は、末法相応の法門として、法華経二十八品の肝心を本門の寿量品とおさえ、しかも本門が迹門に比してすぐれている点を指摘しているので、その二、三の事例を挙げてみると、断惑証理の点からは、

尓前迹門菩薩、一分雖有断惑証理義分、対本門之時、当分断惑非跨節断惑、被云未断惑也。(26)

と述べて、本門の跨節断惑に対すれば、迹門の断惑は、当分の義にすぎないものであるから、未断惑といわざるを得ないと述べて、本門の断惑がすぐれていることを示している。また戒においては、

迹門戒雖勝尓前大小諸戒而不及本門戒也。(27)

と説き、迹門の戒と相対して本門の戒の超勝を主張している。さらにまた随自意、随他意の観点から本迹を分けて、

迹門並前四味無量義経涅槃経等三説悉随他意、易信易解。本門三説外難信難解、随自意也。(28)

と示し、迹門や尓前は、随他意の法門であるから易信易解であるのに対して、本門は難信難解の随自意の法門であると論説するなど、迹門に対して本門の超勝説がたてられている。

天台口伝法門では、日蓮のごとき末法意識による時機観はあまり強調されていないようであるが、法華経の本迹二門に勝劣をたてる考え方は、すでに円珍あたりからみられるようである。すなわち、円珍の『法華論記』には、

今按、於迹門中説六種譬令三根熟。而対本門並皆未熟故示本地、先熟之者令達久成之本。応云迹門已熟本門未熟。的実而言、前六方便、後一真実。[29]

と説かれ、機根の未熟、已熟という点からすれば、世親の『法華経論』に示された七喩のうち、迹門中の六譬は方便の説であって、本門の寿量品に示された医師の譬こそ真実を示したものであると主張している。また仏身論に関する所論においても、

於是経中、宣示顕説諸法実相、故一切仏到此経処法身不壊。八教諸仏法身未固、今醍醐中真実堅固。又未顕本前一切不堅。発迹顕本三如来者、永異諸経、故言如来真如法身於此修多羅不壊故。世間相常住故法身常住。此義思之。[30]

と説かれていて、本門の発迹顕本の如来こそ法身常住であり、いまだ顕本せざる以前の法身は一切不堅であるとみているから、迹門よりも本門に力点が置かれた所論であると思われる。

かかる本門重視の傾向は、五大院安然（八四一～九〇二～?）に受け継がれたようであり、安然の『教時諍論』には、

天台宗云……（中略）……法華一部、初段経浅、後段経深。[31]

とあって、法華経の迹門十四品を浅、本門の十四品を深とする学説がみられる。さらに天台口伝法門では、鎌倉初

期の作とされる『枕双紙』[32]（三十四箇事書）に至ると、

問、本迹二門三諦同異如何。答、迹門三諦云二理三諦一、本門三諦云二事三諦一也。其故、迹門理家三諦也、故云二理三諦一。本門事家三諦……（中略）……本門三諦超二過迹門三諦一。[33]

と説かれ、理の迹門に対して、事の本門の超勝が唱えられてくるのである。

このような日本天台における本門の事の高調という思想的立場は、先に述べた日蓮の本門超勝説へと受け継がれていったと考えられる。

4　日蓮聖人の本門・観心と日本天台

叙上においては、本門と迹門との関係をみてきたので、次に日蓮の本門と観心の思想が、日本天台からいかなる影響を受けて成立したかを考察してみよう。

すでに述べたごとく、日蓮は、末法依正の立場から迹門に対して本門の超勝性を主張しているが、本門と観心との関係については、『十章鈔』において次のごとく述べている。

但、止観は迹門より出たり、本門より出たり、本迹に亙ると申三の義いにしえよりこれあり。これは且くこれををく。……（中略）……今依二妙解一以立二正行一と申は、第七の正観十境十乗の観法、本門の心なり。一念三千これよりはじまる。一念三千と申す事は、迹門にすらなを許されず、何況尓前に分たへたる事なり。一念三千の出処は、略開三之十如実相なれども、義分は本門に限る。尓前は迹門の依義判文、迹門は本門の依義判文なり。但真実の依文判義は本門に限るべし。[34]

ここで日蓮は、智顗の『摩訶止観』第七の正観章に示された一念三千の観法こそ、本門の立場であると主張している。つまり、一念三千の出処は、十如実相を説く迹門の方便品に求められるが、義分は本門に限るとして、本門と観心とが密接不可分の関係にあることを説いているのである。

なお、観心の要文を一念三千とおさえたことは、『観心本尊抄』の冒頭に『摩訶止観』の、

> 夫一心具十法界、一法界又具十法界百法界。一界具三十種世間、百法界即具三千種世間。此三千在一念心、若無心而已、介尓有心即具三千。[35]

の文を引用し、これについて湛然の『止観輔行伝弘決』に示された「止観、正に観法を明かすに至っては、並に三千を以って指南と為す。すなわちこれ終窮究竟の極説なり[36]」という指摘を、そのまま日蓮が依用していることによっても知られる。

かかる一念三千の観心を本門の心とみたのは、すでに『十章鈔』にみられたが、さらに本門と観心の関係を詳しく示したのが『開目抄』にみられる。

> 迹門方便品ハ一念三千、二乗作仏ヲ説テ尓前二種ノ失一ヲ脱レタリ。シカリトイヘドモ、イマタ発迹顕本セサレハ、マコトノ一念三千モアラワレス、二乗作仏モサタマラス。水中ノ月ヲ見ルカコトシ。根ナシ草ノ波ノ上ニ浮ヘルニニタリ。本門ニイタッテ始成正覚ヲヤフレハ、四教ノ果ヲヤフル、四教ノ果ヲヤフレハ、四教ノ因ヤフレヌ。尓前迹門ノ十界ノ因果ヲ打ヤフテ、本門十界ノ因果ヲトキ顕ハス、此即本因本果ノ法門ナリ。九界モ無始ノ仏界ニ具シ、仏界モ無始ノ九界ニ備リテ、真ノ十界互具百界千如一念三千ナルヘシ。[37]

すなわち、真の一念三千の顕現は、法華経の本門において発迹顕本が示されて初めて実現するものであり、これを本因本果の法門と称している。したがって日蓮の主張する本門の観心は、迹門の理の一念三千に対して示された

事（久遠実成）の一念三千であり、法華経一部の肝心たる本門寿量品に説顕された法門であることが知られる。いわば本門と観心についての日蓮の思想的立場は、観心（止観）の要文を一念三千とおさえ、この一念三千を迹門に超勝せる本門と結合させることによって、観心をより一層高調せしめていったところに見出すことができると考えられるであろう。

しからば、日蓮以前の天台口伝法門において、本門と観心はどのように捉えられていたのであろうか。

そこでまず、日本天台における「観心」あるいは「止観」の概念を考察してみると、日本天台の開創者たる伝教大師最澄（七六六〜八二二）は、『山家学生式』において、天台宗の年分度者（学生）の修学規定として、止観業・遮那業のいずれかを専攻すべきことを定めた。そしてこの止観、遮那の両業を基調として、日本天台が展開していったことはいうまでもない。この場合、遮那業は天台密教を意味し、止観業は観門たる『摩訶止観』の実践を表示したものであるが、「止観」の語には法華円教の教学を含んでいることは当然のことである。しかし法華業といわず、あえて「止観業」と表現したところに、のちの天台口伝法門等にみられる観心主義への思想的展開が予測されるのである。

そこで天台宗を「止観」あるいは「観心」の語で代表せしめてくる考え方は、いずれに求めるべきかを検討してみると、恵心僧都源信（九四二〜一〇一七）撰と伝える『観心略要集』の次の文に注目しなければならない。

夫観法者、諸仏之秘要、衆経之肝心也。故天台宗、以為規模。(38)

これは『観心略要集』の冒頭の語であるが、観法を諸仏の秘要、衆経の肝心と評し、天台宗は、この観心をもって規模とすべきことを主張しているので、「観心」の語で天台宗を代表せしめたものとみることができる。また禅林寺の永観（一〇三二〜一一一一）は『往生拾因』において、

真言止観之行幽易レ迷、三論法相之教理奥難レ悟。[39]

と批判を加えているが、三論宗や法相宗と相対して、「真言止観」を挙げているのは、真言宗と天台宗とを意味するものである。さらに法然上人（一一三三～一二一二）の『七箇条起請文』[40]にも、「真言止観」の語がみられることなどから、少なくとも平安末期までには、天台宗を「止観」または「観心」の語で統括する見方が行われていたことが知られるであろう。

台密を真言宗と称するのに対して、法華円教の立場を天台宗と呼ぶ事例は、すでに五大院安然（八四一～九〇二～？）の著作の中にしばしば用いられているが、天台宗を「観心」の語で代表せしめたのは、おそらく『観心略要集』が初見ではないかと思われる。

以上のごとき天台宗を統括した「止観」の語を法華経の本門と結びつけてくる所説が、佐藤哲英博士によって真源（一〇六四～一一三六）の作と断定された[41]『自行念仏問答』にみられるので、それを取りあげてみよう。

一家天台判二一代諸経中法華勝一。問云、所レ言法華心者其意如何。答、法華意者、摩訶止観也……（中略）……汝既好二略説一挙二其要文一示、止観云、一心具二十法界一百法界即具二三千種世間一、此三千在二一念一、其心無而已介爾有レ心即具二三千一已上　弘決云言二介尓一刹那心、無間相続未二曾断絶一纔一刹那三千具足已上　此即其要文也。然至二法華一尚有二本迹二門差別一……（中略）……本門教面顕露書顕名二摩訶止観一云云[42]

ここでは、釈尊一代諸経の中では、法華経を最勝としつつ、法華の意を摩訶止観とおさえ、その要文を摩訶止観の第七正観章の一念三千を説く文に見出している。しかも摩訶止観は、法華の本迹二門のうち、本門の教を顕露に書き顕わしたものであるというのであるから、明らかに観心は本門と結びつけられ、強調されていることが知られる。

このような本門と観心との結合は、『自行念仏問答』と同じく平安末期の作とされる天台口伝法門の書、『円多羅義集』にも、

法華教証二道大綱者、以二迹門一名二別教一、以二本門一名二観心証道一。[43]

とあり、本門と観心とを結合し、これを迹門と相対して高調せしめた記述がみられる。あるいは鎌倉初期（一二〇〇〜五〇年頃）の作とされる『枕双紙』（三十四箇事書）にも、

本門説二事実相一故一心三観也。[44]

と説かれ、本門の事の立場で一心三観という観心を捉えた所論を見出すことができる。

とくに、いま取りあげた『自行念仏問答』の学説は、すでに述べたように、日蓮が、観心の要文を摩訶止観の一念三千にすえ、しかもこの一念三千を迹門に超勝せる本門と結合させた立場と全く軌を一にするものであったと考えられる。したがって日蓮は、平安末期以後の中古天台において行われた本門と観心の思想的立場をそのまま継承していたことが知られるであろう。

しかしながら日蓮および日蓮以前の天台口伝法門においては、本門と観心とを相対して、本門よりも観心が超勝しているとして、その興廃を論ずる、いわゆる四重興廃判の思想は、みられなかったと考えなければならない。

5　日蓮聖人の題目と日本天台

すでに迹門と本門、本門と観心について、日本天台と日蓮との思想的関連をみてきたので、次に日蓮の正行たる妙法蓮華経五字の唱題思想について、日本天台との関係を検討してみることにしたい。

日蓮は、晩年の五十九歳の時、身延で著わした『諫暁八幡抄』に、

今、日蓮は去建長五年（一二五三）癸丑四月二十八日より、今弘安三年（一二八〇）太歳庚辰十二月にいたるまで二十八年が間、又他事なし。只妙法蓮華経の七字五字を日本国の一切衆生の口に入とはげむ計也。此即母の赤子の口に乳を入とはげむ慈悲也。[45]

とみずから述べているように、日蓮の生涯は、ただひたすらに口唱の題目を日本国の衆生に勧め広めることであった。しからば日蓮の題目とは、いったいいかなるものであったのであろうか。これについては、すでに取りあげてきた本門や観心と密接に関わってくるようである。

『観心本尊抄』には、

(1) 本門肝心於南无妙法蓮華経五字[46]……

(2) 寿量肝心以妙法蓮華経五字令授与閻浮衆生也。[47]

とあって、尓前や迹門に超勝せる本門の肝心を題目五字と説くのであるが、この妙法蓮華経の題目は、肝要の法として本門たる事の一念三千の極理を具足し、収め尽しているというのである。この点について日蓮は、

(1) 不識一念三千者、仏起大慈悲五字内裹此珠令懸末代幼稚頸。[48]……

(2) 一念三千の宝珠をば妙法五字の金剛の袋に入て[49]……

(3) 妙法蓮華経の蔵の中より一念三千の如意宝珠を取出して[50]……

などと述べて、題目五字と一念三千とは同一体として示されているので、教即観、観即教という図式が成り立つであろう。そして『観心本尊抄』の受持譲与段[51]で示されているごとく、日蓮の題目は、あたかも赤子が母の乳を含むがごとく、受持唱題によって自然に仏果が譲与される末代凡夫の正行として説き示されているのである。

かくのごとき題目に集約されている一念三千は、日蓮の語を借りると、「大覚世尊久遠実成当初証得[52]」そのものであり、かつ「仏種[53]」そのものであるから、日蓮はまた次のようにも説いている。

(1) 南無妙法蓮華経と申は一代の肝心たるのみならず、法華経の心也、体也、所詮也[54]。

(2) 妙法蓮華経と申は文にあらず、義にあらず、一経の心なりと釈せられ候[55]。

(3) 寿量品肝要、名体宗用教、南無妙法蓮華経是也[56]。

(4) 今日蓮が所唱題目、異前代自行化他南無妙法蓮華経也。名体宗用教五重玄五字也[57]。

(5) 雖爾文心者、釈尊因行果徳二法妙法蓮華経五字具足ス[58]。

(6) 此法華経の本門の肝心妙法蓮華経は、三世の諸仏の万行万善の功徳を集めて為五字。此五字の内に豈不納万戒功徳乎[59]。

すなわち題目の五字は、法華経の心であり、体であり、所詮であるから、また名、体、宗、用、教の五重玄義を具足していることが示され、しかも自行化他にわたるのみならず、三世諸仏の万行万善の功徳を具し、万戒の功徳をも納めていると主張するのである。したがって題目はまさしく「広略を捨て肝要[60]」を取ったことになるのである。

かかる日蓮の題目について、三井の敬光（一七四〇～九五）は、『山家学則』に『修禅寺決』の説を取りあげて、

一切経の総要なりとて、妙経の題目を幾遍も唱ること等を誌し給ふは、彼修禅寺の勤行の風俗なれば疑を致に足ず。右の相伝よりして、日蓮の一派も分流せりと見ゆ[61]。

と述べて、日蓮の唱題は、天台の『修禅寺決』の題目の流れを受けた一派であるとの説を唱えて、日蓮を批判している。しかしながら、『修禅寺決』の成立と日蓮との先後関係[62]が明確でないので、日蓮以前の天台口伝法門で題目が行われていたかどうかは今後の研究課題であろう。

けれども題目に万行万善の功徳を具するという考え方は、すでに『観心略要集』に次のようにみられる。

> 夫《レ》名号《ノ》功徳《ハ》以《テノ》二莫大《ナルヲ》一故《ニ》、所以《ニ》空仮中《ノ》三諦、法報応《ノ》三身、仏法僧《ノ》三宝、三徳、三般若、如《キ》レ此《ノ》等《ノ》一切《ノ》法門《ハ》悉《ク》摂《ス》二阿弥陀《ノ》三字《ニ》一、故《ニ》唱《レバ》二其《ノ》名号《ヲ》一即《チ》誦《シ》二八万《ノ》法蔵《ヲ》一持《スル》二三世《ノ》仏身《ヲ》一也。纔《カニ》称二念《スレバ》弥陀仏《ヲ》一、冥《ニ》備《ウ》二此《ノ》諸《ノ》功徳《ヲ》一。[63]

この『略要集』では、阿弥陀仏という四字の名号に、三諦、三身、三宝、三徳、三般若等の一切の法門を摂し尽していることを説いているが、これは日蓮が題目五字に三世諸仏の万行万善の功徳を納めていると述べ、あるいは釈尊の因行果徳の二法を具足しているとする思考と全く共通したものであるとみられるであろう。

すなわち『観心略要集』は念仏の四字、日蓮は題目の五字という相違はあっても、広略を捨てた肝要なる題目と名号に仏のあらゆる万行万善の功徳を集約し、それを唱え、あるいは称念することによって成仏できるとする考え方は、両者ともに全く軌を一にするものであるといえる。

これと同様の思想は、法然の『選択本願念仏集』にも、

> 名号　者《トハ》是《レ》万徳之《ノ》所レ帰《スル》也。然《レバ》則《チ》弥陀一仏《ノ》所有《ノ》四智、三身、十力、四無畏等《ノ》一切《ノ》内証《ノ》功徳《ト》、相好、光明、説法、利生等《ノ》一切《ノ》外用《ノ》功徳《トハ》悉《ク》摂二在《スルガ》阿弥陀仏《ノ》名号之中《ニ》一故《ニ》、名号《ノ》功徳最《モ》為レ勝《ト》也。[64]

と説かれているが、これは『観心略要集』にみられる名号功徳の所説を受けたものであろう。

つまり日蓮が妙法蓮華経五字の題目に万徳を具し、しかもそれを口唱することを究極の正行と主張したのは、法華と念仏という敵対関係にありながら、末法意識に根ざした『観心略要集』や法然の『選択本願念仏集』の称名念仏の思想的構造をそのまま継承したものと考えなければならない。

6　日蓮聖人の本門思想と日本天台

日蓮の本門思想については、従来から日蓮の創説であり、独説である点が強調されているようであるが、日蓮の本門思想を迹門と本門、本門と観心、題目五字等の観点から詳しく分析してみると、その思想的要素は、日本天台、ことには中古天台の教学の中に出そろっていたと考えられるであろう。この点について、上杉文秀博士が『日本天台史』において、「彼（日蓮）は決然此等（日本天台）の長所を悉く網羅採択し、以て法華中心の下に聚積し(65)」たと述べられているのは、誠に当を得た論述であると思われる。

すでに検討してきたように、叡山において尓前諸経（前四時）よりも法華経がすぐれているとみるのは、日本天台の開祖伝教大師の上に、本迹二門を高調した所論がみられ、円珍もまた久遠実成を説く本門と開権顕実をたてる迹門の二門が兼備しているところに、法華経が尓前の諸経に比して独妙独勝たる所以があると考えていたごとくである。また法華経の本迹二門に勝劣をたてる考え方も、円珍の『法華論記』や安然の『教時諍論』等あたりからみられ、のちの天台口伝法門や日蓮に受け継がれていったのである。

日蓮の場合は、末法相応の教えは本門でなければならないという立場であったから、本門は、尓前や迹門に超勝せるものとして捉えられている。したがって、本門と尓前や迹門との興廃は論ぜられても、本門と観心との関係については、本門の極理を一念三千の観心とおさえているので、教即観、観即教の立場を出るものではなかった。

天台口伝法門においても、日蓮以前の文献においては、本門と観心とが結びつけられていても、本門と観心との優劣や興廃は主張されていなかったごとくである。つまり、日蓮および日蓮以前の天台口伝法門においては、本門と観心とに興廃を論じて、観心を最勝とする、いわゆる四重興廃の学説は、いまだ成立していなかったとみなければならないであろう。

冒頭に紹介した石田瑞麿博士の説については、すでに鎌倉初期には四重興廃判は成立していたとされるが、法然や永観にみられる「止観」の語は、あくまで天台宗を統括し代表せしめた言葉であって、本門との勝劣を示すものではない。さらに『自行念仏問答』の所説も、法華の意を摩訶止観とおさえ、その要文を一念三千説に見出し、しかもそれは「本門の教を面に顕露に書き顕わした」ものと述べられているから、むしろ本門と観心とを結びつけた日蓮の学説と共通する思想といわなければならない。また口伝法門の『円多羅義集』や『枕双紙』（三十四箇事書）なども、本門の立場で観心を取り扱ったもので、本門と比して観心の優位性は説かれていない。したがって石田博士の根拠は、鎌倉初期までに四重興廃判が成立していたとする理由にはならないと思う。

7　四重興廃判の成立

しからば、観心を最勝とする四重興廃判は、いつ頃、いかなる事情で成立したのであろうか。忠尋（一〇六五～一一三八）作と伝える『漢光類聚』[66]や『法華略義見聞』[67]には、体系化された四重興廃判がみられるが、これらの書は静明（?～一二六八～八二～?）の学説が引かれているところから、忠尋の真撰ではなく、静明以後の著述とされている。[68]そこで四重興廃判の起源について述べた文献を取りあげてみると、尊舜（一四五一～一五一四）の『二帖抄見聞』に、

尊海已来田舎辺、多分本迹上有二超過法一云観心一重立也。是即本迹云法華宗分也。此上観心云天台宗分也。山

上辺総不許之也。仙波辺説也云玉へり。[69]

とあって、関東天台の地たる田舎仙波において、尊海（一二五三〜一三三二）が本迹に超過せる観心の法をたて、観心最勝の学説を創唱したことを紹介している。

尊海の系譜をたどれば、心賀、静明とさかのぼり、また静明の受法の師とされる円爾弁円（一二〇二〜八〇）の『大日経見聞』[70]に本迹よりも観心勝が説かれていることなどによって、田村芳朗博士は、「円爾弁円から静明は教外別伝の南宗禅を受け、そこから観心勝を究極とする四重興廃がおき、ひいては四重興廃を説く『漢光類聚』や『法華略義見聞』などが成立した[71]」と結論づけられている。しかし静明の伝記は不明確な点が多く、著作も明らかでないので、静明からとする説も推定の域を出ないもので、確実な根拠にはなり得ないであろう。

管見の限りでは、成立年時の明らかな文献のうち、四重興廃がみられるのは、嘉暦四年（一三二九）に心聴によって筆記（俊範の口伝と伝える）され、萩原法皇（花園天皇）に呈上された『一帖抄』[72]（『恵心流内証相承法門集』）に、

問、釈云、迹大教興尔前大教廃、本大教興迹大教廃。観心大教興本大教廃。観心大教者如何。伝云、法華本門尚是如来説教也。仏果執可有之。法界観前自可廃本門也。其故、迹門時一念不生安住不見他、尔前当機益物教廃也。次本門時事事物物皆本有常住也得、自迹門不生理廃也。此廃息義也。次観心時只安住法界、本門本有見自廃也。今観心己心所行法門、真達法界也。[73]

と説かれているのが、天台口伝法門の文献として最も古いものと考えられる。かかる『一帖抄』を筆記した心聴と四重興廃を創唱したと伝えられる尊海とは、ともに心賀を師と仰ぐ同門[74]であるから、この頃に四重興廃判が成立したとみて大過なかろうかと思われる。すなわち心聴が『一帖抄』を筆記したのが嘉暦四年（一三二九）であり、尊海が入寂したのは正慶元年（一三三二）であるから、日蓮入滅（一二八二年）ののちまもなく主張されたのが、天

台口伝法門の四重興廃判であったとみられよう。

しかるに日蓮作と伝えられている『立正観抄』には、

(1) 当世習学天台教法之輩多貴観心修行捨法華本迹二門見……（中略）……捨法華経但観為正之輩大謗法・大邪見・天魔所為也。[75]

(2) 今天台宗浅猨、真言事理倶密故法華経勝謂。故止観法華勝云道理也道理也。次観心之釈時捨本迹云難者、法華経何文人師釈為本捨仏教見。設天台釈也、背釈尊金言背法華経全不可用之也。[76]

(3) 当世天台宗学者、念仏・真言・禅宗等同意故天台教釈習失背法華経得大謗法罪也。若止観勝法華経云者種々過有之。[77]

(4) 天台至極法門、法華本迹未分処無念止観立最秘の大法とすと云邪義大僻見也云事。[78]

(5) 当世学者不得此意故天台已証妙法習失止観勝法華経禅宗勝止観思捨法華経付止観捨止観付禅宗也。[79]

などと説かれていて、本迹未分の無念止観を最秘の大法とする、天台のいわゆる四重興廃判に対する批判が、処々にみられる。『立正観抄』は、正中二年（一三二五）、つまり日蓮滅後四三年目に日進（一二七〇～一三四六）が書写した直筆本が現存しているが、すでに述べたごとく、日蓮の代表的撰述や真撰とされる著作の上には、観心を最勝とする四重興廃判は、どこにも取りあげられていないので、これを日蓮の真撰と考えることはできないのではなかろうか。[80]

私は、日蓮の本門と観心との結合説に対抗して、日蓮滅後、時を経ずして唱えられたのが、天台口伝法門の四重興廃判であり、そしてこの四重興廃判に対して、日蓮門下の日進は、日蓮の名を借りて『立正観抄』を偽作し、教即観の日蓮的立場から四重興廃判を論難したものであると考えたい。

四重興廃判に対して反論を加え、批判を加えたのは、今述べた『立正観抄』だけでなく、日蓮門下の日伝（一二七七〜一三四一）が元亨二年（一三二二）に著わした『十二因縁抄』にも、

我等ハ四重ノ興廃ト云事立テテ、迹門ノ大教興テ尓前ノ大教廃ス、本門ノ大教興テ迹門ノ大教廃ス、観心ノ大教興テ本門ノ大教廃スナド云テ、盛ニ観心ヲ旨トシテ本迹二門ヲ廃スル邪義有り。(81)

と説示されている。これは日進が『立正観抄』を書写した三年前の撰述であるから、今のところ四重興廃判に対して批判をした最古の文献とみてよいのではないかと思う。さらに、少し時代は下るが、室町中期の日隆（一三八五〜一四六四）の『私新抄』(82)にも、盛んに四重興廃判を取りあげて、これを論駁している。

また一方、伝日興作の『五重円記』(83)や、日満（一二九二〜一三六〇）の『日満抄』(84)、あるいは日朝(85)（一四二二〜一五〇〇）のごとく、四重興廃判を採用した立場もみられ、天台口伝法門において、日蓮の本門と観心との結合説に対抗して体系化されたとみられる四重興廃判は、日蓮門下において大きな波紋を投げかけたといえるであろう。

註

（1）『観心本尊抄』大正蔵八四・二七七下。

（2）安房国清澄山にて撰述、『昭和定本日蓮聖人遺文』（以下『日蓮遺文』）一所収。

（3）日蓮の俊範就学説は、日蓮滅後八十一年目に日大が記した『日大直兼台当問答記』（日蓮宗宗学全書二・四二七頁）に「日大答云、大聖人俊範ヨリ天台ノ法門ハ御相伝也云云」とあり、また日蓮真蹟の『浄土九品事』（富士西山本門寺所蔵）には、証義者として三塔惣学頭俊範の名がみえる。なお叡山における日蓮の就学等については、山川智応氏「叡山における師友の研究」（『日蓮聖人研究』一、新潮社、昭和四年）に詳しい。

(4) 拙稿「天台大師智顗の本迹論」(『天台学報』二四、昭和五十七年十一月)参照。
(5) 『薬王品得意抄』四十四歳作(『日蓮遺文』一・三四〇頁)。
(6) 『観心本尊抄』五十二歳作(大正蔵八四・二七三下)。
(7) 『富木入道殿御返事』五十七歳作(『日蓮遺文』二・一五一八〜一五一九頁)。
(8) 『真言天台勝劣事』四十九歳作(『日蓮遺文』一・四八二頁)。
(9) 『真言見聞』五十一歳作(『日蓮遺文』一・六五七頁)。
(10) 『太田左衛門尉御返事』五十七歳作(『日蓮遺文』二・一四九〇頁)。
(11) 天台大師全集・玄義一・五七頁。
(12) 天台大師全集・玄義一・三二頁。
(13) 『観心本尊抄』大正蔵八四・二七二中。
(14) 『小乗大乗分別鈔』五十二歳作(『日蓮遺文』一・七七〇頁)。
(15) 天台大師全集・玄義五・三〇八頁。
(16) 伝教大師全集二・三七二頁。
(17) 同右。
(18) 智証大師全集上・三六〇下(『授決集』)。
(19) 智証大師全集上・二九八上(『法華論記』)。
(20) 『四菩薩造立鈔』五十八歳作(『日蓮遺文』二・一六四九頁)。
(21) 『妙一女御返事』五十九歳作(『日蓮遺文』二・一七九八頁)。
(22) 『観心本尊抄』大正蔵八四・二七五中。
(23) 『観心本尊抄』大正蔵八四・二七六上。
(24) 『法華取要抄』五十三歳作(『日蓮遺文』一・八一〇頁)。
(25) 『観心本尊抄』大正蔵八四・二七七下。
(26) 『当体義鈔』五十二歳作(『日蓮遺文』一・七六五頁)。

(27)『本門戒体鈔』五十八歳作（『日蓮遺文』二・一七二五頁）。
(28)『観心本尊抄』大正蔵八四・二七五下～二七六上。
(29)智証大師全集上・二一七下。
(30)智証大師全集上・六八上。
(31)大正蔵七五・三六八上。
(32)日本思想大系九『天台本覚論』（岩波書店、昭和四十八年一月）参照。
(33)恵心僧都全集三・四七三頁。
(34)『日蓮遺文』一・四八九頁。
(35)天台大師全集・止観三・二七一頁。
(36)同右。
(37)大正蔵八四・二一四上～二一四中。
(38)恵心僧都全集一・二七三頁。『観心略要集』は恵心僧都源信の著作として取り扱われてきたが、最近、西村冏紹氏「観心略要集成立考」（『印度学仏教学研究』三七―二、平成元年三月）等において、偽撰の決定的根拠（『略要集』中に「先徳云」として『往生要集』の所説を二カ所引用している点）を明らかにされた。また成立年時については、承暦元年（一〇七七）と推定され、さらに撰者や撰述意図等についても論及されている。また西村冏紹・末木文美士著『観心略要集の新研究』（百華苑、平成四年）においても詳しく論及されている。
(39)大正蔵八四・一〇二上。
(40)大正蔵八三・八七四下（『西方指南抄』等所収）。
(41)佐藤哲英著『叡山浄土教の研究』（百華苑、昭和五十四年三月）二七九～二八四頁。
(42)恵心僧都全集一・五三六頁。
(43)智証大師全集下・一一八〇頁。
(44)恵心僧都全集三・四七七頁。
(45)『日蓮遺文』二・一八四四頁。

(46) 大正蔵八四・二七五中。
(47) 大正蔵八四・二七六中。
(48) 『観心本尊抄』大正蔵八四・二七八上。
(49) 『太田左衛門尉御返事』五十七歳作(『日蓮遺文』二・一四九八頁)。
(50) 『兄弟鈔』五十四歳作(『日蓮遺文』一・九三一頁)。
(51) 大正蔵八四・二七五上。
(52) 『三大秘法稟承事』六十歳作(『日蓮遺文』二・一八六四頁)。
(53) 『観心本尊抄』大正蔵八四・二七五上。
(54) 『曾谷入道殿御返事』五十六歳作(『日蓮遺文』二・一四〇九頁)。
(55) 『曾谷入道殿御返事』(『日蓮遺文』二・一四一〇頁)。
(56) 『観心本尊抄』大正蔵八四・二七六下。
(57) 『三大秘法稟承事』(『日蓮遺文』二・一八六四頁)。
(58) 『観心本尊抄』大正蔵八四・二七五上。
(59) 『教行証御書』五十七歳作(『日蓮遺文』二・一四八八頁)。
(60) 『法華取要抄』五十三歳作(『日蓮遺文』一・八一六頁)。
(61) 東方仏教叢書一・四六頁。
(62) 大久保良順師「修禅寺決を中心とする二三の問題」(『天台学報』九、昭和四十二年十月)参照。
(63) 恵心僧都全集一・三三〇頁。
(64) 大正蔵三八・五下。
(65) 上杉文秀著『日本天台史』正篇(国書刊行会、昭和四十七年三月)五〇五頁。
(66) 大正蔵七四・三七三上~四一七上所収。
(67) 大日本仏教全書四〇・一上~三九中所収。
(68) 硲慈弘著『日本仏教の開展とその基調』(下)(三省堂、昭和二十三年十一月)一五頁、三五七頁。

(69) 天台宗全書九・二〇七上。
(70) 増補改訂日本大蔵経二六・三二九上。
(71) 日本思想大系九『天台本覚論』（岩波書店、昭和四十八年）解説・五三七頁。
(72) 『一帖抄』の奥書（天台宗全書九・四七上〜下）に、

本云心聴法務御房御自筆

此抄者、俊範法印以二東陽座主秘決一草レ之。奉二達後嵯峨院一抄也。仍被二勅命一心聴書二進之一

萩原法皇玉筆

嘉暦四年（一三二九）春比、心聴法印所二注進一也。恵心一流甚深幽邃之口伝也。必可レ返二給彼門流一也。都以不レ可レ有二外見一。努力努力

此抄者代々秘決、先師心聴法印所伝之間、依二勅命一奉レ授二萩原大政法皇一抄也……

法印権大僧都心栄御在判

などと記されている。

(73) 天台宗全書九・三二下〜三三上。
(74) 心賀と心聴とは師弟の関係（『阿娑縛三国明匠略記』続群書類従八下・四一九）であっただけでなく、父子の関係（『尊卑分脈』第二・一八三）でもあった。
(75) 『日蓮遺文』一・八四四頁。
(76) 『日蓮遺文』一・八四六頁。
(77) 同右。
(78) 『日蓮遺文』一・八四九頁。
(79) 『日蓮遺文』一・八五一頁。
(80) 『立正観抄』を日蓮以後の偽撰とみる説は、
①浅井要麟氏「慧檀両流と日蓮聖人の教学」（『大崎学報』九二、昭和十三年六月）
②小林是恭氏「最蓮房賜書管見」（『大崎学報』九三、昭和十三年十二月）

③林宣正氏「止観勝法華思想と仙波教学」(『清水龍山先生古稀記念論文集』昭和十五年)

などがある。それに対して真撰説をとるものとしては、

①山川智応氏「立正観鈔に対する疑義について」(棲神二四、昭和十三年十二月)

②花野充昭氏「日本中古天台文献の考察(二)――日蓮の『立正観抄』の真偽問題について――」(『印度学仏教学研究』二五―二、昭和五十二年三月)

などがあって、真偽未決の問題の書であるが、私は四重興廃判成立の観点から偽撰の立場をとりたい。

(81) 日蓮宗宗学全書一・三〇二頁。

(82) 日蓮宗宗学全書八・五二～五六頁。

(83) 日蓮宗宗学全書二・九〇頁。

(84) 日蓮宗宗学全書二・四〇六頁。

(85) 日蓮宗宗学全書一六・一一六頁、二〇三頁、二〇五頁、二四六頁(以上『観心本尊抄私記』)、三二四～三二五頁、三六一頁(以上『観心本尊抄見聞』)。

五　東大寺凝然大徳のみた天台教判

1

天台教判である「五時八教」について、従来より諦観（?～九六一～?）の『天台四教儀』（以下『諦観録』）が入門書として依用されてきたことに対して、近年、関口真大博士は[1]「五時八教」教判の廃棄すべきを主張され、「五時八教」の教判が天台大師智顗（五三八～五九七）の著述にみられないのみならず、伝教大師最澄（七六六～八二二）においてすら説示されなかった教判であることを論じられた。そして智顗の教相論は『法華玄義』巻十の教観二門にわたる頓・漸・不定の三種教相をもって大綱とすべきことを提唱された。また関口博士は、日本天台における流伝の形態としては「四教五時」の形であったことを、恵心僧都源信（九四二～一〇一七）の『四教五時略頌』、あるいは作者不明の『天台円宗四教五時西谷名目』、尊舜（一四五一～一五一四）の『津金寺名目』などの天台学の入門書を挙げて論じられた。かかる関口博士の学説に対して、小寺文頴師[2]は宝地房証真（?～一二一四頃）の教判について論及され、日本天台における天台教判の基調が「八教」にあることを主張され、「八教」の流伝の形態とその起源を明らかにされた。小寺師のいわれるごとく日本天台の基調が「八教」にあったとすれば、関口博士のいわれる日本的な「四教五時」の教判をどう考えるべきであろうか。これについて、やや時代は下るけれども、華厳宗の東大寺凝然（一二四〇〜一三二一）が天台教判をどうみていたかを考察してみよう。

2

凝然が天台教判をどうみていたかについては、『八宗綱要』の中で天台宗を説くところの教判論および『華厳五教章通路記』の叙古今立教に紹介された天台教判とによってみるべきであろう。そこで『八宗綱要』を考察してみると、「一代の教を判ずるに、教に約さば四教あり、時に約さば五時あり[3]」とあり、『五教章通路記』においても「四教の門を立てて一代の教を判じ、五時の路を開いて八万の法を精す[4]」と述べられ、さらに南三北七の十家の教判を紹介したのち「天台大師、一一これを破し、しかるのち自ら四教五時を立つ[5]」と説かれているので、凝然は天台教判を「四教五時」の形態で考えていたことが知られる。しかも凝然は「四教」について、「四教の中、また二種あり、一には化法四教、これ釈義の綱目なり、二には化儀四教、すなわち判教の大綱なり、両種の四教合して八教となす[6]」と論じ、「四教」には化法四教と化儀四教の二種があると考えていたごとくであって、内容的には「八教」とみて差し支えなかろうと思う。この点については、六組荊渓湛然（七一一〜七八二）が『法華文句記』に「頓等はこれこの宗判教の大綱、蔵等はこれ一家釈義の綱目なり[7]」と述べて、判釈の綱目が「八教」にあることを明示している文に拠ったもので、『五教章通路記[8]』には、これを引用している。しかも小寺師のいわれるごとく日本天台の基調が「八教」にあったとするなら、「八教」でもって教判を代表すべきところを凝然があえて「四教」と呼んだのは、いかなる理由によるのであろうか。あるいはまた、関口博士が主張されているように日本天台が「四教五時」の名相に立っていて、かかる立場を凝然も受け継いだと考えてよいのであろうか。そこで凝然以前において

「四教五時」がいかなる形態で説示されてきたか、検討を加えてみなければならないであろう。

3

智顗の天台三大部や『大本四教義』には、四教と五味との関連や『涅槃経』の聖行品に説かれる五味の譬に約して四教位を明かすといった説示が随所にみられるし、「四教五味」の用語も散説されているけれども、教判を「四教五味」あるいは「四教五時」で論じているところは見当たらない。しかも智顗が「四教」というのは、すべて蔵通別円の四教を指示しているごとくである。六祖荊渓湛然においては『法華玄義釈籤』に三回、『法華文句記』に四回、計七回ほど、「四教五味」または「五味四教」の用語が用いられている。けれども『法華文句記』には、判教の綱目が「八教」にあることを指摘しているし、「八教」の用語が最も多く使用されている点よりみても、小寺師が論じられているごとく、湛然は「八教」で教判を考えていたといわなければならないであろう。また湛然の門人明曠（?～七七七～?）が『八教大意』を著わしていることからも、「四教五時」で教判をみていたとは考えられない。さらに最澄においても「四教五味」あるいは「四教五時」で教判を述べているところは見当たらないし、最澄の門弟義真（七八一～八三三）の『天台法華宗義集』[9]も「四教義」「五味義」など八つの項目を別個に論じたもので、「四教五味」で教判をまとめたものとはいえない。ところで関口博士は、日本的な「四教五時」の名目が最も一般的に用いられたのは源信の『四教五時略頌』によるものだとし、「四教五時」教判の代表をなすものと考えておられるけれども、この点についての充分な検討はなされていない。そこで『四教五時略頌』を目録の上で考察してみると、「四教」と「五時」とを合して『四教五時略頌』と呼称されたのは江戸時代の謙順（一七四〇～一八一二）の撰した『諸宗章疏録』にみられるのみであって、その他の目録[10]には『四教略頌』と『五時略頌』との二篇に分けて記されている。しかも源信が教判を「四教五時」でまとめる意図のなかったことは源信撰『要法文』の天台教文の段の説示によって証明されるであろう。すなわち化法四教の一一について論及したのち「さらに頓教漸教不定教秘密教を加え、名けて八教となす[11]」といい、頓等の四教のそれぞれについて論じ、さらにその後で五味について取りあげているので、「四教五時」の形態ではなく、むしろ「八教」の形態で教判を考えていたとみなければならないであろう。このようにみてくると、『四教略頌』と『五時略頌』とは別個の項目を取りあげて論じたもので、『天台法華宗義集』の「四教義」「五味義」といった取りあげ方と軌を一にするものであって、源信が「四教五時」で教判を代表せしめたと考えることはできないのではなかろうか。

4

叙上のごとく凝然以前の日本天台においては、教判を「四教五時」の形態でまとめた形跡はほとんど見当たらないので、「四教五時」の形態が形成されたのは凝然によるところが大きかったとみることができるであろう。しかも凝然にみられる「四教」は、化法四教と化儀四教との二種を指示しているのであるから、智顗をはじめ義真や源信が「四教」といった場合、化法四教のみを指すのとは内容的にかなり相違している。しからば凝然は何故に化法四教と化儀四教との二種を「八教」とせずに「四教」と称したのであろうか。この点については、華厳教学において天台教判を紹介するのに「四教」をもってするのが伝統的であったことに起因するのであろう。華厳教学のなかに天台教判を取りあげたのは賢首大師法蔵（六四三～七一二）の『華厳五教章[12]』および『華厳経探玄記[13]』にみられるのが最初であって、法蔵は蔵通別円の四教で天台教判を紹介した。それ以後、華厳家においては、静法寺慧苑[14]（六七三頃～七四三頃）、清涼澄観[15]（七三八～八三九）、圭峰宗密[16]（七八〇～八四一）、および宋朝四家[17]、わが国では東大寺寿霊[18]（年紀未詳）などが天台教判を取りあげているが、あくまで法蔵の立場を受けて蔵等の四教を天台教判の骨格と考えていたごとくである。ただし澄観に至って化儀四教[19]が加えられ、宗密や宋朝四家も澄観の説を継承しているけれども、いまだ「四教」をもって化法四教と化儀四教との二種を指すとする考えはみられない。しかしながら凝然は華厳の伝統を継承[20]して「四教」の名目を用いながら、湛然の頓等を大綱とし、蔵等を綱目とする区別に基づいて、化法四教に化儀四教を加えて両種四教と称したのであろうと思われる。

次に「五時」については、凝然以前の華厳教学では全く問題にされていないけれども、凝然は「五時」に注目して「四教五時」で天台教判を代表せしめ、化儀四教との関連が説かれている。智顗においては、漸の教相に五味相生の次第が論じられ、湛然に至ると『法華玄義釈籤』に「若し法華を弘めんには、一期の五時教相を弁ずべし。仏の本意を説く意なんぞこれにあらんや[21]」と述べられて、五時が力説され、湛然以後の天台宗では五時重視の傾向が顕著にみられる。ことに天台学の入門書で「五時」を表面に出したのは『諦観録』が最初であるから、凝然もこれに注目[22]していたとみなければならないであろう。また源信の影響[23]も少なからずみられるので、凝然は湛然以来の天台の伝統的立場である五時重視の影響を受けたものといえるであろう。

5

以上のように、「四教五時」の形態は凝然によって組織づけられ、体系化されたものである。しかるに関口博士は、日本天台の伝統的立場を「四教五時」と考え、とくに源信の『四教五時略頌』をもって、「四教五時」教判の代表をなすものとみられている。さらにまた「五時八教に代えるべきもの」と題して発表[24]され、教門としては諦観の『天台四教儀』に代えて、源信の『四教五時略頌』を用うべきことを主張[25]された。しかしながら、『四教五時略頌』は義真の『天台法華宗義集』が四教義、五味義などの個別の項目について論述しているのと同様に、『四教略頌』と『五時略頌』との二篇からなるものであって、「四教五時」で教判を代表せしめたとみることは難しいのではないだろうか。むしろ源信は「八教」の形態で天台教判を考えていたとみなければならない。さらに『天台円宗四教五時西谷名目』についても、凝然との関連が密接であって、化儀・化法を両種四教と云い八教の略説がみられること、問答体で論述されていること、三身四土の説が体系的に述べられていること、第五法華時に観門の高調がみられることなど、『八宗綱要』と共通しているので、「四教五時」の形態は日本天台の伝統的立場ではなく、むしろ華厳教学からの影響によるものと考えられる。

註

（1）天台教判に関する関口真大博士の論文は「五時教判論」（『天台学報』八、昭和四十二年）、「化儀四教論」（『天台学報』一〇、昭和四十三年）、「化法四教論」（『天台学報』一一、昭和四十四年）、「五時八教論」（『天台学報』一四、昭和四十七年）「五時八教は天台教判に非ず」（『印度学仏教学研究』二一―一、昭和四十七年）などがあり、『天台止観の研究』（岩波書店、昭和四十四年七月）なる著述にも論及されている。

なお、佐藤哲英博士らとの論争の詳細については、関口真大編著『天台教学の研究』（大東出版社、昭和五十三年）にまとめられている。

（2）小寺文頴師「宝地房証真にみられる教判について」（『印度学仏教学研究』一九―二、昭和四十六年）。

（3）大日本仏教全書二九・二一中。

(4) 大正蔵七二・三七〇上。
(5) 大正蔵七二・三八二中。
(6) 大日本仏教全書二九・二一中。
(7) 大正蔵三四・一六〇上。
(8) 大正蔵七二・三八二中。
(9) 大正蔵七四・二六三上～二八一中。本書は天長六勅撰の一つで天台の教観二門を略述したもので、教門に四教義、五味義、一乗義、十如是義、十二因縁義、二諦義の六項目を当て、観門に四種三昧義、三惑義の二項目を当てている。
(10) 『諸師製作目録』『釈教諸師製作目録』『蓮門類聚経籍録』『本朝台祖撰述密部書目』『天台霞標』など。
(11) 恵心僧都全集五・三八七頁。
(12) 大正蔵四五・四八〇下～四八一上。
(13) 大正蔵三五・一一一上。
(14) 慧苑の『続華厳経刊定記』卍続蔵第一編第五套一・九左上～下。
(15) 澄観の『華厳経疏』大正蔵三五・五〇九下～五一〇上、『華厳経随疏演義鈔』大正蔵三六・四七下～五〇中、『華厳経疏鈔玄談』卍続蔵第一編第八套一・二三三左下～二三七右下。
(16) 宗密の『円覚経大疏』卍続蔵第一編第一四套二・一一五右上～下、『円覚経大疏鈔』卍続蔵第一編第一四套三・二五八左下～二六一左下。
(17) 宋朝四家のうちでも、ことに道亭の『華厳五教章義苑疏』卍続蔵第二編第八套二・一〇五右下～一〇六右下に詳しく天台教判が取りあげられている。
(18) 寿霊の『華厳五教章指事』大正蔵七二・二二一下～二二二中、二二三下など。本書の成立については、拙稿「五教章寿霊疏の成立に関する一考察」（『天台学報』一三、昭和四十五年）を参照されたい。
(19) 澄観が化法四教を記載したのちに、別に化儀四教を紹介するという体裁に改めたのは、蔵・通・別・円をそれぞれ小乗教・漸教・頓教・秘密教と名づけた法蔵の説が天台教判の綱格を乱すものであったからだと坂本幸男博士は

『華厳教学の研究』で述べられている。この点について凝然は法蔵が蔵教を小乗教と名づけたのは意を得て名を立てたもので過はない。通教を漸教と名づけたのは、天台宗は必ずしも漸教とはいっていないが、小乗を引いて大乗を信ぜしめるため、通教の教えは三乗に通じているから漸教といっても誤りとはいえない。また別教を頓教といっているのは、先小後大を被る漸入の者の教ではなく、直往大乗の人の被る教であるから義によって頓教といったのであって、化儀四教の頓教ではない。円教を秘密教と名づけたことについては、華厳は機根の熟していない声聞等にとっては不知不見であるから秘密教と名づけたのであるが、法華においてはすでに機根が熟して、声聞等も記莂を得ることができるので秘密教というべきではないと述べて、法蔵の説を批評している。つまり凝然は法蔵のいう漸・頓・秘密は化儀門ではなく、しかも天台宗においてはみられない説であることを指摘したのである。

(20) 凝然の『五教章通路記』においては華厳系の資料を駆使して天台教判を論述している点に特色がみられる。ことに澄観のものがいちばん多く、二六回引用され、ついで道亭の『五教章義苑疏』が二〇回引かれている。そして凝然は『義苑疏』が澄観の所説を継承していることを指摘し、さらに澄観は智顗の『大本四教義』に拠っていることを明示している。

(21) 大正蔵三三・九四八中。

(22) 凝然が頓教に華厳を配し、漸教に阿含、方等、般若の三時を配当し、法華を超八としているのは『八教大意』や『諦観録』の説示と共通している。『諦観録』については『五教章通路記』に「高麗の諦観法師これを撰す」(大正蔵七二・三七五下)と述べて紹介している。

(23) 凝然の『八宗綱要』が源信の影響を受けたとみられる一、二の例を挙げると、五時の名目のうち第二時を鹿苑と呼ばずに阿含と称呼したこと、三身四土の説がみられることなどが挙げられるが、これは『八教大意』や『諦観録』にみられないもので、源信の『四教略頌』や『五時略頌』の直接的な影響によるものと考えられる。

(24) 『天台学報』一六、昭和四十九年。

(25) 池田魯参氏は「天台学における五時八教論——再び関口説を論駁す——」(『曹洞宗研究員研究生研究紀要』六、昭和四十九年)において、源信の『四教五時略頌』に論及し、内容的には『諦観録』の教説以上に出るものはないと述べられて、関口博士の説が「五時八教」に代えるべきものとして「四教五時」を用いるのは皮相的な議論だと批判されている。けれども、池田氏の論文は「四教五時」の起源やその形態についての検討が全くなされていない。確かに『四教略頌』や『五時略頌』と『諦観録』とは共通する面をもっているので、両者をすり替えるだけであれば、五時八教を廃棄するとまで強く主張される根拠がなくなるのではなかろうか。

あとがき

筆者は平成十九年（二〇〇七）十二月十一日、大正大学より論文博士（仏教学）の学位を取得させていただいた。本書は今回提出した博士学位請求論文である本篇『比叡山諸堂史の研究』・付篇『比叡山仏教の諸研究』を基にした研究論文である。

また本年（二〇〇八）は、日本天台宗開宗千二百年結願の勝縁に当たり、天台宗の財団法人天台宗教学財団（理事長：濱中光礼天台宗務総長）から出版助成金をいただき、株式会社法藏館より発刊させていただいた。

私の比叡山とのご縁は、延暦寺一山松寿院で生まれ、幼い頃から叡山学院元院長であった父（武覚円）と一緒によく比叡山に登ったことが初めであった。以後、延暦寺一山住職になるため比叡山で二年間の本山交衆としての籠山修行（百日回峯行、法華三昧の止観行、伝教大師御廟浄土院の助番、比叡山行院及び居士林の助手など）、また、延暦寺一山松寿院並びに求法寺住職の歴任、さらには延暦寺学園の叡山学院教授及び比叡山幼稚園園長を兼務するなど、本年還暦を迎えた私の人生を振り返ってみれば、比叡山は日本仏教の母山であるのみならず、私の人生そのものであるといっても過言ではない。

私の大学時代は、大正大学の天台学研究室主任の多田厚隆先生をはじめ、平了照先生、大久保良順先生、塩入良道先生、木内堯央先生、村中祐生先生（天台宗勧学）、仏教学の関口真大先生、密教学の三崎良周先生（天台宗勧学）などから薫陶を受け、卒業論文は「天台大師の教判論」であった。お蔭様で卒業式には天台座主賞を頂戴することができた。

その後、比叡山の自坊に戻って、大学院（修士課程二年・博士課程三年）は大谷大学に入り、天台学の権威であられた安藤俊雄先生には『摩訶止観』、横超慧日先生には『法華玄義』等の講義を受けた。両先生のご指導により、天台と『大乗起信論』との交渉の問題をテーマとした修士論文「大乗起信論における止観」を纏め上げた。以後、博士課程に入ってからも経典や論疏を熟読玩味することの大切さと、仏教学のみならず、幅広い学問的視野をもつことの重要性を教えていただいた。

とくに、横超先生とは、昭和五十九年（一九八四）七月に中国の「天台山」を訪ね、不明であった仏隴峯の修禅寺跡の確認をしたこと、昭和六十一年（一九八六）七月には文殊菩薩の聖地「五台山」、昭和六十二年（一九八七）七月には普賢菩薩の聖地「峨嵋山」を巡礼したことなど、忘れ得ぬ懐かしい思い出で一杯である。横超先生からは潘来作の「天台山銀地嶺詩」の書をいただき、その扁額を書斎に飾って常に横超先生の学恩に感謝している。その時、横超先生の門下であった現在の大谷大学学長木村宣彰先生とも「天台山」「五台山」「峨嵋山」等に同行したことが昨日のように思い起こされる。さらに、大谷大学大学院の講座では、雲井昭善先生（天台宗勧学）に印度哲学、舟橋一哉先生に倶舎学、富貴原章信先生に法相唯識学、山田亮賢先生に華厳学を修学することができた。

また、当時、大谷大学と龍谷大学との大学院単位交換制度が導入され、龍谷大学の佐藤哲英先生からは叡山浄土教の授業を受けた。佐藤先生には思想研究の基礎は文献学にあり、史料吟味の大事さを教えていただいた。その時、佐藤先生は喜寿記念として『叡山浄土教の研究』（昭和五十四年、百華苑刊）の執筆中であり、西村冏紹先生（天台真盛宗管長・叡山学院名誉教授）を始めとする佐藤門下の先生方と共にお手伝いをし、また、分担執筆もさせていただいた。すなわち、私には安居院の「澄憲と聖覚の浄土教」を担当する要請をいただいた。佐藤先生は大変お忙しい毎日を過ごしておられたにも拘わらず、京都の安居院や龍大図書館にまで一緒に足を運んで資料蒐集の手助けをしてくださり、懇切丁寧なご指導を賜わった。佐藤先生の学問に対する御熱意は、今になっても明確に感じられるのである。

また、私が大学院修士課程であるにも拘わらず、昭和四十六年（一九七一）二十三歳の時、叡山学院の講師に採用していただき、その後、現在に至るまで、三十五年間の長期に亘って叡山学院に奉職するきっかけをいただいたのは、当時、叡山学院の学監兼教授であった小寺文頴先生であった。小寺先生の自坊である比叡山霊山院の研究室には毎晩のように寄せていただき、夜が更けるまで研究のことについて語り合うことがしばしばであった。さらに、小寺先生と福原隆善先生（仏教大学学長・叡山学院名誉教授）とは昭和四十五年（一九七〇）十二月に比叡山南渓蔵の調査をして目録を作ったこともあり、学問に対する情熱を真剣に話しあった時間も今日になって有難い思い出として浮かばれる。

小寺先生からは学術研究の意義やその厳しさ、さらには研究方法も身をもって学ばせていただいた。その学恩には何ものにも替え難き重みを感じている。この出版に当たり、一番慶んでくださる方はきっと故小寺文頴先生であると思われ、感無量である。

また、昭和五十七年（一九八二）四月一日からは天台宗教学振興資団の特別研究者に採用され、大久保良順勧学院長と池山一切円勧学の論文審査を経て、昭和六十三年（一九八八）十月に法藏館から『天台教学の研究――大乗起信論との交渉』を出版させていただき、恩師の横超慧日先生には序文を頂戴した。当時、天台教学と大乗起信論との思想的関係交渉についての研究が未開拓であったので、天台学会会長であった福井康順先生にはこの刊行を強く勧められ、種々懇切なご助言をいただいたことも忘れてはならないご恩である。

一方、比叡山では今もなお、伝教大師の菩薩僧育成の理念に基づいて、伝教大師御廟浄土院の十二年籠山行や無動寺の千日回峯行、本山交衆による四種三昧の止観行など厳しい修行が日夜続けられている。また、比叡山総本堂の根本中堂では伝教大師の法灯が連綿と受け継がれていると同時に、比叡山の法脈や伝統は、三塔諸寺院で行われる法要や行事として脈々と千二百年間、今日まで伝えられている。

この度の私の研究成果は、比叡山を開かれた伝教大師をはじめとする祖師先徳はもちろんのこと、比叡山仏教に関係するあらゆる方々との深いご勝縁によるものと、改めて仏縁の大事さを切実に感得させられた。

私は現在、叡山学院教授として教鞭を執りながら、平成十四年（二〇〇二）より比叡山幼稚園園長を兼務し、さらに延暦寺一山代表の天台宗宗議会議員を務めるなど、多忙の毎日である。しかし、私に与えられたこの有難く素晴らしい天職は、仏教研究者として学ばなければならない現代社会に対する視野を広げてくれるのみならず、一仏乗に基づく忘己利他の伝教大師御精神を社会に布衍する教育の必要性を痛感させられたことである。

このような伝教大師の御精神は比叡山仏教千二百年の教学や歴史のなかに込められており、本書によって比叡山仏教の本質の一端に触れていただくことができれば、筆者として幸甚である。

なお、学位論文の審査をしていただいた主査の多田孝正先生（大正大学教授・天台学会会長・博士）、副査の多田孝文先生（大正大学大学院長）、坂本廣博先生（叡山学院教授・博士）、清原惠光先生（叡山学院教授・延暦寺学問所所長）には心より厚く謝意を表したい。私の場合、比叡山の住職としては初めての博士号をいただいたという意味をもつが、三年前の平成十七年（二〇〇五）六月、坂本先生は、叡山学院の教授として初めて論文博士（仏教学）を取得され、今日に至るまでに筆者の研究に温かい激励をくださった。重ねてお礼を申し上げたい。

とくに、主査の多田孝正先生からは、今回の出版に当たり、天台学会会長として心温まるご序文を『比叡山諸堂史の研究』と『比叡山仏教の研究』との両著にそれぞれ頂戴した。身に余る光栄であり、衷心より御礼申し上げたい。

また、伝教大師が目指した菩薩僧の育成教育機関である叡山学院に渾身の力を注いでいる叡山学院院長の堀澤祖門先生をはじめ、教職員および叡山学院にご縁のある皆様に心より感謝の意を表したい。

さらに、本書の出版を快くお引き受けくださった法藏館社長西村七兵衛氏のご好意と、出版に当たり、校正や古地図の写真の割付けなど大変お世話になった戸城三千代副編集長の御労苦に対しても、あわせて厚く御礼申し上げたい。

最後に、私の研究生活を陰に陽に支えてくださったのは、師であり父である今は亡き覚円大和尚の力によるものであり、いつも心から祈ってくれている母友子や妻史代、法嗣円超と俊秀のお蔭である。家族の支えがあったからこそ今日の慶びが得られたのであり、心より感謝を申し上げたい。

千二百年間に受け継がれてきた不滅の法灯
比叡山の加被力のお蔭であること　貴方は知っているだろうか
坂本にさらさら流れる水の音　それは御仏（みほとけ）の説法
紅葉に染まる実相を悟れば　あなたは千日回峯行者

叡山学院と比叡山幼稚園を毎日往来する際
子どもたちの活気溢れる声から覚る初心の大事さ
未来の指導者達が苦悩する中から学ぶ菩薩育成の願い
この悲願は決して私だけのものではないだろう
消えずの灯火は　次世代にも心を込めて伝えねばならぬ
経典から飛び出す諸菩薩　この世はそのまま仏国土
念ずることによって実現される心の浄土　共に作ろう
比叡山から仰ぎ見る浄満月　今日もっと温かく感じられる

日本天台宗開宗千二百年結願の勝縁に当たり
二〇〇八年一月　還暦の日　　比叡山麓求法寺にて

武　覚超拝

索　引

あ　行

か　行

さ　行

た　行

な　行

は 行

ま　行

や　行

ら　行

わ　行

武　覚超（たけ　かくちょう）

1948年、滋賀県に生まれる。

1970年、大正大学仏教学部（天台学専攻）卒業。

1972年、大谷大学大学院文学研究科修士課程（仏教学専攻）修了。

1975年、同博士課程単位取得満期退学。

現在、比叡山求法寺住職・叡山学院教授・日中韓国際仏教交流協議会理事長・龍谷山水間寺貫主。博士（仏教学）。

著書に『天台教学の研究――大乗起信論との交渉』（法藏館、1988年）、『比叡山諸堂史の研究』（法藏館、2008年）、『中国天台史』（叡山学院、1987年）、『比叡山三塔諸堂沿革史』（叡山学院、1993年）『聖地五台山』（同朋舎、1986年）などがある。

学術論文に「伝教大師の真俗二諦論」（『伝教大師研究・別巻』、1980年）、「趙宋天台における心の問題」（『天台学報』23、1981年）、「宝地房証真の本迹論」（『天台学報』25、1983年）、「天台からみた往生要集」（『往生要集研究』、1987年）のほか多数がある。


比叡山仏教の研究（ひえいざんぶっきょうのけんきゅう）

二〇〇八年三月一六日　初版第一刷発行
二〇一七年七月二〇日　初版第三刷発行

著　者　武　覚超
発行者　西村明高
発行所　株式会社　法藏館
京都市下京区正面通烏丸東入
郵便番号　六〇〇-八一五三
電話　〇七五-三四三-〇〇三〇（編集）
〇七五-三四三-五六五六（営業）

印刷　立生株式会社・製本　新日本製本株式会社

ISBN 978-4-8318-7374-3 C3015